21世纪高校思想政治理论课"互联网+"新形态教材

U0586272

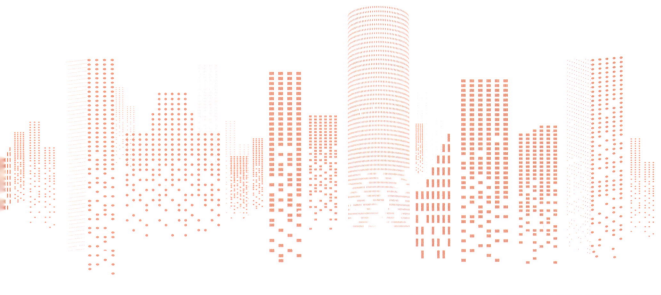

时代之窗

形势与政策简明教程

张国玉　崔宪涛 ◎ 主编

中国出版集团
中国民主法制出版社

全国百佳图书
出版单位

图书在版编目（CIP）数据

时代之窗：形势与政策简明教程 / 张国玉，崔宪涛主编 . － 北京：中国民主法制出版社，2023.9

ISBN 978-7-5162-3394-8

Ⅰ.①时… Ⅱ.①张… ②崔… Ⅲ.①时事政策教育－高等学校－教材 Ⅳ.① G641.41

中国国家版本馆 CIP 数据核字（2023）第 183174 号

图书出品人：刘海涛

出 版 统 筹：石　松

责 任 编 辑：姜　华

书　　　名 / 时代之窗：形势与政策简明教程

作　　　者 / 张国玉　崔宪涛　主编

出版·发行 / 中国民主法制出版社

地址 / 北京市丰台区右安门外玉林里 7 号（100069）

电话 /（010）63055259（总编室）　　63058068　63057714（营销中心）

传真 /（010）63055259

http://www.npcpub.com

E-mail: mzfz@npcpub.com

经销 / 新华书店

开本 / 16 开　787 毫米 × 1092 毫米

印张 / 13　　字数 / 240 千字

版本 / 2024 年 1 月第 1 版　2024 年 7 月第 3 次印刷

印刷 / 江西峰澜瞭远印刷有限公司

书号 / ISBN 978-7-5162-3394-8

定价 / 39.80 元

出版声明 / 版权所有，侵权必究。

（如有缺页或倒装，本社负责退换）

编　写　组

主　　编：张国玉　崔宪涛

副主编：孟　丕　许雪莲　魏晓波　石汉林

编　　委：贾　慧　闫宇豪　张　盈　朱　莹

宋丽冰　闫思颖　郝晓璐　曾锦标

陈海玲　陈　茂　吕效华　魏雪梅

邬旭东　李　旺　许文艳　李江凌

向　倩　高鑫星　钟均宏　理阳阳

毛哲成　陈志荣　申丽丽

前言

　　"在实现中华民族伟大复兴的新征程上，应对重大挑战、抵御重大风险、克服重大阻力、解决重大矛盾，迫切需要迎难而上、挺身而出的担当精神。只要青年都勇挑重担、勇克难关、勇斗风险，中国特色社会主义就能充满活力、充满后劲、充满希望。青年要保持初生牛犊不怕虎、越是艰险越向前的刚健勇毅，勇立时代潮头，争做时代先锋。"这是习近平总书记在纪念五四运动100周年大会上的讲话，也是习近平总书记对青年的殷切期望。当代青年成长于中华民族荣光的时代，奋斗于比历史上任何时期都更接近实现中华民族伟大复兴的光辉目标的新时代。作为新时代中国青年，我们处在实现中华民族伟大复兴的关键时期，站在历史和未来、中国和世界的交汇点上。一代人有一代人的长征，一代人有一代人的担当，成为社会主义建设者和接班人，不辱时代使命，不负人民期望是广大青年最大的人生际遇，也是最大的人生考验。

　　"形势与政策"课是理论武装时效性、释疑解惑针对性、教育引导综合性都很强的一门高校思想政治理论课，是对大学生进行形势与政策教育的主渠道和主阵地，它在引导学生正确认识国内外形势、正确理解党和国家方针政策方面具有不可替代的重要作用。当前，世界百年未有之大变局进入加速演变期，多重挑战和危机交织叠加，国内改革进入攻坚期和深水区，社会矛盾多发叠加，各种可以预见和难以预见的安全风险挑战前所未有，世界之变、时代之变、历史之变正以前所未有的方式展开。作为中国特色社会主义接班人和建设者的大学生正处于世界观、人生观和价值观形成的关键时期，通过形势与政策教育，可以帮助大学生客观、全面、正确地看待当今的国内外形势，正确理解党的方针政策，增强明辨是非的能力，坚定对马克思主义的信仰、对中国特色社会主义的信心，深刻领悟"两个确立"的决定性意义，增强"四个意识"、坚定"四个自信"、做到"两个维护"，在思想上、政治上、行动上同以习近平同志为核心的党中央保持高度一致。大学生肩负着建设现代化强国、实现中华民族伟大复兴的重大使命，必须把自己的发展融入国家、社会发展之中。

　　本书以党的二十大精神为指导，以当前党和国家重大战略问题为关注点，分不同专题进行了简明扼要的阐述和解析，从学理上讲清楚，从问题上讲透彻，做到心中有数、头脑清晰、学思结合、明辨笃行。每个专题除主要内容外，我们还精心设计了"知识链接""见'习'日记""相关链接""拓展阅读""阅读推荐"及"思考题""知行青春"等辅助模块。"知识链接"对正文中提到的相关知识点进行介绍;"见'习'日记"收集整理习近平总书记相关讲话,帮助学生学习习近平总书记重要讲话精神;"相关链接"采用二维码展现,以视频或图文的形式丰富本专题的内容;"拓展阅读"选取与本专题相关的文章,供学生多方面了解本专题知识;"阅读推荐"为学生推荐若干相关文章资料,供学生在课后查阅学习,加深理解;"思考题"围绕专题内容提出相关问题,启发学生进行思考;"知行青春"设置一个实践项目,引导学生更加深入地学习本专题的知识,并积极运用到实践中去,提高自身综合素质。本书图文并茂,视听结合,形式多样,时效性、针对性、趣味性和可读性强,希望能帮助广大学生更好地学习"形势与政策"课。

在本书的编写过程中,我们参考和引用了有关专家的研究成果,查阅了大量权威网站、书刊和报纸的有关内容,听取和吸收了相关学科专家的宝贵建议,在此一并表示诚挚的感谢。尽管我们力求完美,但因水平所限,书中难免存在不足或疏漏之处,敬请广大读者朋友提出宝贵意见,以便我们在今后的工作中不断完善和提高。

编　者
2024 年 7 月

本书配套资源获取方式

📞 电话:010-62918563

✉ 邮箱:275335259@qq.com

如您对本书有任何建议,请发至邮箱。

目 录

中国化时代化：坚持和发展马克思主义的必然要求

回顾党的百余年奋斗史，我们党之所以能够在革命、建设、改革各个历史时期取得重大成就，能够领导人民完成中国其他政治力量不可能完成的艰巨任务，根本在于掌握了马克思主义科学理论，并不断结合新的实际推进理论创新，使党掌握了强大的真理力量。中国共产党为什么能，中国特色社会主义为什么好，归根到底是马克思主义行，是中国化时代化的马克思主义行。这是历史的结论。

中国共产党人深刻认识到，只有把马克思主义基本原理同中国具体实际相结合、同中华优秀传统文化相结合，坚持运用辩证唯物主义和历史唯物主义，才能正确回答时代和实践提出的重大问题，才能始终保持马克思主义的蓬勃生机和旺盛活力。

一、时代答问：为什么能？为什么好？

一个民族要走在时代前列，就一刻不能没有理论思维，就一刻不能没有正确思想指引。马克思主义是我们立党立国、兴党兴国的根本指导思想；没有马克思主义，就没有中国共产党，就没有中国的今天。

2021年6月，在十九届中央政治局第三十一次集体学习时的讲话中，习近平总书记强调："中国共产党为什么能，中国特色社会主义为什么好，从根本上说，是因为马克思主义行。"2022年10月在党的二十大报告中，习近平总书记再次强调指出："中国共产党为什么能，中国特色社会主义为什么好，归根到底是马克思主义行，是中国化时代化的马克思主义行。这是历史的结论。"不断推进马克思主义中国化时代化，继续发展当代中国马克思主义、二十一世纪马克思主义，是当代中国共产党人的庄严历史责任，也是中华民族和全体中国人民的历史责任。

（一）马克思主义行

中国共产党是一个极其重视思想建党、理论强党的政党，从诞生之日起，就把马克思主义鲜明地写在自己的旗帜上。马克思主义之所以行，是因为它是科学的、人民的、实践的、开放的理论，是超越时代的思想精华。它为人类社会发展进步指明了方向，是我们认识世界、把握规律、追求真理、改造世界的强大思想武器。马克思主义是马克思和恩格斯立足于自己的时代，在批判吸收人类优秀文明成果的基础上创立的。正如习近平总书记在纪念马克思诞辰200周年大会上的重要讲话中所强调的："马克思的思想理论源于那个时代又超越了那个时代，既是那个时代精神的精华又是整个人类精神的精华。"作为人类思想史上"最壮丽的日出"，马克思主义一经诞生，就照亮了人类探索历史规律和寻求自身解放的道路，成为指导无产阶级发现真理、追求真理、实践真理的强大思想武器。

判断一种理论是否具有科学性，首先要看它是否真正地揭示了研究对象的发展规律。马克思主义借助对生产力和生产关系、经济基础和上层建筑的辩证关系，坚持理论斗争和实践批判相统一、从批判旧世界中发现新世界的原则，通过辩证唯物主义和历史唯物主义的创立，科学揭示了人类社会发展规律，把社会形态的发展看作自然历史过程，区别了以往社会科学的理论体系，创造了人类思想史上的伟大革命。由于创造地揭示了人类社会发展的科学规律，马克思主义成为人类社会的伟大认识工具，直到今天，仍然是人类社会穿透历史迷雾、解释现实困境、预见未来趋势的"指南针"；成为人类社会观察世界、分析问题的有力理论武器，仍然是探索共产党执政规律、社会主义建设规律、人类社会发展规律的"方向盘"；成为人类社会实现自由和解放的思想指南。马克思主义通过对社会发展规律的揭示为创建人类文明新形态提供了伟大的社会理想，指明了现实的发展道路。2016 年 5 月 17 日，习近平总书记在哲学社会科学工作座谈会上的讲话中强调："在人类思想史上，还没有一种理论像马克思主义那样对人类文明进步产生了如此广泛而巨大的影响。""马克思主义尽管诞生在一个半多世纪之前，但历史和现实都证明它是科学的理论，迄今依然有着强大生命力。马克思主义深刻揭示了自然界、人类社会、人类思维发展的普遍规律，为人类社会发展进步指明了方向。"

　　1883 年 3 月 17 日，恩格斯在马克思墓前的讲话中，高度评价了马克思的伟大一生、科学贡献和崇高品格，强调马克思主义具有强大的生命力，如果没有马克思主义，人类即便不是"在黑暗中摸索"，也不可能在整体上达到目前的水平。左图是英国伦敦海格特公墓中的马克思墓，右图是恩格斯为马克思写的悼词草稿

马克思主义之所以行，在于它代表了最广大人民的利益，它的全部理论都立足于实现和维护最广大人民的根本利益，把全人类解放和人的全面发展作为最高价值追求，不谋求任何私利、不抱有任何偏见，是科学性、阶级性和实践性相统一的理论。马克思主义之所以行，是因为马克思主义是实践的理论，指引着人民改造世界的行动。"哲学家们只是用不同的方式解释世界，问题在于改变世界。"这句名言被镌刻在马克思的墓碑上。实践性是马克思主义理论区别于其他理论的显著特征。马克思主义之所以行，还在于它是开放的、与时俱进的理论体系，随着时代的前进和社会实践的发展而不断丰富和发展。马克思主义之所以行，就在于党不断推进马克思主义中国化时代化并用以指导实践。

（二）中国化时代化的马克思主义行

马克思主义是随着时代、实践和科学的发展而不断发展的、开放的理论体系。我们党之所以能够领导人民在一次次求索、一次次挫折、一次次开拓中完成中国其他各种政治力量不可能完成的艰巨任务，把民族复兴的历史伟业推向前进，一个重要原因在于，不断推进马克思主义中国化时代化，不断实现党的指导思想的与时俱进，并善于运用新的理论指导新的实践。

马克思主义具有实践性、革命性和科学性的特质，这就决定了它必须在实践中不断发展、创新和完善，必须在准确把握世情国情的基础上不断开展自我修正和自我革新，必须注重事实并善于从事实中总结规律。马克思主义来到中国，就必须中国化、时代化。早在 1938 年，毛泽东就在党的六届六中全会上提出"马克思主义中国化"的科学命题，深刻指出不能把马克思主义"当作教条"，而应该当作"行动的指南"，"教条主义必须休息，而代之以新鲜活泼的、为中国老百姓所喜闻乐见的中国作风和中国气派"。

在中国化时代化马克思主义指引下，中国共产党团结带领中国人民，浴血奋战、百折不挠，创造了新民主主义革命的伟大成就。我们经过北伐战争、土地革命战争、抗日战争、解放战争，以武装的革命反对武装的反革命，推翻帝国主义、封建主义、官僚资本主义三座大山，建立了人民当家作主的中华人民共和国，实现了民族独立、人民解放。

在中国化时代化马克思主义指引下，中国共产党团结带领中国人民，自力更生、发愤图强，创造了社会主义革命和建设的伟大成就。我们进行社会主义革命，消灭在中国延续几千年的封建剥削压迫制度，确立社会主义基本制度，推进社会主义建设，战胜帝国主义、霸权主义的颠覆破坏和武装挑衅，实现了中华民族有史以来最为广泛而深刻的社会变革，实现了一穷二白、人口众多的东方大国大步迈进社会主义社会的伟大飞跃，为实现中华民族伟大复兴奠定了根本政治前提和制度基础。

在中国化时代化马克思主义指引下，中国共产党团结带领中国人民，解放思想、锐意进取，创造了改革开放和社会主义现代化建设的伟大成就。我们实现新中国成立以来党的历史上具有深远意义的伟大转折，确立党在社会主义初级阶段的基本路线，坚定不移推进改革开放，战胜来自各方面的风险挑战，开创、坚持、捍卫、发展中国特色社会主义，实现了从高度集中的计划经济体制到充满活力的社会主义市场经济体制、从封闭半封闭到全方位开放的历史性转变，实现了从生产力相对落后的状况到经济总量跃居世界第二的历史性突破，实现了人民生活从温饱不足到总体小康、奔向全面小康的历史性跨越，为实现中华民族伟大复兴提供了充满新的活力的体制保证和快速发展的物质条件。

在中国化时代化马克思主义指引下，中国共产党团结带领中国人民，自信自强、守正创新，统揽伟大斗争、伟大工程、伟大事业、伟大梦想，坚持和加强党的全面领导，统筹推进"五位一体"总体布局、协调推进"四个全面"战略布局，坚持和完善中国特色社会主义制度、推进国家治理体系和治理能力现代化，坚持依规治党、形成比较完善的党内法规体系，战胜一系列重大风险挑战，实现第一个百年奋斗目标，明确实现第二个百年奋斗目标的战略安排，党和国家事业取得历史性成就、发生历史性变革，为实现中华民族伟大复兴提供了更为完善的制度保证、更为坚实的物质基础、更为主动的精神力量。

 知识链接

"五位一体"总体布局形成于2012年召开的党的十八大，它要求在坚持以经济建设为中心的同时，全面推进经济建设、政治建设、文化建设、社会建设、生态文明建设，促进现代化建设各个环节、各个方面协调发展。

2017年召开的党的十九大在全面总结经验、深入分析形势的基础上，对中国社会主义现代化作出新的战略部署，明确以"五位一体"总体布局推进中国特色社会主义事业，从经济、政治、文化、社会、生态文明五个方面，制定了新时代统筹推进"五位一体"总体布局的战略目标，是新时代推进中国特色社会主义事业的路线图，是更好推动人的全面发展、社会全面进步的任务书。

"五位一体"总体布局是一个有机整体。其中，经济建设是根本，政治建设是保障，文化建设是灵魂，社会建设是条件，生态文明建设是基础，共同致力于全面提升国家物质文明、政治文明、精神文明、社会文明、生态文明，统一于建成富强民主文明和谐美丽的社会主义现代化强国的目标。

百余年的党史，就是马克思主义中国化的历史，也是马克思主义时代化的历史。我们党在推进马克思主义中国化时代化的历史进程中，不断形成中国化时代化的马克思主义，持续为党领导社会革命提供科学指引。

相关链接
继续推进马克思主义中国化时代化

（三）深刻把握四者之间的关系

中国共产党"能"、中国特色社会主义"好"、马克思主义"行"、中国化时代化的马克思主义"行"，四者是一个互相成就、互为表里、互相支撑的整体，中国共产党"能"、中国特色社会主义"好"、马克思主义"行"的深层根源都在于中国化时代化的马克思主义"行"。

中国化时代化的马克思主义"行"解释了中国共产党为什么"能"。中国化时代化的马克思主义是坚持马克思主义基本原理同中国具体实际相结合、同中华优秀传统文化相结合的产物，是适合中国国情的科学理论。马克思主义中国化时代化的追求始终贯通于中国革命、建设与改革发展历程中。早在新民主主义革命时期，毛泽东就要求用马克思主义之"矢"去射中国革命之"的"，要按照中国的特点去应用马克思主义，用马克思主义去解决好中国的问题。让马克思主义中国化时代化，使之与中国国情、中国实践、中国发展统一起来，使之与时代特征、时代趋向、时代要求统一起来，始终是我们党的一贯主张和自觉追求。

中国特色社会主义"好"归根到底是因为中国化时代化的马克思主义"行"。中国特色社会主义是党和人民历经千辛万苦、付出巨大代价取得的根本成就，是实现中华民族伟大复兴的正确道路。正是因为坚持走中国特色社会主义道路，新时代十年取得的伟大变革才在党史、新中国史、改革开放史、社会主义发展史、中华民族发展史上具有里程碑意义。中国共产党在革命性锻造中更加坚强有力，党的政治领导力、思想引领力、群众组织力、社会号召力显著增强，党同人民群众始终保持血肉联系，中国共产党在世界形势深刻变化的历史进程中始终走在时代前列，在应对国内外各种风险和考验的历史进程中始终成为全国人民的主心骨，在坚持和发展中国特色社会主义的历史进程中始终成为坚强领导核心；中国人民的前进动力更加强大、奋斗精神更加昂扬、必胜信念更加坚定，焕发出更为强烈的历史自觉和主动精神，中国共产党和中国人民正信心百倍推进中华民族从站起来、富起来到强起来的伟大飞跃；在深入推进改革开放和社会主义现代化建设中书写了经济快速发展和社会长期稳定两大奇迹新篇章，使我国发展具备了更为坚实的物质基础、更为完善的制度保证，实现中华民族伟大复兴进入了不可逆转的历史进程；科学社会主义在二十一世纪的中国焕发出新的蓬勃生机，中国式现代化为人类实现现代化提供了新的选择，中国共产党和中国人民正为解决人类面临的共同问题提供更多更好的中国智慧、中国方案、中国力量，为人类和平与发展事业作出新的更大的贡献。这些具有里程碑意义的伟大变革的根本原因，在于党确立习近平同志党中央的核心、全党的核心地位，确立习近平新时代中国特色社会主义思想的指导地位，这对新时代党和国家事业发展、对推进中华民族伟大复兴历史进程具有决定性意义。

马克思主义"行"归根到底是因为中国化时代化的马克思主义"行"。马克思主义与中国化时代化的马克思主义联通承续、血脉通达。列宁深刻指出，没有革命的理论，就不会有革命的运动。马克思主义科学理论，对于中国共产党所开展的革命、建设和改革事业而言，具有根本性和先导性。在马克思主义传入中国之前，中国人民为救国救民在黑暗中苦苦求索，所进行的斗争都以失败而告终。十月革命一声炮响，给中国送来了马克思列宁主义，给苦苦探寻救亡图存出路的中国人民指明了前进方向、提供了全新选择。但是，马克思主义这面旗子立起来了，并不意味着一切就万事大吉，要使这个好的主义变成行的主义，还要经历一个艰难和曲折的过程，这就是必须把马克思主义基本原理同中国具体实际相结合、同中华优秀传统文化相结合。我们党能不能学好用好发展好马克思主义，充分发挥科学真理的实践威力，保证党的各项事业成功，这是一个至关紧要的重大问题。马克思主义深刻改变了中国，中国也极大推动了马克思主义的丰富和发展。中国共产党人始终把坚持马克思主义基本原理和推进马克思主义发展结合起来，不断推进马克思主义中国化时代化，创造了中国化时代化的马克思主义。中国化时代化的马克思主义，使马克思主义理论的潜在力量得以呈现，使马克思主义解释世界、改造世界的夙愿成为现实。中国成为马克思主义展示真理力量的广阔舞台，中国共产党成为发挥马克思主义实践伟力的决定性力量。正是中国化时代化的马克思主义，让马克思主义的科学性和真理性在中国得到了充分检验、人民性和实践性在中国得到了充分贯彻、开放性和时代性在中国得到了充分彰显。

二、开创新境界的"两个结合"

习近平总书记在党的二十大报告中指出："只有把马克思主义基本原理同中国具体实际相结合、同中华优秀传统文化相结合，坚持运用辩证唯物主义和历史唯物主义，才能正确回答时代和实践提出的重大问题，才能始终保持马克思主义的蓬勃生机和旺盛活力。"强调"两个结合"，是新时代中国特色社会主义原创性的，是马克思主义中国化内涵的丰富发展，是马克思主义中国化规律性认识的新提升，是马克思主义中国化新飞跃的重要思想标识，开辟了马克思主义中国化时代化的新境界。这是我们党百余年来思想建党、理论强党历史经验的深刻总结，为新时代不断推进党的理论创新、谱写马克思主义中国化时代化新篇章指明了方向。

（一）从"一个结合"到"两个结合"

"一个结合"即马克思主义同中国具体实际相结合。坚持和发展马克思主义，必须同中国具体实际相结合。这是经过实践探索包括总结失败教训得出的结论，是我们党的事业不断成功的原因，也是我们党深化对坚持和发展马克思主义规律性认识的标志。

"两个结合"即坚持把马克思主义基本原理同中国具体实际相结合、同中华优秀传统文化相结合。"两个结合"首次提出是在庆祝中国共产党成立100周年大会上，习近平总书记指出："坚持把马克思主义基本原理同中国具体实际相结合、同中华优秀传统文化相结合，用马克思主义观察时代、把握时代、引领时代，继续发展当代中国马克思主义、二十一世纪马克思主义！"党的十九届六中全会将"两个结合"写入第三个历史决议："以习近平同志为主要代表的中国共产党人，坚持把马克思主义基本原理同中国具体实际相结合、同中华优秀传统文化相结合，坚持毛泽东思想、邓小平理论、'三个代表'重要思想、科学发展观，深刻总结并充分运用党成立以来的历史经验，从新的实际出发，创立了习近平新时代中国特色社会主义思想。"党的二十大报告对"两个结合"的重大意义作出系统阐述。2023年6月2日，习近平总书记在文化传承发展座谈会上进一步强调，"在五千多年中华文明深厚基础上开辟和发展中国特色社会主义，把马克思主义基本原理同中国具体实际、同中华优秀传统文化相结合是必由之路"。习近平总书记关于"两个结合"的一系列重要论述，既是对我们党百余年来坚持和发展马克思主义的经验总结，更是对新时代马克思主义中国化的重大原创性贡献，开辟了马克思主义中国化时代化新境界。

随着强国建设、民族复兴伟业的推进，习近平新时代中国特色社会主义思想不断丰富拓展并不断体系化学理化，构成一个逻辑严密、内涵丰富、系统全面、博大精深的科学体系，实现了马克思主义中国化时代化新的飞跃。图为北京图书大厦学习贯彻习近平新时代中国特色社会主义思想主题教育图书专区

"两个结合"立足点、出发点是共同的，即从马克思主义基本原理出发，立足马克思主义基本原理，分别指向中国具体实际、中华优秀传统文化，但就每一个结合的对象、内容、方式、目标而言，它们处在不同的层面，无疑是相互区别的。第一个结合本质上是理论与实际的结合，是在两个领域间的贯通与融会；第二个结合是马克思主义基本原理同中华优秀传统文化相结合，是一种理论学说与一种文化形态的结合，是同属精神领域中的认识成果之间的联通与互鉴。同时，"两个结合"的目标追求是一致的，即坚持和发展马克思主义，推进"两个结合"就是推进马克思主义中国化时代化。"两个结合"深刻揭示了马克思主义在中国创新发展的现实路径和内在规律，为推进党的理论创新和实践创新予以科学指引。

"两个结合"的历史就是马克思主义中国化的历史。一百多年来，中国共产党人始终坚持站在中华五千多年文明立场，结合中国革命、建设、改革具体实际，运用马克思主义基本原理运筹帷幄、谋篇布局，从而牢牢掌握历史主动，成功开辟中国革命、建设、改革道路，成功开创并坚持和发展中国特色社会主义，向着实现中华民族伟大复兴不断奋进。习近平新时代中国特色社会主义思想，是坚持"两个结合"、勇于推进理论创新的典范，是中华文化和中国精神的时代精华，开辟了当代中国马克思主义、二十一世纪马克思主义新境界。

（二）马克思主义必须同中国具体实际相结合

习近平总书记在党的二十大报告中指出："坚持和发展马克思主义，必须同中国具体实际相结合。我们坚持以马克思主义为指导，是要运用其科学的世界观和方法论解决中国的问题，而不是要背诵和重复其具体结论和词句，更不能把马克思主义当成一成不变的教条。我们必须坚持解放思想、实事求是、与时俱进、求真务实，一切从实际出发，着眼解决新时代改革开放和社会主义现代化建设的实际问题，不断回答中国之问、世界之问、人民之问、时代之问，作出符合中国实际和时代要求的正确回答，得出符合客观规律的科学认识，形成与时俱进的理论成果，更好指导中国实践。"

毋庸置疑，马克思主义是科学的理论，是放之四海而皆准的普遍真理，但是，马克思主义只有同各国的具体实际相结合，才能发挥其指导作用。不能教条主义地把马克思主义的基本原理当作现成的公式、套语、标签贴到各种事物上去。马克思指出："准确的理论必须结合具体情况并根据现存条件加以阐明和发挥。"1872年，马克思在《共产党宣言》德文版序言中写道："不管最近25年来的情况发生了多大的变化，这个《宣言》中所阐述的一般原理整个说来直到现在还是完全正确的。某些地方本来可以作一些修改。这些原理的实际运用，正如《宣言》中所说的，随时随地都要以当时的历史条件为转移。"恩格斯有一句名言："社会主义自从成为科学以来，就要求人们把它当作科学来对待。""我们的理论是发展着的理论，而不是必须背得烂熟并机械地加以重复的教条。"列宁强调："一切民族都将走向社会主义，这是不可避免的，但是一切民族的走法却不会完全一样，在民主的这种或那种形式上，在无产阶级专政的这种或那种形态上，在社会生活各方面的社会主义改造的速度上，每个民族都会有自己的特点。"马克思主义经典作家是坚决反对照抄照搬的教条主义和本本主义的。

马克思主义基本原理是普遍真理，具有永恒的思想价值，但马克思主义经典作家并没有穷尽真理，而是不断为寻求真理和发展真理开辟道路。习近平总书记2016年在哲学社会科学工作座谈会上的讲话中指出："对待马克思主义，不能采取教条主义的态度，也不能采取实用主义的态度。如果不顾历史条件和现实情况变化，拘泥于马克思主义经典作家在特定历史条件下、针对具体情况作出的某些个别论断和具体行动纲领，我们就会因为思想脱离实际而不能顺利前进，甚至发生失误。什么都用马克思主义经典作家的语录来说话，马克思主义经典作家没有说过的就不能说，这不是马克思主义的态度。同时，根据需要找一大堆语录，什么事都说成是马克思、恩格斯当年说过了，生硬'裁剪'活生生的实践发展和创新，这也不是马克思主义的态度。"

把马克思主义基本原理同中国具体实际相结合，必须认真对待中国实际。

1938年9月29日至11月6日，党的扩大的六届六中全会在延安召开。毛泽东在会上鲜明地提出了"马克思主义中国化"的命题和任务，强调"马克思主义必须和我国的具体特点相结合并通过一定的民族形式才能实现"，要"使马克思主义在中国具体化，使之在其每一表现中带着必须有的中国的特性"。图为党的六届六中全会会址

在这个问题上，中国共产党有着诸多的经验教训。例如，在革命时期，选择一条什么样的道路才能把中国革命引向胜利成为首要问题，也是马克思主义发展史上前所未有过的难题。年轻的中国共产党，一度简单照搬俄国十月革命城市武装起义的经验，使中国革命遭受严重挫折。在第一次大革命失败之后，我们党深刻认识到简单照搬他国经验是无法成功的，以毛泽东同志为核心的党的第一代中央领导集体，提出了马克思主义基本原理同中国具体实际相结合这个重大命题。在中国化马克思主义指导下，我们党找到了一条农村包围城市、武装夺取政权的崭新革命道路。把马克思主义基

本原理同中国具体实际相结合，既是理论上的需要，也是我们党的经验所在。中国共产党正是在长期的革命、建设、改革实践中，把马克思主义基本原理同中国具体实际相结合，先后创立了毛泽东思想、邓小平理论，形成了"三个代表"重要思想、科学发展观，创立了习近平新时代中国特色社会主义思想，不断推进了马克思主义中国化时代化。

（三）马克思主义必须同中华优秀传统文化相结合

马克思主义作为科学真理，只有为人们所普遍认同，才能成为真诚持久的信仰；马克思主义作为实践的理论，只有为人民群众所掌握，才能转化为强大的物质力量。要做到这一点，必须把马克思主义基本原理同各民族的历史文化、思维方式、民族心理结合起来，并赋予其人们易于接受的表达形式。

党的二十大报告指出："坚持和发展马克思主义，必须同中华优秀传统文化相结合。只有植根本国、本民族历史文化沃土，马克思主义真理之树才能根深叶茂。"2023 年 6 月 2 日，在文化传承发展座谈会上，习近平总书记指出："'第二个结合'，是我们党对马克思主义中国化时代化历史经验的深刻总结，是对中华文明发展规律的深刻把握，表明我们党对中国道路、理论、制度的认识达到了新高度，表明我们党的历史自信、文化自信达到了新高度，表明我们党在传承中华优秀传统文化中推进文化创新的自觉性达到了新高度。"对此，我们必须深刻认识。

见"习"日记

在五千多年中华文明深厚基础上开辟和发展中国特色社会主义，把马克思主义基本原理同中国具体实际、同中华优秀传统文化相结合是必由之路。这是我们在探索中国特色社会主义道路中得出的规律性认识。我们一直强调把马克思主义基本原理同中国具体实际相结合，现在我们又明确提出"第二个结合"。我说过，如果没有中华五千年文明，哪里有什么中国特色？如果不是中国特色，哪有我们今天这么成功的中国特色社会主义道路？只有立足波澜壮阔的中华五千多年文明史，才能真正理解中国道路的历史必然、文化内涵与独特优势。

——2023 年 6 月 2 日，习近平总书记在文化传承发展座谈会上的讲话

中华优秀传统文化是中华民族生生不息、发展壮大的丰厚滋养，是我们治国理政的重要思想资源，中华优秀传统文化不能丢，丢了就失去了文化根脉，

就说不清楚我们从哪里来。习近平总书记在主持中央政治局第六次集体学习时指出："马克思主义中国化时代化这个重大命题本身就决定，我们决不能抛弃马克思主义这个魂脉，决不能抛弃中华优秀传统文化这个根脉。坚守好这个魂和根，是理论创新的基础和前提。理论创新必须讲新话，但不能丢了老祖宗，数典忘祖就等于割断了魂脉和根脉，最终会犯失去魂脉和根脉的颠覆性错误。"明确了马克思主义思想精髓与中华优秀传统文化精华相融通、与中国人民价值观念相贯通的结合点。

相关链接

《大道之源：改变中国的"第二个结合"》——《文化根魂》

中华优秀传统文化源远流长、博大精深，是中华文明的智慧结晶，其中蕴含的"天下为公、民为邦本、为政以德、革故鼎新、任人唯贤、天人合一、自强不息、厚德载物、讲信修睦、亲仁善邻"等，是中国人民在长期生产生活中积累的宇宙观、天下观、社会观、道德观的重要体现，同科学社会主义价值观主张具有高度契合性。只有坚定历史自信、文化自信，把马克思主义思想精髓同中华优秀传统文化精华贯通起来、同人民群众日用而不觉的共同价值观念融通起来，不断赋予科学理论鲜明的中国特色，才能形成为人民所喜爱、所认同、所拥有的理论。中国特色社会主义植根于中华文化沃土、反映中国人民意愿、适合中国和时代发展进步要求，有着深厚历史渊源和广泛现实基础。中国特色社会主义道路是在马克思主义指导下走出来的，也是从五千多年中华文明史中走出来的。只有立足博大精深的中华优秀传统文化，才能真正理解和把握中国道路、理论、制度的历史必然、文化底蕴与独特优势。习近平总书记指出："我们现在就是要理直气壮、很自豪地去做这件事，去挖掘、去结合中华优秀传统文化，真正实现马克思主义中国化时代化。"这充分反映了新时代中国共产党人的历史自信和历史主动，彰显了新时代中国共产党人的文化自信和文化担当。

马克思主义与中华优秀传统文化相结合，是马克思主义中国化的内在要求。我们要运用马克思主义的立场、观点和方法对中国传统文化进行改造，对中华优秀传统文化进行创造性转化、创新性发展，使中华优秀传统文化成为中华民族伟大复兴的理论滋养和精神支柱。要在中华优秀传统文化中探寻马克思主义的生长点，深入发掘和提炼中华优秀传统文化资源，使马克思主义更深层次地融合到中华优秀传统文化之中，具有更加深厚的中华优秀传统文化底蕴，具有更加鲜明的民族特色，具有更加鲜活的民族表达方式，从而进一步推进马克思主义中国化，进一步丰富和发展马克思主义。

习近平总书记在文化传承发展座谈会的讲话中指出，马克思主义基本原理同中华优秀传统文化相结合的结果是互相成就，"结合"不是"拼盘"，不是简单的"物理反应"，而是深刻的"化学反应"，造就了一个有机统一的新的文化生命体。习近平总书记把马克思主义基本原理同中华优秀传统文化相结合比喻为"不是简单的'物理反应'，而是深刻的'化学反应'"，简单易懂又含义深邃。这种意义上的"结合"不能是简单数量叠加的"物理反应"，而是经过一次次碰撞、互动、会通而实现螺旋式上升后的血肉相连、水乳交融，乃至基因重组，这实际上属于极为复杂而深入的"化学反应"，否则不能称之为"造就了一个有机统一的新的文化生命体"。其最终目的就是让马克思主义成为中国的，让中华优秀传统文化成为现代的，让经由"结合"而形成的新文化成为中国式现代化的文化形态。

三、不断开辟马克思主义中国化时代化新境界

马克思主义是共产党人的"看家本领"，不断谱写马克思主义中国化时代化新篇章，是当代中国共产党人的庄严历史责任。在新的时代条件下，我们要进行伟大斗争、建设伟大工程、推进伟大事业、实现伟大梦想，仍然需要保持和发扬马克思主义政党与时俱进的理论品格，勇于推进实践基础上的理论创新。要不断赋予马克思主义鲜明的实践特色、民族特色、时代特色，用马克思主义中国化最新成果研究、解决不断发展的实践呈现出来的现实问题，贴近并反映人民群众需求诉求，体现新时代的发展特征，准确反映和回应时代要求，实现理论创新的与时俱进，确保理论之树常青。

（一）当代中国共产党人的庄严历史责任

实践没有止境，理论创新也没有止境。党的二十大擘画了全面建成社会主义现代化强国、以中国式现代化全面推进中华民族伟大复兴的宏伟蓝图，实现党的二十大确定的目标任务，是一个继续推进历史创造的伟大进程。正是在这个意义上，习近平总书记强调，"推进马克思主义中国化时代化的任务不是轻了，而是更重了"。继续发展当代中国马克思主义、二十一世纪马克思主义，不断谱写马克思主义中国化时代化新篇章，是当代中国共产党人的庄严历史责任。

如何推进马克思主义中国化时代化？习近平总书记指出："马克思主义中国化时代化这个重大命题本身就决定，我们决不能抛弃马克思主义这个魂脉，决不能抛弃中华优秀传统文化这个根脉。坚守好这个魂和根，是理论创新的基础和前提，理论创新也是为了更好坚守这个魂和根。坚持是为了更好地发展，发展也是为了更好地坚持。理论创新必须讲新话，但不能丢了老祖宗，数典忘祖

就等于割断了魂脉和根脉，最终会犯失去魂脉和根脉的颠覆性错误。我提出守正创新，就是强调既不走封闭僵化的老路，也不走改旗易帜的邪路，这两条路都是死路。"

一刻不停地推进马克思主义中国化时代化是时代的要求。当今世界正在经历百年未有之大变局，处在民族复兴关键时期的当代中国正在经历有史以来最为广泛而深刻的社会变革，正在推进中国式现代化这一人类历史上非常宏大而独特的实践创新。在"两个大局"加速演进并深度互动的时代背景下，人类社会面临许多亟待解决的共同问题，我国改革发展稳定、内政外交国防、治党治国治军等各个领域也都面临一系列新的重大课题，中国之问、世界之问、人民之问、时代之问给我们提出的新考题比过去更复杂、更难，迫切需要我们从理论与实践的结合上提交答案。我们要牢固树立大历史观，以更宽广的视野、更长远的眼光把握世界历史的发展脉络和正确走向，认清我国社会发展、人类社会发展的大逻辑大趋势，把握中国式现代化的历史沿革和实践要求，在新一轮科技革命、全球经济发展大格局和我国发展的阶段性特征中深化对推动高质量发展、构建新发展格局的规律性认识，在世界马克思主义政党命运比较和我们党长期执政面临的现实考验中深化对党的自我革命战略思想的规律性认识，全面系统地提出解决现实问题的科学理念、有效对策，让当代中国马克思主义、二十一世纪马克思主义展现出更为强大、更有说服力的真理力量。

（二）"两个结合"：根本途径

习近平总书记在党的二十大报告中指出："只有把马克思主义基本原理同中国具体实际相结合、同中华优秀传统文化相结合，坚持运用辩证唯物主义和历史唯物主义，才能正确回答时代和实践提出的重大问题，才能始终保持马克思主义的蓬勃生机和旺盛活力。""两个结合"深刻总结了中国共产党一百多年来推进理论创新的基本经验，阐明了马克思主义在中国创新发展的内在机理。

"两个结合"是我们推进马克思主义中国化时代化的根本途径。坚持"两个结合"、推进理论创新，要把实现人民对美好生活的向往作为出发点和落脚点，不断回答新时代新征程提出的新问题，不断赋予科学理论鲜明的中国特色，谱写马克思主义中国化时代化新篇章。

开辟马克思主义中国化时代化新境界，要坚持把马克思主义基本原理同中国具体实际相结合。马克思主义从来都不是僵死不变的教条，而是不断与时俱进的理论体系。马克思主义是实践的理论。我们推进理论创新是实践基础上的理论创新，而不是坐在象牙塔内的空想，必须坚持在实践中发现真理、发展真理，用实践来实现真理、检验真理。特别是要重视亿万人民群众的实践，人民的创造性实践是马克思主义理论创新的不竭源泉。人民作为历史的创造者，不仅是物质财富的创造者，也是精神财富的创造者。人民群众不仅是浩瀚的力量之海，也是浩瀚的智慧之海。中国有 14 亿多人口，亿万人民的力量和智慧加在一起，谁能比得过？只要我们紧密联系人民群众、经常深入人民群众、紧紧依靠人民群众，真心拜人民为师，诚心向人民学习，虚心向人民求教，就能够得到源源不断的实践力量和理论智慧。这就要求我们必须扎根中国具体实际，把握时代大势，在实践中运用马克思主义，在工作中发展马克思主义。

开辟马克思主义中国化时代化新境界，要坚持把马克思主义基本原理同中华优秀传统文化相结合。正如习近平总书记在党的二十届一中全会上所指出的："要坚定历史自信、文化自信，坚持古为今用、推陈出新，把马克思主义思想精髓同中华优秀传统文化精华贯通起来、同人民群众日用而不觉的共同价值观念融通起来，充分吸收其中蕴含的治国理政的思想智慧、格物究理的思想方法、修身处世的道德理念，不断赋予科学理论鲜明的中国特色，不断夯实马克思主义中国化时代化的历史基础和群众基础，让马克思主义在中国牢牢扎根。"我们必须坚持马克思主义这个立党立国、兴党兴国之本不动摇，坚持植根本国、本民族历史文化沃土发展马克思主义不停步，坚定历史自信、文化自信，坚持古为今用、推陈出新，以马克思主义为指导对中华五千多年文明宝库进行全面挖掘，用马克思主义激活中华优秀传统文化中富有生命力的优秀因子并赋予新的时代内涵，将中华民族的伟大精神和丰富智慧更深层次地注入马克思主义中，有效地把马克思主义思想精髓同中华优秀传统文化精华贯通起来，聚变为新的理论优势，不断攀登新的思想高峰。

推进中国式现代化是一项前无古人的开创性事业，还有许多未知领域需要大胆探索，还会遇到各种可以预料和难以预料的风险挑战，需要直面和解决实践遇到的新问题、改革发展稳定存在的深层次问题、人民群众急难愁盼问题、国际变局中的重大问题、党的建设面临的突出问题等。这要求我们继续坚持"两个结合"，用马克思主义观察时代、把握时代、引领时代，回答时代和实践提出的重大问题，把化解矛盾问题的思路办法和新鲜经验转化为理论话语，在中华优秀传统文化的思想沃土中汲取历史经验、人文精神和民族智慧，不断作出理论创新，为扎实推进中国式现代化提供强大的思想理论支撑。

（三）"六个必须坚持"：根本方法

开辟马克思主义中国化时代化新境界，根本上就要坚持和运用好习近平新时代中国特色社会主义思想的世界观和方法论。

在防汛抗洪救灾一线，解放军和武警部队充分发挥基层党组织战斗堡垒作用，让党旗始终高高飘扬在防汛抗洪救灾一线。图为2023年8月8日，陆军第81集团军某旅党员突击队加固大清河天津静海段北岸大堤

第一，必须坚持人民至上。人民至上是马克思主义唯物史观的基本观点。马克思主义是来自人民、为了人民、造福人民的理论，习近平总书记强调，"江山就是人民，人民就是江山，人心向背关系党的生死存亡""打江山、守江山，守的是人民的心"。坚持人民至上，其中就要善于把人民的探索创新、实践创造、方法经验、需求愿望系统总结、及时提炼，形成马克思主义中国化时代化的最新成果。

第二，必须坚持自信自立。中国共产党之所以能够在百余年间牢牢把握时与势，奋进在时代前列，不负人民和民族之托，取得举世瞩目的伟大成就，关键在于党始终坚持自信自立，始终保持了强大的独立性和自主性。坚持自信自立就要充分发挥主观能动性，以自信自强、踔厉奋发的精神面貌继续发展当代中国马克思主义、二十一世纪马克思主义。

第三，必须坚持守正创新。守正才能不迷失方向、不犯颠覆性错误，创新才能把握时代、引领时代。我们要以科学的态度对待科学、以真理的精神追求真理，坚持马克思主义基本原理不动摇，坚持党的全面领导不动摇，坚持中国特色社会主义不动摇。其中就要"守"道路方向、理论旗帜、制度根脉、文化自信之"正"，"创"新战略、新理念、新思路、新举措之"新"，在理论与实践的良性互动中将马克思主义中国化时代化推向新的历史高度。

第四，必须坚持问题导向。"问题是时代的声音，回答并指导解决问题是理论的根本任务"。人类认识世界、改造世界的过程，就是一个发现问题、解决问题的过程。坚持问题导向，是马克思主义的重要品质，是习近平新时代中国特色社会主义思想的鲜明风格，其中就要找准当下中国和时代所面临的矛盾问题，充分发扬马克思主义实事求是的理论品质。具体言之，在研究时代性、区域性和国际性矛盾过程中，正如毛泽东所言，"就要用全力找出它的主要矛盾……找不到中心，也就找不到解决矛盾的方法"。

第五，必须坚持系统观念。习近平总书记指出："必须从系统观念出发加以谋划和解决，全面协调推动各领域工作和社会主义现代化建设。"只有坚持系统观念，不断提高战略思维、历史思维、辩证思维、系统思维、创新思维、法治思维、底线思维能力，才能为前瞻性思考、全局性谋划、整体性推进党和国家各项事业提供科学思想方法；其中就要处理好本质与现象、部分与整体、当前与长远等几对关系，构建统筹兼顾、科学全面、体系成熟、整体推进的马克思主义中国化时代化理论体系。

第六，必须坚持胸怀天下。胸怀天下是"马克思主义基本原理同中国具体实际相结合"的现实发展需要。中国的发展离不开世界，世界的繁荣也需要中国。其中就要不断拓展世界眼光、关注人类命运、开解时代性议题。

习近平：开辟马克思主义中国化时代化新境界

在推进马克思主义中国化时代化的历史进程中，我们党取得了毛泽东思想、邓小平理论、"三个代表"重要思想、科学发展观、新时代中国特色社会主义思想等重大理论成果，始终坚持解放思想、实事求是、与时俱进、求真务实，使马克思主义在中国焕发出强大生命力。党的二十大报告在总结历史经验基础上，提出并阐述了"两个结合""六个必须坚持"等推进党的理论创新的科学方法，为继续推进党的理论创新提供了根本遵循，我们要坚持好、运用好。

第一，始终坚守理论创新的魂和根。马克思主义中国化时代化这个重大命题本身就决定，我们决不能抛弃马克思主义这个魂脉，决不能抛弃中华优秀传统文化这个根脉。坚守好这个魂和根，是理论创新的基础和前提，理论创新也是为了更好坚守这个魂和根。坚持是为了更好地发展，发展也是为了更好地坚持。理论创新必须讲新话，但不能丢了老祖宗，数典忘祖就等于割断了魂脉和根脉，最终会犯失去魂脉和根脉的颠覆性错误。我提出守正创新，就是强调既不走封闭僵化的老路，也不走改旗易帜的邪路，这两条路都是死路。

我们必须坚持马克思主义这个立党立国、兴党兴国之本不动摇，坚持植根本国、本民族历史文化沃土发展马克思主义不停步，坚定历史自信、文化自信，坚持古为今用、推陈出新，以马克思主义为指导对中华五千多年文明宝库进行全面挖掘，用马克思主义激活中华优秀传统文化中富有生命力的优秀因子并赋予新的时代内涵，将中华民族的伟大精神和丰富智慧更深层次地注入马克思主义，有效把马克思主义思想精髓同中华优秀传统文化精华贯通起来，聚变为新的理论优势，不断攀登新的思想高峰。当然，强调坚守好党的理论的魂和根，并不是要封闭、僵化和保守。马克思主义不排斥一切真理，不管它来自何时、来自哪里，只要是真理性认识，都可以作为丰富和发展自己的养分。我们要拓宽理论视野，以海纳百川的开放胸襟学习和借鉴人类社会一切优秀文明成果，在"人类知识的总和"中汲取优秀思想文化资源来创新和发展党的理论，形成兼容并蓄、博采众长的理论大格局大气象。

第二，及时科学解答时代新课题。时代是思想之母，实践是理论之源。一切划时代的理论，都是满足时代需要的产物。用以观察时代、把握时代、引领时代的理论，必须反映时代的声音，绝不能脱离所在时代的实践，必须不断总结实践经验，将其凝结成时代的思想精华。理论的飞跃不是体现在词句的标新立异上，也不是体现在逻辑的自洽自证上，归根到底要体现在回答实践问题、引领实践发展上。马克思主义是实践的理论。我们推进理论创新是实践基础上的理论创新，而不是坐在象牙塔内的空想，必须坚持在实践中发现真理、发展真理，用实践来实现真理、检验真理。

当今世界正在经历百年未有之大变局，处在民族复兴关键时期的当代中国正在经历着有史以来最为广泛而深刻的社会变革，正在推进中国式现代化这一人类历史上非常宏大而独特的实践创新。在"两个大局"加速演进并深度互动的时代背景下，人类社会面临许多亟待解决的共同问题，我国改革发展稳定、内政外交国防、治党治国治军等各个领域也都面临着一系列新的重大课题，中国之问、世界之问、人民之问、时代之问给我们提出的新考题比过去更复杂、更难，迫切需要我们从理论与实践的结合上提交答案。今天，我们推进马克思主义中国化时代化的任务不是轻了，而是更重了。要牢固树立大历史观，以更宽广的视野、更长远的眼光把握世界历史的发展脉络和正确走向，认清我国社会发展、人类社会发展的大逻辑大趋势，把握中国式现代化的历史沿革和实践要求，在新一轮科技革命、全球经济发展大格局和我国发展的阶段性特征中深化对推动高质量发展、构建新发展格局的规律性认识，在世界马克思主义政党命运比较和我们党长期执政面临的现实考验中深化对党的自我革命战略思想的规律性认识，全面系统地提出解决现实问题的科学理念、有效对策，让当代中国马克思主义、二十一世纪马克思主义展现出更为强大、更有说服力的真理力量。

第三，着力推进党的创新理论体系化学理化。推进理论的体系化学理化，是理论创新的内在要求和重要途径。马克思主义之所以影响深远，在于其以深刻的学理揭示人类社会发展的真理性、以完备的体系论证其理论的科学性。马克思曾说他的著作是一个艺术的整体，列宁也说过马克思主义哲学是一块整钢。恩格斯撰写《社会主义从空想到科学的发展》等论著，系统阐发马克思主义基本原理，科学论证了马克思主义三个组成部分之间的内在统一性，以深刻的学理捍卫并发展了马克思主义的科学性，以完备的体系避免和修正了对马克思主义的片段化、庸俗化。这充分说明了体系化和学理化对坚持和发展马克思主义的重要性。

党的十九大报告将党的十八大以来党的创新理论的主要内容概括为"八个明确""十四个坚持"，经过党的十九届六中全会的概括，到党的二十大报告概括为"十个明确""十四个坚持""十三个方面成就"，并总结提炼和深刻阐述"两个结合""六个必须坚持"等推进党的理论创新的科学方法，表明新时代中国特色社会主义思想的发展是一个不断丰富拓展并不断体系化、学理化的过程。新时代中国特色社会主义思想是一个完整体系，由若干组成部分共同构成，如经济思想、法治思想、生态文明思想、强军思想、外交思想，要进一步丰富和发展。随着实践进程的深化，党的理论创新成果会越来越丰富。马克思主义理论研究和建设工程要不断深化理论研究阐释，重点研究阐释我们党提出的新理念新论断中原理性理论成果，把握相互的内在联系，教育引导全党全国更好学习把握新时代中国特色社会主义思想的理论体系。

第四，注重从人民群众的创造中汲取理论创新智慧。马克思主义是为人民立言、为人民代言的理论，是为改变人民命运而创立、在人民求解放的实践中丰富和发展的，人民的创造性实践是马克思主义理论创新的不竭源泉。人民作为历史的创造者，不仅是物质财富的创造者，也是精神财富的创造者。人民群众不仅是浩瀚的力量之海，也是浩瀚的智慧之海。中国有14亿多人口，亿万人民的力量和智慧加在一起，谁能比得过？只要我们紧密联系人民群众、经常深入人民群众、紧紧依靠人民群众，真心拜人民为师，诚心向人民学习，虚心向人民求教，就能够得到源源不断的实践力量和理论智慧。

事实正是如此。马克思主义中国化时代化成果，都是党和人民实践经验和集体智慧的结晶。无论是毛泽东思想、中国特色社会主义理论体系，还是新时代中国特色社会主义思想，无不源自人民的智慧、人民的探索、人民的创造。人民群众身处实践最前沿，对实践变化感知最敏感、感受最深切，也最聪慧，只要走到人民群众中去，很多百思不得其解的问题就能豁然开朗、找到答案。我们的各项工作实践要走好群众路线，推进党的理论创新也要走好群众路线，决不能闭门造车、坐而论道、流于空想。在谋划这次主题教育时，我提出大兴调查研究，就是要推动各级领导干部树牢唯物史观，强化群众观点和宗旨意识，坚持目标导向和问题导向，走出机关沉到基层一线，广泛倾听人民群众的声音，自觉问计于民、问需于民，运用党的创新理论研究解决好发展所需、改革所急、基层所盼、民心所向的突出问题，同时从人民群众的真知灼见中获取理论创新和实践创新灵感。要尊重人民首创精神，注重从人民的创造性实践中总结新鲜经验，上升为理性认识，提炼出新的理论成果，着力让党的创新理论深入亿万人民心中，成为接地气、聚民智、顺民意、得民心的理论。

（资料来源：《求是》2023年第20期）

 **阅读推荐**

1. 习近平：《在文化传承发展座谈会上的讲话》，《求是》2023年第17期。

2. 冯俊：《中国化时代化的马克思主义行》，人民出版社2023年版。

3. 靳辉明：《思想巨人马克思》，中国社会科学出版社2018年版。

思考题

1. 什么是"两个结合"？为什么说"两个结合"开辟了马克思主义中国化时代化的新境界？

2. 中国共产党"能"、中国特色社会主义"好"、马克思主义"行"、中国化时代化的马克思主义"行"四者之间有着怎样的辩证关系？

3. 如何理解马克思主义与中华优秀传统文化的"结合"不是"拼盘"，不是简单的"物理反应"，而是深刻的"化学反应"？

 知行青春

回顾党的百余年奋斗史，我们党之所以能够在革命、建设、改革各个历史时期取得重大成就，能够领导人民完成中国其他政治力量不可能完成的艰巨任务，根本在于掌握了马克思主义科学理论，并不断结合新的实际推进理论创新，使党掌握了强大的真理力量。中国共产党为什么能，中国特色社会主义为什么好，归根到底是马克思主义行，是中国化时代化的马克思主义行。这是历史的结论。

学生课后自行观看视频《青年马克思》，更具体地了解马克思主义形成的过程，理解中国共产党选择马克思主义的历史必然性和毛泽东等中国共产党领导人努力推进马克思主义中国化时代化的智慧和眼光。观看完视频后，撰写不少于1000字的观后感并上交。

进一步全面深化改革，为中国式现代化注入强大动力

　　改革开放是决定当代中国命运的关键一招，也是决定中国式现代化成败的关键一招。党的十八大以来，党中央锚定全面深化改革的总目标，以巨大的政治勇气全面深化改革，坚持目标引领，突出问题导向，敢于突进深水区，敢于啃硬骨头，以前所未有的决心和力度冲破思想观念的束缚，突破利益固化的藩篱，坚决破除各方面体制机制弊端，积极应对外部环境变化带来的风险挑战，开启了气势如虹、波澜壮阔的全面深化改革进程。

当时间来到 2024 年的 7 月，人们再一次深刻感知改革激荡的磅礴之力。2024 年 7 月 15 日至 18 日，中国共产党第二十届中央委员会第三次全体会议（以下简称党的二十届三中全会）在北京举行。全会听取和讨论了习近平总书记受中央政治局委托所作的工作报告，审议通过了《中共中央关于进一步全面深化改革、推进中国式现代化的决定》。全会要求，到 2035 年，全面建成高水平社会主义市场经济体制，中国特色社会主义制度更加完善，基本实现国家治理体系和治理能力现代化，基本实现社会主义现代化，为到二十一世纪中叶全面建成社会主义现代化强国奠定坚实基础。站在新的历史起点上，进一步全面深化改革，吹响奋进新征程的号角，必将为中国式现代化提供强大动力和制度保障。

一、深入学习领会习近平总书记关于全面深化改革的重要论述

党的二十届三中全会通过的《中共中央关于进一步全面深化改革、推进中国式现代化的决定》提出进一步全面深化改革的指导思想，"习近平总书记关于

全面深化改革的一系列新思想、新观点、新论断"是其中最重要的内容。党的十八届三中全会以来，习近平总书记亲自领导、亲自部署、亲自推动全面深化改革工作，科学总结历史经验，深刻把握改革规律，运用马克思主义的立场观点方法，创造性提出一系列新思想、新观点、新论断，明确回答了新时代为什么要全面深化改革、怎样推进全面深化改革等重大问题，构成习近平新时代中国特色社会主义思想最为丰富、最为生动、最富创意的组成部分。深入学习贯彻好这些新思想、新观点、新论断，对于统一全党全国各族人民思想和行动，以更加奋发有为精神状态推进进一步全面深化改革，具有重大现实意义和深远历史意义。

（一）坚持党的领导，为全面深化改革提供根本政治保证

习近平总书记旗帜鲜明指出，"全面深化改革必须加强和改善党的领导，充分发挥党总揽全局、协调各方的领导核心作用""坚决维护中央权威，保证政令畅通，坚定不移实现中央改革决策部署"。中国共产党是中国特色社会主义事业的领导核心，中国共产党领导是中国特色社会主义最本质的特征。改革开放 40 多年的伟大实践深刻揭示，正是因为始终坚持党的集中统一领导，我们

才能实现伟大历史转折、开启改革开放新时期和中华民族伟大复兴新征程，才能成功应对一系列重大风险挑战、克服无数艰难险阻，才能确保全党全国在改革上始终统一思想、统一意志、统一行动。党的十八届三中全会后，以习近平同志为核心的党中央成立全面深化改革领导小组，党的十九届三中全会后改为中央全面深化改革委员会，自上而下形成党领导改革工作体制机制，对全面深化改革作出一系列重大战略部署。习近平总书记以强烈的政治气魄和历史担当，亲力亲为谋划指导改革的总体设计、统筹协调、整体推进、督促落实，为改革提供了最坚强有力的领导保障。党的十八大以来，全面深化改革推动党和国家各项事业取得历史性成就、发生历史性变革，充分证明"两个确立"和"两个维护"的极端重要性，充分显示了以习近平同志为核心的党中央把方向、谋大局、定政策、促改革的领导核心作用。党中央的权威和领导力是改革得以全面推进、不断深化，续写经济快速发展和社会长期稳定两大奇迹的根本政治保证。

（二）坚持中国特色社会主义道路，确保改革开放沿着正确方向前进

习近平总书记明确提出，"我们的改革开放是有方向、有立场、有原则的""我们的改革是在中国特色社会主义道路上不断前进的改革，既不走封闭僵化的老路，也不走改旗易帜的邪路"。方向决定前途，道路决定命运。习近平总书记强调，中国特色社会主义道路是创造人民美好生活、实现中华民族伟大复兴的康庄大道，必须毫不动摇走下去。我国是一个大国，决不能在根本性问题上出现颠覆性错误。全面深化改革的总目标是完善和发展中国特色社会主义制度、推进国家治理体系和治理能力现代化。改革开放的根本目的是不断推进我国社会主义制度自我完善和发展，实现中华民族伟大复兴的中国梦。这些重要论述，有力回答了改革举什么旗、走什么路、向什么目标前进等根本性问题。党的十八大以来，以习近平同志为核心的党中央始终以全面深化改革总目标为引领，披荆斩棘、守正创新，牢牢把握改革开放的前进方向，该改的、能改的坚决改，不该改的、不能改的坚决不改，不动摇、不偏轨、不折腾、不停顿，确保改革开放事业行稳致远。

知识链接

任何一种治理体系，从宏观上至少包括三个子系统，即治理文化、治理结构和治理机制。治理文化指一个组织在运作过程中逐步形成的有关组织治理的理念、目标、哲学、道德伦理、行为规范、制度安排及其治理实

践。治理结构指联系并规范组织内各主体之间的权利和义务分配，以及与此有关的各种制度框架。治理机制则是组织内各组成部分相互协作、相互制衡的管理运作模式。一个治理体系的完善和稳定，至少需要文化的支撑、结构的合理和机制的灵活。上升到国家层面的治理体系，更需要文化、结构和机制上的适应和磨合。

（三）坚持开拓创新，为中国式现代化建设提供不竭动力

习近平总书记强调："改革开放是决定当代中国命运的关键一招，也是决定中国式现代化成败的关键一招。"没有改革开放，就没有中国的今天，也就没有中国的明天。习近平总书记深刻指出，改革开放是党和人民事业大踏步赶上时代的重要法宝，是当代中国发展进步的活力之源。创新是一个国家、一个民族发展进步的不竭动力。党的十一届三中全会是划时代的，开启了改革开放和社会主义现代化建设历史新时期。党的十八届三中全会也是划时代的，开启了全

"海葵一号"，是亚洲首艘圆筒型浮式生产储卸油装置。该装置集原油生产、存储、外输等功能于一体，也是完全由我国自主设计建造的海上油气加工厂。图为2024年5月12日，"海葵一号"从中国海油青岛国际化高端装备制造基地离港启运

面深化改革、系统整体设计推进改革的新时代，开创了我国改革开放的全新局面。实现新时代新征程的目标任务，要把全面深化改革作为推进中国式现代化的根本动力，作为稳大局、应变局、开新局的重要抓手。这些重要论述，深刻阐明了全面深化改革所处的历史方位和重大意义。党的十八大以来，以习近平同志为核心的党中央把全面深化改革纳入协调推进"四个全面"战略布局，部署改革任务同统筹推进"五位一体"总体布局相对应，推动改革全面发力、多点突破、

蹄疾步稳、纵深推进，攻克了一系列体制机制难关。新征程上，必须牢记"坚持开拓创新"这一建党百年的宝贵历史经验，紧紧围绕全面建设社会主义现代化国家目标任务，深入推进改革创新，坚定不移扩大开放，为中国式现代化建设提供更完善的制度保证、更强大的能力支撑、更强劲的动力源泉。

（四）坚持以人民为中心推进改革，尊重人民主体地位和首创精神

习近平总书记深刻指出，"为了人民而改革，改革才有意义；依靠人民而改

革，改革才有动力""改革开放在认识和实践上的每一次突破和深化，改革开放中每一个新生事物的产生和发展，改革开放每一个领域和环节经验的创造和积累，无不来自亿万人民的智慧和实践"。人民是历史的创造者，是推动改革开放的主体力量。习近平总书记强调，全面深化改革必须以促进社会公平正义、增进人民福祉为出发点和落脚点，从人民利益出发谋划改革思路、制定改革举措，做到老百姓关心什么、期盼什么，改革就要抓住什么、推进什么。这些重要论述，体现了我们党全心全意为人民服务的根本宗旨，彰显了全面深化改革的价值取向。党的十八大以来，全面深化改革从解决群众最关心最直接最现实的利益问题切入，尊重和鼓励人民群众首创精神，深入推进就业、教育、收入分配、医药卫生、社会保障、养老托幼、公共文化、基层治理等民生领域改革，注重总结推广农村综合改革、自由贸易试验区、河长制、林长制、三明医改、"最多跑一次"、新时代"枫桥经验"等基层经验，着力用改革的方法解决人民群众急难愁盼问题，以人民群众的获得感、幸福感、安全感作为改革成效的重要检验，始终做到改革为了人民、改革依靠人民、改革成果由人民共享，不断满足人民对美好生活新期待。

（五）坚持问题导向，着力破除深层次体制机制障碍

习近平总书记鲜明提出，"改革是由问题倒逼而产生，又在不断解决问题中得以深化"，全面深化改革要抓住推进中国式现代化需要解决的重大体制机制问题、深层次矛盾和问题。当今世界百年未有之大变局加速演进，我国社会主要矛盾已发生转化，发展不平衡不充分问题仍然突出。习近平总书记强调，改革开放越往纵深发展，发展中的问题和发展后的问题、一般矛盾和深层次矛盾、有待完成的任务和新提出的任务越交织叠加、错综复杂，改革开放中的矛盾只能用改革开放的办法来解决。要敢于啃硬骨头，敢于涉险滩，敢于向积存多年的顽瘴痼疾开刀，坚决破除各方面体制机制弊端。这些重要论述，体现了全面深化改革在坚持目标引领的同时，更强调奔着现实问题去、盯着突出问题改的鲜明导向。党的十八大以来，全面深化改革顺应国内外形势发展新特点，聚焦制约高质量发展的突出矛盾和问题，坚持把解决重大体制机制问题放在突出位置，发挥改革的突破和先导作用，不断向广度和深度进军，各领域基础性制度框架基本确立，两轮党和国家机构改革力度前所未有，许多领域实现历史性变革、系统性重塑、整体性重构，不断回答好中国之问、世界之问、人民之问、时代之问。

见"习"日记

改革是发展的动力。进一步全面深化改革，要锚定完善和发展中国特色社会主义制度、推进国家治理体系和治理能力现代化这个总目标，紧扣推进中国式现代化，坚持目标导向和问题导向相结合，奔着问题去、盯着问题改，坚决破除妨碍推进中国式现代化的思想观念和体制机制弊端，着力破解深层次体制机制障碍和结构性矛盾，不断为中国式现代化注入强劲动力、提供有力制度保障。

——2024年5月23日，习近平总书记在山东省济南市主持召开企业和专家座谈会时的讲话

（六）坚持解放思想，不断推进理论创新、实践创新、制度创新

习近平总书记指出："没有解放思想，我们党就不可能在实践中不断推进理论创新和实践创新，有效化解前进道路上的各种风险挑战，把改革开放不断推向前进，始终走在时代前列。"习近平总书记强调，实现社会主义现代化，实现中华民族伟大复兴，最根本最紧迫的任务还是进一步解放和发展社会生产力。解放思想是前提，是解放和发展社会生产力、解放和增强社会活力的总开关。这些重要论述，是对以思想引领变革、以改革促进发展、以创新激发活力的改革开放历史经验的深刻总结，揭示了全面深化改革本质上是党根据新的历史任务和条件，推动生产关系适应生产力发展、上层建筑适应经济基础变化的马克思主义基本原理中国化时代化运用。党的十八大以来，我们党以习近平新时代中国特色社会主义思想为指导，坚持以经济建设为中心，抓住深化经济体制改革这个"牛鼻子"，把高质量发展作为新时代的硬道理；坚持社会主义市场经济改革方向，充分发挥市场在资源配置中的决定性作用，更好发挥政府作用，处理好政府和市场关系；坚持"两个毫不动摇"，不断完善社会主义基本经济制度，兼顾公平和效率、活力和秩序。结合新的实践，开创性提出新发展阶段、新发展理念、新发展格局、高质量发展、新质生产力等一系列重要论断。正是这些理论创新引领推动各领域改革实践创新、制度创新，不断打开事业发展新局面。

（七）坚持在法治轨道上深化改革，把制度优势转化为治理效能

习近平总书记指出，"'改革与法治如鸟之两翼、车之两轮'，要坚持在法治下推进改革，在改革中完善法治""凡属重大改革都要于法有据"。中国特色

社会主义制度是当代中国发展进步的根本制度保障。习近平总书记强调，新时代改革开放具有许多新的内涵和特点，其中很重要的一点就是制度建设分量更重。在整个改革过程中，都要高度重视运用法治思维和法治方式，积极发挥法治对改革的引导、推动、规范、保障作用。对于实践证明行之有效的改革成果，及时上升为法律制度；实践条件还不成熟、需要先行先试的，按照法定程序作出授权；对不适应改革要求的法律法规，及时修改和废止。这些重要论述，深刻阐明了全面深化改革和全面依法治国相辅相成，改革决策和立法决策相衔接，是改革顺利推进、改革成果及时巩固的有效路径。党的十八大以来，以习近平同志为核心的党中央突出制度建设这条主线，通过改革和法治的相互促动，不断完善各方面制度法规，推动中国特色社会主义制度更加成熟更加定型，国家治理体系和治理能力现代化水平明显提高。

（八）坚持科学方法论，加强改革的系统性、整体性、协同性、实效性

习近平总书记指出，"改革开放是一个系统工程，必须坚持全面改革，在各项改革协同配合中推进""全面深化改革需要加强顶层设计和整体谋划，加强各项改革的关联性、系统性、可行性研究"。全面深化改革涉及经济社会发展各领域，任务之全面、内容之深刻、影响之广泛前所未有。习近平总书记特别强调，注重系统性、整体性、协同性是全面深化改革的内在要求，也是推进改革的重要方法。在推进改革中，要坚持正确的思想方法，坚持辩证法，处理好解放思想和实事求是的关系、整体推进和重点突破的关系、全局和局部的关系、顶层设计和基层探索的关系、胆子要大和步子要稳的关系、改革发展稳定的关系。这些重要论述成为指导改革实践的重要方法论。党的十八大以来，以习近平同志为核心的党中央坚持全局观念和系统思维，科学谋划改革的战略重点、优先顺序、主攻方向、工作机制、推进方式，全面深化改革从夯基垒台、立柱架梁到全面推进、积厚成势，再到系统集成、协同高效，不断在新起点上实现新突破。坚持稳中求进、立破并举，更加注重系统集成、更加注重突出重点、更加注重制度质量、更加注重落地见效，促进各项改革举措在目标取向上相互配合、在实施过程中相互促进、在改革成效上相得益彰。

（九）坚持以开放促改革促发展，统筹推进深层次改革和高水平开放

习近平总书记指出，"以开放促改革、促发展，是我国改革发展的成功实践""我国发展要赢得优势、赢得主动、赢得未来，必须顺应经济全球化，依托我国超大规模市场优势，实行更加积极主动的开放战略"。习近平总书记强

以开放促改革、促发展，是我国改革发展的成功实践。中国国际进口博览会成功举办六届，已经成为我国构建新发展格局的窗口、推动高水平开放的平台、全球共享的国际公共产品。图为2023年11月5日，人们在第六届中国国际进口博览会上参观

调，要坚定不移实施对外开放的基本国策、实行更加积极主动的开放战略，坚定不移提高开放型经济水平，建设更高水平开放型经济新体制。这些重要论述，深刻揭示了改革和开放的内在统一性。党的十八大以来，以习近平同志为核心的党中央统筹国内国际两个大局，统筹发展和安全两件大事，把开放发展作为新发展理念之一，坚持对内对外开放相互促进、"引进来"和"走出去"更好结合，完善对外开放体制机制，推动共建"一带一路"高质量发展，促进贸易和投资自由化便利化，布局建设自由贸易试验区和海南自由贸易港，高水平推进内陆开放和沿边开放，打造市场化、法治化、国际化一流营商环境，更加注重规则、规制、管理、标准等制度型开放。面对世界百年未有之大变局，顺应经济全球化和新一轮科技革命大趋向，要坚持以扩大开放促进深化改革、以深化改革促进扩大开放，加快形成更大范围、更宽领域、更深层次对外开放格局，为经济发展不断拓展新空间。

（十）坚持以党的自我革命引领伟大社会革命，用钉钉子精神攻坚克难

习近平总书记指出："要针对伟大社会革命实践的新要求来谋划党的自我革命，用伟大社会革命发展的新成果来检验党的自我革命的实际成效，努力实现以党的自我革命引领伟大社会革命、以伟大社会革命促进党的自我革命。"全面深化改革是一场广泛而深刻的社会革命，改革越向纵深推进，遇到的硬骨头、深水区甚至无人区越多，越要把稳方向、突出实效、全力攻坚。习近平总书记强调，坚持党的领导，全面从严治党，是改革开放取得成功的关键和根本。放眼全世界，没有哪个国家和政党，能有这样的政治气魄和历史担当，敢于大刀阔斧、刀刃向内、自我革命，也没有哪个国家和政党，能在这么短时间内推动这么大范围、这么大规模、这么大力度的改革，这是中国特色社会主义制度的鲜明特征和显著优势。这些重要论述，深刻阐释了以党的自我革命引领伟大社会革命，以全面深化改革开放不断完善和发展中国特色社会主义制度、推进国家治理体系和治理能力现代化，已成为我们党的历史自觉。党的十八大以来，

以习近平同志为核心的党中央把全面从严治党要求贯穿全面深化改革工作，一分部署、九分落实，抓铁有痕、踏石留印，坚决反对形式主义、官僚主义，用实践检验改革成效。全体党员特别是党的领导干部，要切实增强推进改革的政治自觉、思想自觉和行动自觉，保持改革锐气，增强改革韧性，提高改革本领，既当促进派又当实干家，敢于担当、善于斗争，鼓励创新、包容失误，坚定不移将改革进行到底。

习近平总书记关于全面深化改革的重要论述，凝结着对改革开放历史经验的总结，体现了我们党对社会主义现代化建设规律的深刻认识，是新时代全面深化改革开放理论创新的最新成果，必须倍加珍惜、长期坚持。党的二十大报告从新征程新形势新任务出发，对进一步全面深化改革、推进中国式现代化提出新要求。我们要高举改革开放旗帜，深入学习贯彻习近平总书记关于全面深化改革的重要论述，深化改革不停顿、扩大开放不止步，继续勇往直前、开拓创新，为全面推进强国建设、民族复兴伟业提供强大动力和制度保障。

二、全面深化改革取得的突破性进展

党的十八大以来，以习近平同志为核心的党中央把全面深化改革纳入"四个全面"战略布局，不遗余力地推动改革全面发力、多点突破，各领域基础性制度框架基本确立，许多改革领域实现历史性变革、系统性重塑、整体性重构，带动经济社会发展活力大幅提升、动力持续释放、民生稳步改善、文化积极向上、生态不断好转，中国特色社会主义制度更加成熟更加定型，国家治理体系和治理能力现代化水平不断提高，党和国家事业焕发出新的生机活力。

（一）全面深化政治体制改革

习近平总书记指出："正确的道路从哪里来？从群众中来。我们要眼睛向下，把顶层设计同问计于民统一起来。"新时代十多年来，我们紧紧围绕坚持党的领导、人民当家作主、依法治国有机统一深化政治体制改革，加快推进社会主义民主政治制度化、规范化、程序化，建设社会主义法治国家，切实发展了更加广泛、更加充分、更加健全的人民民主。我们始终坚持中国特色社会主义政治发展道路，不断深化政治体制改革，健全人民当家作主制度体系，扩大人民有序政治参与，有利于保证人民依法实行民主选举、民主协商、民主决策、民主管理、民主监督，有利于发挥人民群众积极性、主动性、创造性，有利于巩固和发展生动活泼、安定团结的政治局面。今天，掌握着自己命运的中国人民焕发出前所未有的积极性、主动性、创造性，展现出气吞山河的强大力量。

（二）全面深化经济体制改革

习近平总书记强调："中国愿同世界各国一道，坚持真正的多边主义，坚持普惠包容、合作共赢，携手共促开放共享的服务经济，为世界经济复苏发展注入动力。"新时代十多年来，我们聚焦使市场在资源配置中起决定性作用深化经济体制改革，坚持和完善基本经济制度，加快完善现代市场体系、宏观调控体系、开放型经济体系，加快转变经济发展方式，加快建设创新型国家，推动经济实现了更有效率、更加公平、更可持续发展。在深化经济体制改革进程中，我们始终坚持以推动高质量发展为主题，把实施扩大内需战略同深化供给侧结构性改革有机结合起来，增强国内大循环内生动力和可靠性，提升国际循环质量和水平，加快建设现代化经济体系，着力提高全要素生产率，着力提升产业链供应链韧性和安全水平，着力推进城乡融合和区域协调发展，推动经济实现了质的有效提升和量的合理增长。

（三）全面深化文化体制改革

创新文化管理体制，是加强和改进党对意识形态工作领导的内在要求，是行政管理体制改革的重要方面，也是深化文化体制改革的重点任务。新时代十多年来，我们聚焦建设社会主义核心价值体系、社会主义文化强国深化文化体制改革，加快完善文化管理体制和文化生产经营机制，建立健全现代公共文化服务体系、现代文化市场体系，有效推动了社会主义文化大发展大繁荣。通过建设社会主义文化强国，增强国家文化软实力，坚持社会主义先进文化前进方向，坚持中国特色社会主义文化发展道路，培育和践行社会主义核心价值观，巩固马克思主义在意识形态领域的指导地位，巩固全党全国各族人民团结奋斗的共同思想基础。坚持以人民为中心的工作导向，坚持把社会效益放在首位、社会效益和经济效益相统一，以激发全民族文化创造活力为中心环节，进一步深化了文化体制改革。文化体制改革始终坚持中国特色社会主义文化发展道路，增强文化自信，围绕举旗帜、聚民心、育新人、兴文化、展形象建设社会主义文化强国，发展面向现代化、面向世界、面向未来的，民族的科学的大众的社会主义文化，激发全民族文化创新创造活力，增强了实现中华民族伟大复兴的精神力量。

（四）全面深化社会体制改革

习近平总书记在党的二十大报告中指出："为民造福是立党为公、执政为民的本质要求。"我们党推进全面深化改革的根本目的，就是要促进社会公平正义，让改革发展成果更多更公平惠及全体人民。新时代十多年来，我们聚焦更好保障和改善民生、促进社会公平正义深化社会体制改革，改革收入分配制度，促进共同富裕，推进社会领域制度创新，推进基本公共服务均等化，加快形成科学有效的社会治理体制，确保社会既充满活力又和谐有序。党和国家坚持以人民为中心的发展思想，鼓励共同奋斗创造美好生活，不断实现人民对美好生活的向往，围绕更好保障和改善民生、促进社会公平正义，在收入分配、就业、教育、社会保障、养老托育、医疗卫生、住房保障等领域推出一系列重大改革举措，在幼有所育、学有所教、

近年来，在以习近平同志为核心的党中央坚强领导下，从探索建立国家基本养老服务清单制度，到构建居家社区机构相协调的"中国式"养老服务体系，再到理顺养老服务监管机制，一项项养老服务领域改革"实招""硬招"不断落地见效。图为河北省邯郸市邯山区曜阳养老服务中心内，老人们在学习乐器演奏

劳有所得、病有所医、老有所养、住有所居、弱有所扶上取得长足进展。

（五）全面深化党的建设制度改革

加强和改善党的领导是全面深化改革取得成功的根本保证。习近平总书记在中国共产党第十九届中央纪律检查委员会第三次全体会议上的重要讲话中强调："只要我们始终不忘党的性质宗旨，勇于直面自身存在的问题，以刮骨疗毒的决心和意志消除一切损害党的先进性和纯洁性的因素，就能够形成党长期执政条件下实现自我净化、自我完善、自我革新、自我提高的有效途径。"新时代十多年来，我们围绕提高科学执政、民主执政、依法执政水平深化党的建设制度改革，加强民主集中制建设，完善党的领导体制和执政方式，保持党的先进性和纯洁性，为改革开放和社会主义现代化建设提供了坚强政治保证。党的建设制度改革紧紧围绕坚持党的领导、加强党的建设、全面从严治党，一手抓改革文件出台，一手抓改革举措落实，突出重点、突破难点、深化试点，制定实施了一批力度大、措施实、接地气的改革举措，形成党的组织制度、干部人事制度、基层组织建设制度、人才发展体制机制改革齐头并进、互相支撑的良好态势，为推进党的建设和组织工作注入强大动力。我们积极落实新时代党的建设总要求，健全全面从严治党体系，全面推进党的自我净化、自我完善、自我革新、自我提高，使我们党坚守初心使命，始终成为中国特色社会主义事业的坚强领导核心。

三、进一步全面深化改革、推进中国式现代化

改革开放已走过千山万水，但仍需跋山涉水。习近平总书记强调："新时代新征程上，要开创中国式现代化建设新局面，仍然要靠改革开放。"党的二十届

三中全会对进一步全面深化改革、推进中国式现代化作出战略部署。进一步全面深化改革，既是党的十八届三中全会以来全面深化改革的实践续篇，也是新征程推进中国式现代化的时代新篇，体现了我们党将改革进行到底的坚强决心和坚定信心。发展无止境，改革无穷期。新征程上，我们要深入贯彻落实党的二十届三中全会精神，锚定进一步全面深化改革的总目标，以更加强烈的历史担当把进一步全面深化改革的战略部署转化为推进中国式现代化的强大力量，坚定不移将改革进行到底，努力以改革破顽疾、惠民生、助发展、促善治。

（一）进一步全面深化改革、推进中国式现代化的重大意义和总体要求

1. 进一步全面深化改革的重要性和必要性

改革开放是党和人民事业大踏步赶上时代的重要法宝。党的十一届三中全会是划时代的，开启了改革开放和社会主义现代化建设新时期。党的十八届三中全会也是划时代的，开启了新时代全面深化改革、系统整体设计推进改革新征程，开创了我国改革开放全新局面。

以习近平同志为核心的党中央团结带领全党全军全国各族人民，以伟大的历史主动、巨大的政治勇气、强烈的责任担当，冲破思想观念束缚，突破利益固化藩篱，敢于突进深水区，敢于啃硬骨头，敢于涉险滩，坚决破除各方面体制机制弊端，实现改革由局部探索、破冰突围到系统集成、全面深化的转变，各领域基础性制度框架基本建立，许多领域实现历史性变革、系统性重塑、整体性重构，总体完成党的十八届三中全会确定的改革任务，实现到党成立一百周年时各方面制度更加成熟更加定型取得明显成效的目标，为全面建成小康社会、实现党的第一个百年奋斗目标提供有力制度保障，推动我国迈上全面建设社会主义现代化国家新征程。

当前和今后一个时期是以中国式现代化全面推进强国建设、民族复兴伟业的关键时期。中国式现代化是在改革开放中不断推进的，也必将在改革开放中开辟广阔前景。面对纷繁复杂的国际国内形势，面对新一轮科技革命和产业变革，面对人民群众新期待，必须继续把改革推向前进。这是坚持和完善中国特

色社会主义制度、推进国家治理体系和治理能力现代化的必然要求，是贯彻新发展理念、更好适应我国社会主要矛盾变化的必然要求，是坚持以人民为中心、让现代化建设成果更多更公平惠及全体人民的必然要求，是应对重大风险挑战、推动党和国家事业行稳致远的必然要求，是推动构建人类命运共同体、在百年变局加速演进中赢得战略主动的必然要求，是深入推进新时代党的建设新的伟大工程、建设更加坚强有力的马克思主义政党的必然要求。改革开放只有进行时，没有完成时。全党必须自觉把改革摆在更加突出位置，紧紧围绕推进中国式现代化进一步全面深化改革。

2.进一步全面深化改革的指导思想

坚持马克思列宁主义、毛泽东思想、邓小平理论、"三个代表"重要思想、科学发展观，全面贯彻习近平新时代中国特色社会主义思想，深入学习贯彻习近平总书记关于全面深化改革的一系列新思想、新观点、新论断，完整准确全面贯彻新发展理念，坚持稳中求进工作总基调，坚持解放思想、实事求是、与时俱进、求真务实，进一步解放和发展社会生产力、激发和增强社会活力，统筹国内国际两个大局，统筹推进"五位一体"总体布局，协调推进"四个全面"战略布局，以经济体制改革为牵引，以促进社会公平正义、增进人民福祉为出发点和落脚点，更加注重系统集成，更加注重突出重点，更加注重改革实效，推动生产关系和生产力、上层建筑和经济基础、国家治理和社会发展更好相适应，为中国式现代化提供强大动力和制度保障。

3.进一步全面深化改革的总目标

继续完善和发展中国特色社会主义制度，推进国家治理体系和治理能力现代化。到 2035 年，全面建成高水平社会主义市场经济体制，中国特色社会主义制度更加完善，基本实现国家治理体系和治理能力现代化，基本实现社会主义现代化，为到二十一世纪中叶全面建成社会主义现代化强国奠定坚实基础。

聚焦构建高水平社会主义市场经济体制，充分发挥市场在资源配置中的决定性作用，更好发挥政府作用，坚持和完善社会主义基本经济制度，推进高水平科技自立自强，推进高水平对外开放，建成现代化经济体系，

近年来，我国全面深化改革开放，实施自由贸易试验区提升战略，22 个自由贸易试验区和海南自由贸易港建设蓬勃展开。图为海南自由贸易港重点园区——洋浦经济开发区

加快构建新发展格局，推动高质量发展。

聚焦发展全过程人民民主，坚持党的领导、人民当家作主、依法治国有机统一，推动人民当家作主制度更加健全、协商民主广泛多层制度化发展、中国特色社会主义法治体系更加完善，社会主义法治国家建设达到更高水平。

聚焦建设社会主义文化强国，坚持马克思主义在意识形态领域指导地位的根本制度，健全文化事业、文化产业发展体制机制，推动文化繁荣，丰富人民精神文化生活，提升国家文化软实力和中华文化影响力。

聚焦提高人民生活品质，完善收入分配和就业制度，健全社会保障体系，增强基本公共服务均衡性和可及性，推动人的全面发展、全体人民共同富裕取得更为明显的实质性进展。

聚焦建设美丽中国，加快经济社会发展全面绿色转型，健全生态环境治理体系，推进生态优先、节约集约、绿色低碳发展，促进人与自然和谐共生。

聚焦建设更高水平平安中国，健全国家安全体系，强化一体化国家战略体系，增强维护国家安全能力，创新社会治理体制机制和手段，有效构建新安全格局。

聚焦提高党的领导水平和长期执政能力，创新和改进领导方式和执政方式，深化党的建设制度改革，健全全面从严治党体系。

到 2029 年中华人民共和国成立 80 周年时，完成《中共中央关于进一步全面深化改革 推进中国式现代化的决定》提出的改革任务。

4. 进一步全面深化改革的原则

总结和运用改革开放以来特别是新时代全面深化改革的宝贵经验，贯彻以下原则：坚持党的全面领导，坚定维护党中央权威和集中统一领导，发挥党总揽全局、协调各方的领导核心作用，把党的领导贯穿改革各方面全过程，确保改革始终沿着正确政治方向前进；坚持以人民为中心，尊重人民主体地位和首创精神，人民有所呼、改革有所应，做到改革为了人民、改革依靠人民、改革成果由人民共享；坚持守正创新，坚持中国特色社会主义不动摇，紧跟时代步伐，顺应实践发展，突出问题导向，在新的起点上推进理论创新、实践创新、制度创新、文化创新以及其他各方面创新；坚持以制度建设为主线，加强顶层设计、总体谋划，破立并举、先立后破，筑牢根本制度，完善基本制度，创新重要制度；坚持全面依法治国，在法治轨道上深化改革、推进中国式现代化，做到改革和法治相统一，重大改革于法有据、及时把改革成果上升为法律制度；坚持系统观念，处理好经济和社会、政府和市场、效率和公平、活力和秩序、发展和安全等重大关系，增强改革系统性、整体性、协同性。

（二）坚定不移以全面深化改革推进中国式现代化

党的二十大擘画了全面建设社会主义现代化国家的宏伟蓝图，确立了以中国式现代化全面推进强国建设、民族复兴伟业的中心任务。这是新征程上凝聚全党全国人民智慧和力量的旗帜，也必然是进一步全面深化改革的主题。进一步全面深化改革，要紧扣推进中国式现代化这个主题，突出改革重点，把牢价值取向，讲求方式方法，为完成中心任务、实现战略目标增添动力。

相关链接
全面深化改革：书写"中国之治"新篇章

1. 进一步激发全面深化改革的内生动力

改革是发展的动力，改革本身也需要内生动力。当前，改革已经进入深水区，容易的、皆大欢喜的改革已经完成了，剩下的都是难啃的硬骨头。蹚过深水区、啃下硬骨头，必须有强劲动力作支撑。

坚持解放思想，突破旧的思想观念束缚。习近平总书记指出："在深化改革问题上，一些思想观念障碍往往不是来自体制外而是来自体制内。思想不解放，我们就很难看清各种利益固化的症结所在，很难找准突破的方向和着力点，很难拿出创造性的改革举措。"改革开放40多年来，解放思想是贯穿始终的一条主线。没有不间断的解放思想，就不会有改革开放的累累硕果。从突破"两个凡是"提出改革开放的任务，到突破姓"资"姓"社"建立社会主义市场经济体制，再到突破姓"公"姓"私"确立社会主义基本经济制度，每一次思想解放都伴随着社会主义现代化事业的大发展。进一步全面深化改革需要"又一次的思想解放"，把实事求是的精神和尊重实践的态度相结合，坚持实践是检验真理的唯一标准，尊重实践探索的成果。只有跳出条条框框的限制，摆脱思维定势的束缚，才能以积极主动的精神提出和推进改革举措。

以更大的勇气和决心破除利益固化藩篱。习近平总书记强调："深化改革，难免触动一些人的'奶酪'，碰到各种复杂关系的羁绊，不可能皆大欢喜。突破既得利益，让改革落地，需要有勇气、有胆识、有担当。畏首畏尾，不敢出招，怕得罪人，是难以落实措施、推动工作的。"面对改革"深水区"，掌握"过河"的方法固然重要，但敢不敢去"蹚水"往往更为关键。随着改革的深入，改革的领域逐渐从体制外的增量部分延伸到体制内的存量部分，改革的重点逐渐从产业链下游的商品市场延伸到产业链上游的要素市场，改革的特征逐渐从"做大蛋糕"延伸到"分好蛋糕"和"用好权力"，改革越发触及深层次社会关系和既有利益格局，遇到掣肘和阻碍是必然的。必须明确，全面深化改革是立足国家整体利益、根本利益、长远利益进行部署的，如果能够站在党和国家事业全局的高度思考问题、推动工作，就不会被局部利益、眼前利益所迷惑，更不会因为改革举措可能触及一些局部利益、眼前利益而畏惧、退缩。面对改革，只有从全局出发思考问题，才能具备壮士断腕的勇气、凤凰涅槃的决心，向积存多年的顽瘴痼疾开刀，将全面深化改革进行到底。

完善容错纠错和激励机制。习近平总书记在中国共产党第二十届中央纪律检查委员会第二次全体会议上强调，要坚持严管和厚爱结合、激励和约束并重，坚持"三个区分开来"，更好激发广大党员干部的积极性、主动性、创造性，形成奋进新征程、建功新时代的浓厚氛围和生动局面。随着我国社会主要矛盾发生变化，解决发展的不平衡不充分问题成为工作的重点。除了经济建设这个中心之外，其他领域的改革发展任务也变得越来越多，要求越来越高，"一好百好"的激励方式减少，"一票否决"的问责约束增多。改革攻坚是硬任务，但也面临着巨大的不确定性。摸着石头过河，脚被石头绊到是常有的事。全面深化改革，遇到的"硬骨头"和"险滩"躲也躲不过、绕也绕不开，迫切需要一大批改革创新的闯将干将，因此必须保护干部改革创新的积极性，旗帜鲜明地对干部在改革创新中出现的失误合理"容错"，给创业者"松绑"，增强干部干事创业、改革创新的信心和勇气。对此，必须贯彻落实"三个区分开来"的要求，切实把干部在推进改革中因缺乏经验、先行先试出现的失误和错误，同明知故犯的违纪违法行为区分开来；把上级尚无明确限制的探索性试验中的失误和错误，同上级明令禁止后依然我行我素的违纪违法行为区分开来；把为推动发展的无意过失，同为谋取私利的违纪违法行为区分开来。特别是要加快"三个区分开来"实施细则的制定，规范容错程序，打造容错的正面和负面清单典型案例，为担当者担当，为改革者保驾护航。

尊重客观规律，掌握正确方法。习近平总书记指出："改革攻坚要有正确方法，坚持创新思维，跟着问题走、奔着问题去，准确识变、科学应变、主动求变，在把握规律的基础上实现变革创新。"改革不仅要有勇气和决心，更要有科学精神，在摸清规律的基础上推进工作是对待改革应有态度和正确方法。深入总结党的十八大以来全面深化改革的成效与经验，可以根据改革自身特点划分不同改革类型。对于具有根本性、基础性、全局性特征的制度类改革，要把准政治方向，加强顶层设计、形成总体方案，正确处理好改革发展稳定之间的关系，蹄疾步稳地推进改革。对于具有程序性、实操性、渐进性特征的方法类改革，要鼓励基层因地制宜探索务实管用的操作路径，为面上改革提供可复制经验。对于涉及深层次矛盾问题的体制机制类改革，要注重优化组织结构、职能配置和履职方式，以自我革命精神驰而不息加强党政机关自身建设。对于具有切口小、见效快、撬动范围广特征的延伸类改革，要紧紧牵住"牛鼻子"，通过小切口解决大问题，顺藤摸瓜、触类旁通地推动同类事项和相关联矛盾标准化处理，切实增强人民群众的改革获得感。只有把干事热情和科学精神结合起来，对不同问题选准针对性方法，才能使各项改革举措符合客观规律、符合工作需要、符合群众利益。

2. 紧扣中国式现代化主题全面深化改革

改革是发展的动力。40多年来，改革开放写下震撼人心的东方传奇，让一个古老民族迎来了从站起来、富起来到强起来的伟大飞跃。特别是新时代以来，以习近平同志为核心的党中央以巨大的政治勇气全面深化改革，成功推进和拓展了中国式现代化，我国迈上了全面建设社会主义现代化国家新征程。回望历史，改革开放成为当代中国最显著的特征、最壮丽的气象；展望未来，推进中国式现代化，仍然要将全面深化改革作为根本动力，进一步解放思想、解放和发展社会生产力、解放和增强社会活力。

全面深化改革要紧扣推进中国式现代化这个主题。中国式现代化，既有各国现代化的共同特征，更有基于自己国情的中国特色，是人口规模巨大的现代化，是全体人民共同富裕的现代化，是物质文明和精神文明相协调的现代化，是人与自然和谐共生的现代化，是走和平发展道路的现代化。事业发展没有止境，深化改革没有穷期。全面深化改革的总目标是完善和发展中国特色社会主义制度、推进国家治理体系和治理能力现代化。党的十八届三中全会以来，我们距离实现这个目标更近了，但依然存在一

中国式现代化是物质文明和精神文明相协调的现代化。猎德村是位于广东省广州市珠江新城一座历史悠久的古村。每年端午期间，猎德村村民都会遵照岭南龙舟文化习俗，在祠堂和河涌，用各种充满仪式感的"龙船景"展示对端午文化的传承。图为2024年6月10日，十里八乡的龙舟汇聚在猎德涌参加"龙船景"

些深层次体制机制障碍和结构性矛盾。站在新的历史起点上，必须紧扣推进中国式现代化这个主题，自觉地、持续地全面深化改革，不断提出真正解决纷繁复杂的现实问题的新思路新路径新方法，为中国式现代化提供制度保障。

全面深化改革是推动中国式现代化的根本动力。改革开放是决定当代中国命运的关键一招，也是决定中国式现代化成败的关键一招。踏上新征程，面对百年未有之大变局，唯有通过全面深化改革，持续推进制度变革与创新，才能为中国式现代化注入源源不断的动力与活力。要把人的全面发展作为推进现代

化建设的重要目标，把实现均衡、协调发展作为现代化建设的重大任务，推动生产关系和生产力、上层建筑和经济基础、国家治理和社会发展更好相适应。

推进中国式现代化要自觉把改革放在更加突出位置。与40多年前改革开放初期相比，全面深化改革的条件和环境都发生了很大变化，既有坚实基础和有利条件，也更具深刻复杂性。我国是一个发展中大国，正在经历广泛而深刻的经济社会变革。在这个时代背景下，抓住战略机遇、应对风险挑战，推进中国式现代化，关键是自觉把改革放在更加突出位置，进一步全面深化改革，最大程度释放我国经济增长的结构性潜能，全面调动全社会的积极性，让人民过上更好的日子，为实现中国式现代化的战略目标增添动力。

党的领导是进一步全面深化改革、推进中国式现代化的根本保证。让我们更加紧密地团结在以习近平同志为核心的党中央周围，深刻领悟"两个确立"的决定性意义，不断增强"四个意识"、坚定"四个自信"、做到"两个维护"，坚持把全面深化改革作为推进中国式现代化的根本动力，在强国建设、民族复兴之路上勇毅前行！

拓展阅读

党史上的三中全会

正确认识党史上的重要会议，是党史学习教育的重要内容之一。在备受瞩目的党的二十届三中全会的胜利闭幕之际，正确认识党史上的三中全会，对于全党深入学习贯彻全会精神，更好地以中国式现代化全面推进强国建设、民族复兴伟业，具有重要启示意义。

改革开放之前的三中全会。自1921年党成立至1978年党的十一届三中全会召开前，党的全国代表大会共举行了11次，党的三中全会召开了4次。党的一大至五大没有召开过中央全会。1928年党的六大通过的党章规定，"中央委员会应按期召集全体委员之会议"，除因"文革"而未能召开党的九届三中全会外，其余三中全会均按期召开。

改革开放之前召开的4次三中全会分别是：新民主主义革命时期的六届三中全会（1930年9月24日至28日），社会主义革命和建设时期的七届三中全会（1950年6月6日至9日）、八届三中全会（1957年9月20日至10月9日）、十届三中全会（1977年7月16日至21日）。六届三中全会结束了李立三"左"倾冒险错误在全党的统治；七届三中全会是新中国成立初期召开的，会议提出的策略路线和行动纲领，对巩固人民民主专政、恢复国民经济，发挥了重要作用；八届三中全会通过了《关于改进工业管理体制的规定（草案）》等文件，力图改进国家行政体制和经济管理体制；十届三中全会的召开，宣告邓小平在"文革"结束后正式复出。

改革开放以来的三中全会。伴随党的各项制度逐渐健全完善并得到严格贯彻执行，从1978年党的十一届三中全会到2024年党的二十届三中全会，三中全会已如期召开了10次。

党的十一届三中全会（1978年12月18日至22日），实现了新中国成立以来党的历史上具有深远意义的伟大转折，开启了改革开放和社会主义现代化建设的伟大征程。自此，改革不停顿、开放不止步，成为中国共产党人的历史自觉。

党的十二届三中全会（1984年10月20日）通过的《中共中央关于经济体制改革的决定》，改变了"计划经济为主，市场调节为辅"的提法，确认我国社会主义经济是公有制基础上的有计划的商品经济。经济体制改革中的一个重要内容，是实现从计划价格体制到市场价格体制的转变。党的十三届三中全会（1988年9月26日至30日）承担起探路任务。全会批准了中央政治局提出的治理经济环境、整顿经济秩序、推进相互配套的全面改革的指导方针和政策、措施，通过了《关于价格、工资改革的初步方案》等。

经过治理整顿，在邓小平南方谈话的基础上，1992年党的十四大将建立社会主义市场经济体制确立为经济体制改革的目标。据此，党的十四届三中全会（1993年11月11日至14日）通过了《中共中央关于建立社会主义市场经济体制若干问题的决定》，成为20世纪90年代经济体制改革的行动纲领。1997年党的十五大对我国跨世纪发展作出部署。实现跨世纪发展目标必须保持农业农村的稳定发展，与此同时，总结农村改革20年的成就和经验也很有必要。因此，党的十五届三中全会（1998年10月12日至14日）通过了《中共中央关于农业和农村工作若干重大问题的决定》，提出了建设有中国特色社会主义新农村的目标和方针。

进入21世纪，在2002年党的十六大召开后，针对市场经济体制的框架初步建立但市场发育程度较低的实际，党的十六届三中全会（2003年10月11日至14日）通过了《中共中央关于完善社会主义市场经济体制若干问题的决定》，对经济体制改革作出规划和部署，提出鼓励非公有制经济发展、改变城乡二元结构、建立现代产权制度等。2007年党的十七大提出"建立以工促农、以城带乡长效机制"，加之三农问题一直是改革开放以来党和国家工作的重中之重，党的十七届三中全会（2008年10月9日至12日）再次聚焦农村改革，通过了《中共中央关于推进农村改革发展若干重大问题的决定》，提出加强农村制度建设、积极发展现代农业、加快发展农村公共事业等，为推进科学发展夯实基础。

2012年党的十八大之后，新时代中国特色社会主义面临新任务，党的十八届三中全会（2013年11月9日至12日）再次聚焦改革，通过了《中共中央关于全面深化改革若干重大问题的决定》，共推出336项重大改革举措。党的十一届三中全会是划时代的，党的十八届三中全会也是划时代的，开启了全面深化改革、系统整体设计推进改革的新时代。新时代提出了新任务新要求，与实现国家治理体系和治理能力现代化的要求相比，党和国家机构设置和职能配置还存在不适应的状况。基于此，党的十九届三中全会（2018年2月26日至28日）通过了《中共中央关于深化党和国家机构改革的决定》和《深化党和国家机构改革方案》，旨在通过机构改革为推进国家治理体系和治理能力现代化提供有力组织保障。

2022年党的二十大开启了以中国式现代化全面推进强国建设、民族复兴伟业的新征程。在一中全会、二中全会完成人事安排和推进机构改革的基础上，党的二十届三中全会（2024年7月15日至18日）隆重召开，会议通过的《中共中央关于进一步全面深化改革、推进中国式现代化的决定》，是指导新征程上进一步全面深化改革的纲领性文件。这次全会，是党的历史上又一次意义非凡的三中全会。

三中全会的特点。如上所述，党史上的14次三中全会尤其是改革开放以来的10次三中全会，一棒接一棒，作出了一系列具有重大意义的决策，成为推进中国特色社会主义伟大事业、实现中华民族伟大复兴进程中的重要节点。虽然每次三中全会的主题以及作出的重大决策各不相同，但个性中包含有共性。三中全会往往体现新一届中央领导集体的施政纲领，是在人事安排和机构改革后，撸起袖子加油干的誓师大会。总结改革开放以来的历次三中全会，可以说，"改革（开放）""制度""经济（发展）"，是其共同的关键词。

党的十一届三中全会启动的改革开放，是党的一次伟大觉醒，这个伟大觉醒孕育了党从理论到实践的伟大创造，也是党和人民大踏步赶上时代的重要法宝。改革是经济社会发展的强大动力。没有改革，我们就不可能走出一条中国特色社会主义的正确道路。改革开放是决定当代中国命运的关键一招，中国特色社会主义道路是实现中华民族伟大复兴的必由之路。改革只有进行时，没有完成时。如何推进实现中国式现代化？唯有改革。党的二十届三中全会乘势而上，聚焦改革，把进一步全面深化改革的战略部署转化为推进实现中国式现代化的强大力量。

制度是关系党和国家事业发展的根本性、全局性、稳定性、长期性问题。从新时期到新时代，历次三中全会作出的重大决策具有许多新的内涵和特点，其中很重要的一点，就是制度建设分量越来越重。改革越是不断深化，触及深层次的体制机制问题就越多，对改革顶层设计的要求就越高，对改革的系统性、整体性、协同性要求就越强，相应的建章立制、构建体系的任务就越重。党的二十届三中全会强调，坚持以制度建设为主线，加强顶层设计、总体谋划，破立并举、先立后破，筑牢根本制度，完善基本制度，创新重要制度。这一主线，是对改革开放以来特别是新时代全面深化改革宝贵经验的继承、发展和运用。

党的十一届三中全会把全党工作重点转移到社会主义现代化建设上来，开始以经济建设为中心，之后的历次三中全会皆围绕经济发展做改革文章。从单一公有制到公有制为主体、多种所有制经济共同发展和坚持"两个毫不动摇"，从传统的计划经济体制到前无古人的社会主义市场经济体制再到使市场在资源配置中起决定性作用和更好发挥政府作用，一系列重大改革决策都表明，以经济建设为中心是兴国之要，发展是党执政兴国的第一要务，是解决我国一切问题的基础和关键。进一步全面深化改革、推进中国式现代化，必须把高质量发展作为首要任务。

（资料来源：《学习时报》2024 年 7 月 19 日）

阅读推荐

1. 陈曙光：《新时代全面深化改革的策略与艺术》，《北京日报》2024 年 6 月 3 日。

2. 刘彦蕊、黄琳：《以全面深化改革畅通教育科技人才的良性循环》，《光明日报》2024 年 5 月 20 日。

3. 周子勋：《进一步全面深化改革的时代内涵和现实意义》，《中国经济时报》2024 年 6 月 7 日。

思考题

1. 如何深刻理解习近平总书记关于全面深化改革的重要论述？

2. 全面深化改革取得了哪些突破性进展？

3. 如何进一步激发全面深化改革的内生动力？

知行青春

中国共产党第二十届中央委员会第三次全体会议（以下简称党的二十届三中全会），于2024 年 7 月 15 日至 18 日在北京召开，重点研究进一步全面深化改革、推进中国式现代化问题。习近平总书记强调，"要把全面深化改革作为推进中国式现代化的根本动力，作为稳大局、应变局、开新局的重要抓手"。新时代以来，以习近平同志为核心的党中央以前所未有的决心和力度，义无反顾把改革开放推向前进。改革意味着变化、未知、风险及挑战，而青年勇敢、创新的特点正是改革需要的宝贵品质，成长于新时代的青年不能只享受改革为我们带来的机遇和红利，更应该迎难而上、勇于突破，当好深化改革的生力军。

　　学生课后自行分组，搜集党的二十届三中全会的相关资料，深入学习领会其重要内容和精神。同时，搜集全面深化改革、推进中国式现代化的资料，以小组为单位，围绕"为什么要全面深化改革、推进中国式现代化""如何当好深化改革的生力军"等问题进行课堂讨论，理解全面深化改革的内涵、基本遵循、总目标等，理解在党的领导下我国全面深化改革的实践和进展，理解全面深化改革在推进中国式现代化中的重要地位和意义。课堂讨论完成后，各小组分别撰写并提交一份讨论报告。

深刻认识和加快发展
新质生产力

　　习近平总书记关于新质生产力的重要论述，是马克思主义生产力理论的新发展，为新时代全面把握新一轮科技革命突破方向，推动生产力高质量发展，全面推进中国式现代化建设提供了科学理论指导和行动指南。新质生产力是以大数据、云计算、人工智能、绿色低碳技术为代表的新技术与数智化机器设备、数智化劳动者、数字基础设施、海量数据、算力、新能源、新材料等新要素紧密结合的生产力新形态。与传统生产力相比，新质生产力是代表新技术、创造新价值、适应新产业、重塑新动能的新型高质量生产力，具有高科技、高效能、高质量特征，是符合高质量发展要求的生产力。加快发展新质生产力，是一项复杂的系统工程，必须统筹规划、全方位系统推进。

从 2023 年 9 月在黑龙江考察时首次提出"新质生产力",到在中共中央政治局第十一次集体学习时对新质生产力展开具体阐释,再到参加十四届全国人民代表大会第二次会议江苏代表团审议时提出发展新质生产力的科学方法,习近平总书记关于新质生产力的重要论述不断理论化、系统化,为我们准确把握新质生产力的科学内涵、加快推动新质生产力的发展实践提供了根本遵循。

一、新质生产力的科学内涵和突出特性

(一)新质生产力的科学内涵

什么是新质生产力?习近平总书记指出:"概括地说,新质生产力是创新起主导作用,摆脱传统经济增长方式、生产力发展路径,具有高科技、高效能、高质量特征,符合新发展理念的先进生产力质态。它由技术革命性突破、生产要素创新性配置、产业深度转型升级而催生,以劳动者、劳动资料、劳动对象及其优化组合的跃升为基本内涵,以全要素生产率大幅提升为核心标志,特点是创新,关键在质优,本质是先进生产力。"这一重要论述,深刻指明了新质生产力的特征、基本内涵、核心标志、特点、关键、本质等基本理论问题,为我们准确把握新质生产力的科学内涵提供了根本遵循。

近年来,广东省瞄准建设粤港澳大湾区国际科技创新中心、打造具有全球影响力的产业科技创新中心的目标,加快构建"基础研究＋技术攻关＋成果转化＋科技金融＋人才支撑"全过程创新链,产业链资金链人才链结合日益紧密,为新质生产力发展营造良好创新氛围。图为河套深港科技创新合作区深圳园区

新质生产力是创新起主导作用的先进生产力质态,特点是创新。把握新质生产力,关键在于深刻认识创新在提高生产力中的关键性作用。回顾历史,从 18 世纪第一次工业革命的机械化,到 19 世纪第二次工业革命的电气化,再到 20 世纪第三次工业革命的信息化,一次次颠覆性的科技革新,带来社会生产力的大解放和生活水平的大跃升,从根本上改变了人类历史的发展轨迹。一些国家抓住科技革命和产业变革的难得机遇,综合国力迅速增强,甚至一跃成为世界强国。当前,新一轮科技革命和产业变革蓄势待发,一些重大颠覆性技术创新正在创造新产业新业态,信息技

术、生物技术、制造技术、新材料技术、新能源技术广泛渗透到几乎所有领域，带动了以绿色、智能、泛在为特征的群体性重大技术变革。我们迎来了世界新一轮科技革命和产业变革同我国转变发展方式的历史性交汇期，面临着千载难逢的历史机遇，新质生产力应运而生并在实践中不断发展壮大。新质生产力，代表着科技革命和产业变革的新方向、新趋势，代表着先进生产力的发展方向。加快形成新质生产力，就是要在生产力发展中取得领先地位，在新领域新赛道上占据发展先机，在激烈的国际竞争中赢得发展主动权。

马克思指出，"生产力，即生产能力及其要素的发展""劳动生产力是随着科学和技术的不断进步而不断发展的"。新质生产力是生产力发展和科技进步的产物，是人类改造自然能力的革命性提升，这种提升是整体性的、根本性的，作为其构成要素的劳动者、劳动资料、劳动对象必然也有新的内涵。就劳动者而言，劳动者是生产力中最活跃的因素，与新质生产力匹配的不再是以简单重复劳动为主的普通劳动者，而是需要能够创造新质生产力的战略人才和能够熟练掌握新质生产资料的应用型人才。就劳动资料而言，作为"人类劳动力发展的测量器"，随着原创性技术、颠覆性技术的发展和广泛运用，越来越多的新型生产工具将产生，旧的落后的生产工具则会逐渐被新的先进的生产工具所代替，这也是体现生产力发展的主要标志。就劳动对象而言，劳动资料的改进和广泛运用，必然会带来劳动对象范围的扩大，不仅包括传统的自然界物质，而且包括数据等不受空间和时间限制的非物质形态。

生产的各种要素只有结合在一起，才能形成现实的生产力。新质生产力不仅体现为各种要素的创新发展，还体现为生产要素结合方式的创新发展。随着新质生产力中劳动者、劳动资料、劳动对象的发展变化，三者的优化组合也将会发生革命性变化，带来新产业、新业态、新模式，形成驱动经济发展的新动能新优势。生产力决定生产关系，生产关系反作用于生产力。新质生产力的形成，必然引起生产关系的革命性变化，需要形成新的生产关系与之相适应，对其加以保护、解放和发展。不断改革和完善生产关系，形成新的管理模式、新的体制机制，是促进新质生产力不断发展的重要保障。

总之，我们要深刻认识到，新质生产力不是传统生产力的局部优化与简单迭代，而是由技术革命性突破、生产要素创新性配置、产业深度转型升级而催生的先进生产力，必将带来发展方式、生产方式的变革，推动我国社会生产力实现新的跃升，为全面建设社会主义现代化国家奠定更加坚实的物质技术基础。

（二）新质生产力的突出特性

当今世界正处于新一轮科技革命和产业变革加速演化时期，生产能力及其要素也正处于一个量的积累到质的变化关键变革时期，也就是新质生产力形成的关键时期。在这个时期，把握新质生产力的形成规律，顺应新质生产力的发展趋势，加快培育新质生产力，既是掌握经济社会未来发展主动权的关键，也是百年未有之大变局下大国竞争的关键。

新质生产力发展，会推进人类改造自然能力提升、人的自由全面发展和全人类社会文明的进步。这意味着，新质生产力的发展过程，也正是发展质量的提高过程。具体而言，新质生产力系统具有突出的创新驱动、绿色低碳、开放融合、人本内蕴特性。

1. 新质生产力具有创新驱动特性

创新是引领发展的第一动力，科技是先进生产力的集中体现和主要标志，随着新一轮科技革命的快速迭代升级与突破，科技在生产力构成要素中的主导作用将愈发突出。只有颠覆性、突破性、引领性科学技术的发明、突破、扩散和使用，才能使生产力的能级出现裂变式的提升。数字信息技术、人工智能、量子信息、元宇宙等前沿技术的攻克和使用，将加速驱动形成新产业新业态新模式，推动人类社会大跨步迈入新的发展阶段。

新质生产力创新驱动特征的具体实现，需要借助最新科技成果运用，推动数字经济和实体经济深度融合，促进数字产业化和产业数字化，推动传统产业转型升级，大力发展战略性新兴产业、培育发展未来产业、前瞻布局未来产业。

创新驱动新质生产力跃迁的底层逻辑是人类知识累积并裂变式爆发的结果。伴随知识创造驱动的科技创新周期的日益缩短，以知识创造为内核的新质生产力的变革性力量将加速壮大并逐步成为主导性生产力，人类社会也将进入智能化乃至全面深度智能化时代。

2. 新质生产力具有绿色低碳型特性

过去生产力的范式是指改造自然的能力，将大自然作为人类无节制索取的对象，带来的是人与自然的对立，导致人类赖以生产生活的地球资源环境承载力趋于极限，这种生产力不可持续。

新质生产力基于生态就是资源、生态就是生产力的新生产力观，按照保护生态环境就是保护生产力、改善生态环境就是发展生产力的发展理念，展现的是人与自然和谐共生的发展能力，是促进"绿水青山就是金山银山"的能力，是一种保护性的生产力，这是对传统生产力的突破性超越，也是生产力理论的新拓展。

新质生产力将绿色低碳理念、技术、标准、管理等贯穿于现代化产业体系发展始终，以产业、产业链、产业集群的绿色化水平提升推动经济社会全面绿色低碳转型。

3. 新质生产力具有开放融合特性

生产力发展历程与全球开放水平提升是高度吻合、高度同步的，并且伴随世界交流交融深度、广度、强度等的不断深化拓展，生产力传导延伸的场域得以拓宽，生产力演变迭代的周期得以缩短。

作为生产力的最新形态，新质生产力超越了传统地理空间范畴的场域维度，依托互联网、大数据、人工智能、深地深海深空等现代技术以及各类新型基础设施，在天、地、空、网等立体链接的开放场域快速拓展延伸、融合跃迁，特别是数据作为重要生产要素，本身就孕育于生产过程和人类社会活动之中，具有快速传播、极速反馈、有机融合的天然属性。

4. 新质生产力具有人本内蕴特性

人是人类社会的主体，生产力演进的终极目标是推动人的自由全面发展。作为生产力的最新形态，新质生产力功能在于实现更具质量的发展，强调发展的质量导向，而衡量质量的关键标准在于是否满足人民群众对美好生活的需求。

随着经济社会的发展，人民美好生活需要的内涵与外延日趋丰富，涵盖物质文明层面、精神文明层面、生态文明层面、个体价值实现层面、社会治理参与层面等。因此，新质生产力的质量导向必然内含人本属性，关注的是绝大多数人，而不是少部分人，强调的是生产力的内在质量和以人为本的发展理念，这不仅仅体现在物质资源和技术能力的提升上，更体现在人的全面发展、创造性以及生产过程中的人文关怀和社会责任上。

新质生产力突出的创新驱动、绿色低碳、开放融合、人本内蕴四个主要特性，是一个有机整体，相互关联、相互作用、相互耦合，共同构筑新质生产力区别于传统生产力的鲜明标识。

二、把握发展新质生产力的重要意义和主攻方向

（一）发展新质生产力的重要意义

察势者明，趋势者智。习近平总书记提出新质生产力这一全新概念，是对当下国内外经济环境的精准把握，更是对未来全球经济走势的深度考量。

1. 建设社会主义现代化强国的坚实支撑

现代化产业体系是现代化国家的物质技术基础，必须把发展经济的着力点放在实体经济上，为实现第二个百年奋斗目标提供坚强物质支撑。拥有处于世

近年来，长三角各省市牢牢把握高质量发展这个首要任务，因地制宜培育和发展新质生产力，朝着世界级城市群目标迈进。图为第四代大科学装置"合肥先进光源"的效果图

界领先地位的战略性新兴产业和未来产业，是强国的重要标志。要建设制造强国、质量强国、航天强国、交通强国、网络强国、数字中国，只有紧紧抓住人工智能、新材料技术、生物技术等技术突破口，千方百计激发创新主体活力，大力发展战略性新兴产业和未来产业，才能夯实社会主义现代化强国建设的物质技术基础。这对于我国实现更高质量、更有效率、更加公平、更可持续、更为安全的发展，都将产生重要而深远的影响。

2. 推动经济社会高质量发展的重要动力

习近平总书记在黑龙江考察时提出新质生产力这一概念，用意深远。东北地区是我国重要的农业和老工业基地，但在经济发展新阶段，却遇到了产业转型滞后、经济增长乏力等问题，亟待全面振兴。不仅是东北地区，新质生产力也是打造整个国民经济发展新优势的重中之重。我国经济发展正处于增长速度换挡期、结构调整阵痛期、前期刺激政策消化期、改革攻坚克难推进期等多期叠加阶段，以低生产要素成本为基础的比较优势见顶，新旧动能加快转换。打造更先进的新质生产力，是点燃中国经济新引擎的迫切需要。

3. 提升国际竞争力的战略举措

以数字化、智能化、网络化为主要特点的新一轮科技革命，正在重构全球创新版图、重塑全球经济结构。重大科技创新成果加快向现实生产力转移转化，引发了全球性产业变革。同时，世界经济增长缓慢且不均衡，流动性持续收紧，地缘政治冲突加剧，贸易保护主义普遍抬头。全球产业链供应链格局和竞争逻辑已发生巨变，呈现本土化、区域化、短链化等趋势，产业链不畅甚至中断的现象时有存在。唯有全力突破"卡脖子"技术和"掉链子"环节，把握新一轮科技革命历史机遇，系统性重构产业体系，加快发展新质生产力，才能掌握未来发展主动权，塑造国际竞争新优势。

4. 满足人民群众美好生活需要的必然要求

目前，我国社会主要矛盾已经转化为人民日益增长的美好生活需要和不平衡不充分的发展之间的矛盾，必须进一步解放和发展生产力，以新的生产力理论指导新的生产力实践。以满足人民日益增长的美好生活需要为出发点和落脚点，经济发展更关注"好不好""优不优""精不精"等问题，既要创造更多物质财富和精神财富，也要提供更多优质生态产品。加快形成和发展新质生产力，有助于推动产业转型升级，提升供给质量，满足多样化、高端化消费需求，打造高品质生态环境，用科技力量改善人民生活，让全民共享发展成果。

（二）发展新质生产力的主攻方向

新质生产力由技术革命性突破、生产要素创新性配置、产业深度转型升级而催生，是符合新发展理念、创新起主导作用的先进生产力质态。更好把握新质生产力的催生机理，进一步全面深化改革、扩大高水平对外开放、加强科技创新引领，汇聚并增强高质量发展动力，才能为生产力跃迁创造制度条件、赢得发展空间、提供核心支撑。

相关链接
我国加快推动形成新质生产力

1. 进一步全面深化改革形成新型生产关系

生产关系必须与生产力发展要求相适应。发展新质生产力，必须进一步全面深化改革，形成与之相适应的新型生产关系。打通束缚新质生产力发展的堵点卡点，要着力构建促进技术革命性突破、生产要素创新性配置、产业深度转型升级的体制机制，推动劳动者、劳动资料、劳动对象及其优化组合的跃升，以此增强可持续内生动力，形成适应并促进先进生产力发展的新型生产关系。

深化科技体制改革，推动技术革命性突破。新质生产力是创新起主导作用的先进生产力质态。科技创新能够重塑生产力基本要素，催生新产业、新模式、新动能，是发展新质生产力的核心力量。当前，全球科技创新交叉融合、多点突破、密集活跃，必须抢抓新一轮科技革命和产业变革战略机遇，持续深化科技体制改革，强化推动技术革命性、颠覆性突破的制度保障。要加快完善新型举国体制，加强资源统筹，系统布局关键创新资源，强化国家战略科技力量，提升国家创新体系整体效能。持续优化协同创新机制，加强关键核心技术联合攻关，以关键共性技术、前沿引领技术、现代工程技术、颠覆性技术创新为突破口，着力实现关键核心技术自主可控。抓住数字关键核心技术自主创新"牛鼻子"，促进数字技术先行突破，为原创性、颠覆性科技创新提供先进要素、工具和手段。着眼战略性新兴产业和未来产业，聚焦人工智能、量子科技、生物科技、新能源、绿色低碳等关键领域，大力推行创新攻关"揭榜挂帅""赛马"机制，形成有利于催生新质生产力的新型科研组织模式和资源配置方式。

推进要素市场化改革，促进生产要素创新性配置。实现土地、资本、技术、数据等要素高效流转，建立高标准市场体系，是促进生产要素创新性配置的重要基础。重点是加快建设全国统一大市场，有效降低制度性成本，健全各类生产要素由市场评价贡献、按贡献决定报酬机制，促使各类优质生产要素向发展新质生产力顺畅流动，全面提升生产要素配置效率，大幅提升全要素生产率。其中，数据作为新型生产要素，是数字化、网络化、智能化的基础，已快速融入生产、分配、流通、消费各环节，广泛渗透到经济社会各领域各层面，深刻改变着生产方式、生活方式和社会治理方式。需发挥数据非竞争性、非排他性、可复制性优势及其乘数效应，牵引带动生产要素创新性配置；完善数据要素的价格机制、竞争机制和交易规则，推动数字技术跨界融合、衍生叠加、融合创新。

构建有利于产业智能化、绿色化、融合化的体制机制，实现产业深度转型升级。产业是新质生产力发展的主要载体。产业迭代升级、深度转型，是生产力跃迁的重要支撑。我国超大规模市场为变革研发模式、转变生产方式、创新业务模式和优化组织结构，以及加速产业智能化、绿色化、融合化发展，提供了有利条件。需推动有效市场和有为政府更好结合，增强产业政策协同性，促进产业结构优化和转型升级，建设具有国际竞争力的现代化产业体系。以新型工业化建设为重点，强化战略性领域顶层设计，构建产业体系智能化体制机制，推进《"十四五"智能制造发展规划》，制定促进数字化发展政策措施，推动产业技术变革和优化升级，以智能化重塑制造业产业模式和企业形态，加快构建以先进制造业为骨干的现代化产业体系。推动健全产业体系绿色化体制机制，健全产业绿色发展政策框架体系，形成税收、金融、价格支持体系，加快形成绿色低碳的现代化产业体系，以高品质生态环境支撑高质量发展，着力发展绿色生产力。持续完善产业体系融合化体制机制，持续推动信息化和工业化融合发展，推动产业之间、区域之间、大中小企业之间、上下游环节之间高度协同耦合，形成跨产业、跨区域、全要素、全环节、全过程深度融合、协同发展的格局。

发展新质生产力不是忽视、放弃传统产业，而是要用新技术改造提升传统产业，积极促进产业高端化、智能化、绿色化。图为2024年3月12日，在山东腾峰纺织科技有限公司，工作人员在智能化纺纱设备前忙碌

健全统筹协调机制，促进全要素生产率大幅提升。聚焦科技创新这个核心，加强战略谋划和系统布局，注重改革联动、制度协同和政策统筹，持续促进要

素质量提升和优化组合，大幅提升全要素生产率。要一体推进教育、科技、人才体制改革，着力优化科技人才发现、培养、使用、激励机制，为创新人才培养和激发人才创新活力创造更加宽松、更为顺畅、有效激励的体制环境，建设适应新质生产力发展的新型劳动者队伍。完善政策统筹协调机制，增强宏观政策取向一致性，强化科技、产业、财税、金融、人才等政策协同联动，健全促进科技创新的法律法规体系，加大对关键核心技术及新兴产业、重点领域的知识产权保护力度。优化现代技术融合发展机制，促进大中小企业协同生产和产业链上中下游企业融通创新，支持龙头企业构建全球生产和研发体系，形成融合创新体系，提升创新资源要素配置效率。

2. 扩大高水平对外开放营造良好国际环境

高水平对外开放是新质生产力发展的重要动力。扩大高水平对外开放，构建具有全球竞争力的开放创新生态，有助于有效利用国际资本、劳动、技术和数据等生产要素，深度参与全球科技产业分工合作，融入全球创新网络，为发展新质生产力营造良好国际环境。

稳步扩大制度型开放。推进高水平对外开放，稳步推动规则、规制、管理、标准等制度型开放，增强在国际循环中的话语权，有利于形成和发展新质生产力。需以改革的办法扩大高水平对外开放，稳步扩大制度型开放，推进规则、规制、管理、标准等与国际高标准经贸规则对接，进一步融入全球产业链、供应链、价值链、创新链体系，打造国际合作和竞争新优势。实施营商环境改进提升行动，打造市场化、法治化、国际化一流营商环境，构建具有全球竞争力的开放创新生态。更好发挥自由贸易试验区改革开放试验田作用，探索数字贸易、绿色贸易等新兴领域规则，构建高标准服务业开放制度体系，全面完善知识产权保护法律体系。积极构建支持研发和创新的相关制度，以高水平对外开放助力原创性、前瞻性、颠覆性科技创新。

推动高水平"引进来""走出去"。促进生产要素跨境流动和科学技术国际交流，提升全球配置资源能力，是形成新质生产力的重要路径。要发挥超大规模市场优势，以国内大循环吸引全球资源要素，促进贸易、投资以及跨境资金流动、人员进出、交通往来更加便利高效，推动数据安全有序流动，营造具有全球竞争力的开放新高地，提升贸易投资合作质量和水平，增强全球资源配置功能。在高水平"引进来"上，实施自由贸易试验区提升战略，进一步扩大面向全球的高标准自由贸易区网络，高效引进优质资本、关键资源、先进技术、拔尖人才等，提升吸纳、调动和影响全球资源的能力。在高水平"走出去"上，深度融入全球经济体系，提升全球范围配置资金、信息、技术、人才等要素资源的水平，拓宽全球经济共同发展空间。高质量共建"一带一路"，谋划构建创新链、产业链、供应链，在深化国际创新协作协同中发展新质生产力。通过高水平对外开放，更好融入全球市场体系，主动融入全球科技创新网络。

着力增强内外联动。坚持对内对外开放相互促进，建设更高水平开放型经济新体制，以高水平对内对外开放推动高质量发展，在构建新发展格局中发展新质生产力。一方面，立足加快建设全国统一大市场，促进发展要素更大范围畅通流动，进一步吸引国际创新主体和全球创新资源，以对内纵深开放形成的国内大市场、大循环支撑新质生产力发展；另一方面，通过扩大高水平对外开放，深度嵌入全球分工体系，更好融入全球市场体系，增强参与国际竞争硬实力，提升国际循环质量和水平，拓展新质生产力发展的空间范围。要打造开放层次更高、辐射作用更强的开放新高地，集聚全球高质量资源要素，不断提升国际吸引力、影响力与带动力；重视发挥开放功能区的创新资源优势，鼓励开放功能区协同联动，提升开放平台能级；注重外引内联，通过内需外需统筹、内部外部要素配置、国内国际市场联动，在发展新质生产力过程中推动国内国际双循环相互促进。

见"习"日记

发展新质生产力，必须进一步全面深化改革，形成与之相适应的新型生产关系。要深化经济体制、科技体制等改革，着力打通束缚新质生产力发展的堵点卡点，建立高标准市场体系，创新生产要素配置方式，让各类先进优质生产要素向发展新质生产力顺畅流动。同时，要扩大高水平对外开放，为发展新质生产力营造良好国际环境。

——2024年1月31日，习近平总书记在二十届中央
政治局第十一次集体学习时的讲话

3. 强化科技创新引领新质生产力发展

当今世界，新一轮科技革命与产业变革深入推进，围绕产业、技术特别是关键核心技术的国际竞争日趋激烈。创新在我国现代化建设全局中居于核心地位。以科技创新驱动生产力向先进质态跃升，是发展新质生产力的必然要求。

一是以创新塑造新动能。科技创新能够催生新产业、新模式、新动能，必须坚持以科技创新为引领，以原创性、颠覆性技术创新开辟发展新领域新赛道，塑造发展新动能新优势，加快培育和发展新质生产力。需锚定加快实现高水平科技自立自强目标，打好关键核心技术攻坚战，使原创性、颠覆性科技创新成果竞相涌现。

　　二是以创新驱动产业创新。以科技创新推动产业创新，特别是以颠覆性技术和前沿技术催生新动能，能够有效促进新质生产力发展。持续推动产业结构优化升级，着力推动创新链、产业链、资金链、人才链"四链"融合，大力推动数字技术与实体经济深度融合，全面推动产业绿色发展。推动科技创新与产业创新互促，促进支柱产业迭代升级、新兴产业培育壮大、未来产业前瞻布局，打造具有核心竞争力的优势产业集群，加快构建具有智能化、绿色化、融合化特征和符合完整性、先进性、安全性要求的现代化产业体系，实现产业结构转型升级。

科技创新能够催生新产业、新模式、新动能，是发展新质生产力的核心要素。中国科学院自动化研究所人形机器人攻关团队自主突破多项核心技术，研制了人形机器人设计组装"大工厂"，可以快速设计构建人形机器人硬件和软件系统。图为2024年1月31日，科研人员在多模态人工智能系统全国重点实验室调试机器人

　　三是以创新推动要素优化组合跃升。新质生产力以劳动者、劳动资料、劳动对象及其优化组合的跃升为基本内涵。科技创新能驱动生产要素类型扩展、优化组合和整体跃升，促进资源高效配置。要打造新型劳动者队伍，加快培养能充分利用现代技术、适应现代高端先进设备、具有知识快速迭代能力的新型人才，着力培养创新型、复合型、数字化人才，夯实新质生产力发展的人才支撑。积极促进与新质生产力相适应的劳动资料和劳动对象发展，更好应用人工智能、虚拟现实和增强现实设备以及自动化制造设备等，丰富先进生产工具体系。适应科技创新范式变革、模式重构的新需求，统筹布局大科学装置，围绕促进战略性新兴产业和未来产业发展，优化升级传统基础设施，完善新型基础设施，为发展新质生产力提供支撑。

三、聚焦推动高质量发展，加快发展新质生产力

　　科学认识新质生产力，加快发展新质生产力，对于推动高质量发展具有重要的理论和实践意义。

（一）"新质生产力"这一理论创新成果来源于服务于高质量发展伟大实践

　　理论来源于实践并指导实践，这是马克思主义的基本观点。我们党在领导

人民推动中国发展的实践历程中把解放和发展社会生产力放在首位，不断深化对社会生产力的认识，并以不断深化了的认识成果指导解放和发展社会生产力的实践。

新时代新征程，高质量发展成为全面建设社会主义现代化国家的首要任务。习近平总书记统筹把握国内国际两个大局，准确把握我国高质量发展的客观要求，坚持和发展马克思主义生产力理论，提出了"新质生产力"这一富有时代气息的重要概念，就是为推动高质量发展提供强有力的理论指导。习近平总书记

相关链接
以新质生产力为高质量
发展注入强大动力

深刻指出："高质量发展需要新的生产力理论来指导，而新质生产力已经在实践中形成并展示出对高质量发展的强劲推动力、支撑力，需要我们从理论上进行总结、概括，用以指导新的发展实践。"发展要求、发展实践催生出了新质生产力概念。总结、概括出新质生产力这一新概念，就是为了更好地落实高质量发展这个首要任务。

新质生产力这一概念，凸显了生产力历史性跃升的决定性作用。工业革命后，以机器大工业为基础的资本主义现代生产代替了以手工劳动为基础的传统生产，使生产力发展获得巨大飞跃。对此，马克思、恩格斯在《共产党宣言》中指出："资产阶级在它的不到一百年的阶级统治中所创造的生产力，比过去一切世代创造的全部生产力还要多，还要大……过去哪一个世纪料想到在社会劳动里蕴藏有这样的生产力呢？"这段话精辟而生动地诠释了生产力的历史性跃升具有巨大作用。后来，同样是由新的科技革命推动两轮产业变革，形成了新的生产力：一轮肇始于 19 世纪 70 年代，以电力和内燃机为标志；一轮肇始于 20 世纪 70 年代，以计算机和通信技术为标志。当前，新一轮科技革命和产业变革蓬勃兴起，正如习近平总书记所指出的："进入 21 世纪以来，全球科技创新进入空前密集活跃的时期，新一轮科技革命和产业变革正在重构全球创新版图、重塑全球经济结构。"我们迎来了世界新一轮科技革命和产业变革同我国转变发展方式的历史性交汇期，既面临着千载难逢的历史机遇，又面临着差距拉大的严峻挑战。新质生产力就是在这样的历史背景下形成和发展起来的全新的生产力质态，对生产力实现新的历史性跃升的决定性作用日益凸显。

（二）加快发展新质生产力，要着力推动新产业、新模式、新动能创新发展

创新是发展的第一动力。习近平总书记深刻指出："科技创新能够催生新产业、新模式、新动能，是发展新质生产力的核心要素。"这一重要论述指明了发

展新质生产力的主攻方向。中央经济工作会议部署 2024 年经济工作时提出"以科技创新引领现代化产业体系建设"，鲜明体现了科技创新和产业变革的内在逻辑关系。简而言之，新质生产力的形成就是从科学发现、技术发明到新产业、新模式、新动能的生成。

发展新质生产力要培育新产业。由技术革命性突破催生的新产业，能够摆脱传统经济增长方式、生产力发展路径，是新质生产力的基本载体。当前，互联网、大数据、云计算、人工智能、区块链等技术加速创新，新一代信息技术、生物技术、新能源、新材料、高端装备、新能源汽车、绿色环保以及航空航天、海洋装备等战略性新兴产业正在快速发展壮大，类脑智能、量子信息、基因技术、未来网络、深海空天开发、氢能与储能等未来产业也在孕育发展。我国已进入创新型国家行列，一些前沿领域开始进入并跑、领跑阶段，科技实力正在从量的积累迈向质的飞跃，从点的突破迈向系统能力提升，完全有能力抓住新产业培育的重大历史机遇。当然，发展新质生产力不是忽视、放弃传统产业。新兴产业的发展壮大需要传统产业更新升级带来的市场空间扩大以及提供的原材料、零部件等支撑，传统产业借助前沿科技创新成果进行改造提升，也能不断提高发展质量和效益，拓展新的发展空间。

发展新质生产力要催生新模式。由技术革命性突破、生产要素创新性配置、产业深度转型升级催生的新模式，是新质生产力的重要构成。当前，依托具有高创新性、强渗透性、广覆盖性特征的数字经济发展，线上与线下加速融合，服务与制造深度融合，网络购物、移动支付、无人零售、无接触配送、直播带货、在线诊疗、远程办公、跨境电子商务以及个性化定制、共享制造、全生命周期管理、总集成总承包等新业态新模式蓬勃兴起。这些新模式能够提供更为便捷、经济、个性化的产品和服务，有利于推动新技术的迭代创新发展，有利于高效匹配供给和需求，有利于促进能源资源集约式利用，有利于提升全要素生产率，引领了企业生产方式和经营模式的变革，为个体提供多样化的就业创业渠道和机会。在一定程度上，模式创新对经济社会发展的全方位影响丝毫不亚于技术创新和产品创新。

发展新质生产力要形成新动能。科技创新、产业创新、企业创新、市场创新、产品创新、业态创新、管理创新等各领域的创新，以及这些创新成果在更大范围内的扩散应用，共同构成了支撑高质量发展的新动能，是新质生产力的整体呈现。根据国家统计局数据，2022 年，我国以新产业、新业态、新商业模式为核心内容的"三新"经济增加值为 210084 亿元，相当于国内生产总值的比重为 17.36%。2023 年全年，规模以上工业中装备制造业增加值比上年增长 6.8%，占规模以上工业增加值比重为 33.6%；高技术制造业增加值增长

2.7%，占规模以上工业增加值比重为 15.7%。新能源汽车产量 944.3 万辆，比 2022 年增长 30.3%；太阳能电池（光伏电池）产量 5.4 亿千瓦，增长 54.0%；服务机器人产量 783.3 万套，增长 23.3%；3D 打印设备产量 278.9 万台，增长 36.2%。规模以上服务业中，战略性新兴服务业企业营业收入比 2022 年增长 7.7%。总的来看，我国新动能正持续成长壮大，成为推动高质量发展的重要动力源。

（三）加快发展新质生产力，要抓好改造提升传统产业、培育壮大新兴产业、超前布局建设未来产业

现代化产业体系是现代化国家的物质技术基础。习近平总书记强调："要及时将科技创新成果应用到具体产业和产业链上，改造提升传统产业，培育壮大新兴产业，超前布局建设未来产业，加快构建以先进制造业为支撑的现代化产业体系。"这一重要论述指明了加快发展新质生产力的基本路径。

改造提升传统产业。一是推动迈向价值链中高端。深入实施制造业重大技术改造升级和大规模设备更新工程，加快先进适用技术推广应用。鼓励面向传统制造业重点领域开展关键共性技术研究和产业化应用示范。完善科技成果信息发布和共享机制。推动传统制造业优势领域锻长板，推进强链延链补链，加强新技术新产品创新迭代。支持企业聚焦基础零部件、基础元器件、基础材料、基础软件、基础工艺和产业技术基础等薄弱领域，加快攻关突破和产业化应用，强化传统制造业基础支撑体系。实施卓越质量工程。二是加快数字化、网络化、智能化改造。促进人工智能、大数据等技术与制造全过程、全要素深度融合，利用数字技术对传统产业进行全方位、全链条改造，推动产业数字化。支持重点行业建设"产业大脑"，汇聚行业数据资源，推广共性应用场景，服务全行业转型升级和治理能力提升。三是强化绿色低碳发展。加快绿色科技创新和先进绿色技术推广应用，做强绿色制造业，发展绿色服务业，壮大绿色能源产业，发展绿色低碳产业和供应链，构建绿色低碳循环经济体系。制定修订一批低碳、节能、节水、资源综合利用、绿色制造等重点领域标准，促进资源节约和材料合理应用。

加快发展新质生产力，要推动数字技术在先进制造业中的应用扩散，形成两者之间相互支撑、相互促进的良性循环。图为 2024 年 1 月 10 日，在理想汽车常州基地车间，机械手臂在进行焊接作业

持续优化支持绿色低碳发展的经济政策工具箱，发挥绿色金融的牵引作用，打造高效生态绿色产业集群。

培育壮大新兴产业。一是强化市场引领作用。加快全国统一大市场建设，着力破除各种形式的地方保护和市场分割，充分发挥我国超大规模国内市场优势，持续扩大新兴产业市场空间、丰富应用场景，加速新兴产业规模扩容和技术迭代，推动更多新兴产业发展壮大为支柱产业。抓住新能源汽车、锂电池等新产品快速发展的有利时机，推动构建品牌引领、创新发展的新的全球产业链。二是加快发展先进制造业。加快推动数字技术在先进制造业中的应用扩散，形成两者之间相互支撑、相互促进的良性循环。深入实施先进制造业集群发展专项行动，健全产业集群组织管理和专业化推进机制，建设创新和公共服务综合体，在重点领域培育一批各具特色、优势互补、结构合理的先进制造业集群。三是优化政策支持。深入认识新兴产业全生命周期成长规律，重点聚焦前端创新环节提供更大力度支持，增强要素保障能力，加快关键核心技术创新。把新兴产业发展与扩大内需有效结合起来，充分发挥需求侧创新手段作用，把握好财税等支持政策的力度、节奏。规范地方政府行为，加强标准引领，鼓励技术创新和企业兼并重组，防止低水平重复建设。

📌 知识链接

新兴产业是动态发展的。与以往的新兴产业相比，当今时代，科技创新能够催生出更多新产业，覆盖领域也更加广泛。第一次工业革命时期，新兴产业覆盖领域主要是纺织、煤炭等行业；第二次产业革命时期，新兴产业更多地体现在电力工业、化学工业、石油工业和汽车工业等领域；第三次产业革命时期，新兴产业主要集中在信息技术、网络技术等领域。当前，新兴产业则涉及节能环保、新一代信息技术、高端装备制造、新能源、新材料、智能制造等，覆盖领域越来越广，能够带动传统产业改造升级。新兴产业的技术有一个从研发到推广应用的不断成熟的过程，新兴产业也有一个产生、发展和壮大的成长过程。

超前布局建设未来产业。一是加强前瞻谋划部署。把握全球科技创新和产业发展趋势，重点推进未来制造、未来信息、未来材料、未来能源、未来空间和未来健康六大方向产业发展。打造未来产业瞭望站，利用人工智能、先进计算等技术精准识别和培育高潜能未来产业。发挥新型举国体制优势，引导地方结合产业基础和资源禀赋，合理规划、精准培育和错位发展未来产业。发挥前沿技术增量器作用，瞄准高端、智能和绿色等方向，加快传统产业转型升级，为建设现代化产业体系提供新动力。二是提升创新能力。面向未来产业重点方向实施国家科技重大项目和重大科技攻关工程，加快突破关键核心技术。发挥国家实验室、全国重点实验室等创新载体作用，加强基础共性技术供给。鼓励龙头企业牵头组建创新联合体，集聚产学研用资源，体系化推进重点领域技术攻关。推动跨领域技术交叉融合创新，加快颠覆性技术突破，打造原创技术策源地。三是构建产业生态。加强产学研用协作，打造未来产业创新联合体，构建大中小企业融通发展、产业链上下游协同创新的生态体系。强化全国统一大市场下的标准互认和要素互通，提升产业链供应链韧性，构建产品配套、软硬协同的产业生态。

（四）加快发展新质生产力，要坚定不移深入实施科教兴国战略、人才强国战略、创新驱动发展战略

教育、科技、人才是全面建设社会主义现代化国家的基础性、战略性支撑。习近平总书记强调："深化科技体制、教育体制、人才体制等改革，打通束缚新质生产力发展的堵点卡点。"这一重要论述指明了加快发展新质生产力的战略之策。我们要深入实施科教兴国战略、人才强国战略、创新驱动发展战略，努力打造新质生产力生成的动力源、策源地。

深入实施科教兴国战略。发展新质生产力，科技创新是核心要素，教育是基础和先导。要切实落实科技是第一生产力的要求，加强科技的战略规划、政策措施、资源平台、创新力量布局、重大项目等顶层设计，持续改善科技基础条件，落实支持科技创新税收优惠政策，引导全社会加大研发投入。突出企业科技创新主体地位，充分发挥科技对产业发展的支撑引领作用，建立以企业为主体、市场为导向、产学研深度融合的创新体系，加快科技成果向现实生产力转化。深化科技体制改革和政策统筹，完善科技奖励制度、经费管理制度、成果转化制度、分类评价制度，加强知识产权法治保障，扩大国际科技合作，建立适应新质生产力发展的科研组织形式和管理方式。要坚持教育优先发展的要求，公共财政优先保障教育投入，进一步补齐教育发展的短板，持续提高教育普及水平。着眼于提升教育对新质生产力的支撑力、贡献力，改进基础教育，加强素质教育和科学教育，提高学生社会责任感、创新精神和实践能力培养；推进职普融通、产教融合、科教融汇，加强终身学习体系建设，培养更多高素质技术技能人才；引导高等学校分类发展、特色发展，根据人才需求优化学科专业设置；加强拔尖创新人才自主培养，扩大国家战略人才力量储备。

深入实施人才强国战略。劳动者是生产力中最活跃的因素，也是形成新质生产力最具有决定性的力量。实施人才强国战略，将我国庞大的人口规模转化

为人力资源优势，必将极大提高全要素生产率，夯实经济高质量发展的基础。要牢固树立人才是第一资源理念，实行人才投资优先，加大政府对人才发展的投入，鼓励、引导全社会投资人才资源开发。全面提高人才自主培养质量，探索产学研合作培养等多种培养方式，注重在实践中发现、培养、造就人才，形成人人皆可成才、各类人才辈出的局面。改进人才评价及选用制度，拓宽人才评价渠道，加快建立以岗位职责为基础，以创新价值、能力、贡献为导向的人才评价体系。进一步破除人才流动的体制性障碍，发挥市场配置人才资源的基础性作用。改革人才管理制度和科研管理制度，尊重人才成长规律和科研规律，向用人单位下放管理自主权，最广泛最充分调动人才的积极性主动性创造性。完善人才激励保障机制，健全劳动、知识、技术等生产要素参与收入分配的机制，更好体现人才的市场价值。畅通人才发展通道，搭建人才成长"立交桥"，着力破解技能人才发展的"独木桥""天花板"难题，拓展人才成长空间。优化人才发展环境，积极营造鼓励创新、宽容失败的氛围，在全社会弘扬尊重知识、尊重人才的风尚。

深入实施创新驱动发展战略。新质生产力的特点是创新，起主导作用的也是创新。实施创新驱动发展战略，将带来生产要素及其组合的更新，引起社会生产力的大解放。要以重大科技创新为引领，加强重大关键核心技术攻关和基础研究，引领新质生产力发展；加强管理和制度层面的创新，形成持续创新的系统能力，加快推进高水平科技自立自强；推进科技创新和产业创新的深度融合，加强创造新产业、引领未来发展的科技储备，构建上下游紧密合作的创新联合体，促进产学研融通创新，促进创新链产业链资金链人才链深度融合；坚持开放创新，用好全球创新资源，积极参与全球科技创新治理，提高我国全球配置创新资源能力。要调整不适应创新驱动发展要求的生产关系，正确处理政府和市场的关系，积极营造有利于创新的政策环境和制度环境，打通创新成果向现实生产力转化的通道；加强法治建设，完善知识产权制度，建立体现创新导向的评价制度，改革完善科技和人才等创新要素价格形成机制，积极培育保护和鼓励创新的法治环境、市场环境、文化环境，在全社会形成鼓励创造、追求卓越的创新文化。

解放和发展生产力是社会主义的本质要求，新质生产力作为先进的生产力，是生产力中最具有活力、牵引力、竞争力的部分。只有做好培育和发展新质生产力这篇大文章，才能在日益激烈的国际竞争中赢得主动，从根本上体现社会主义的优越性和先进性。奋进新时代新征程，我们要以守正创新的精神和"咬定青山不放松"的韧劲，加快发展新质生产力，不断开拓中国发展新境界，不断为人民创造新福祉。

防范发展新质生产力中的认识误区

当前，推动高质量发展成为全党全社会的共识和自觉行动，成为经济社会发展的主旋律。发展新质生产力是推动高质量发展的内在要求和重要着力点。习近平总书记指出，"要牢牢把握高质量发展这个首要任务，因地制宜发展新质生产力""发展新质生产力不是忽视、放弃传统产业，要防止一哄而上、泡沫化，也不要搞一种模式"。这为我们加快培育和发展新质生产力提供了科学指引。我们要深入学习领会习近平总书记重要讲话精神，坚持正确的世界观和方法论，不断深化对新质生产力的认识，坚决破除认识误区、避免实践偏差，加快培育发展新质生产力的新动能。

发展新质生产力不是忽视、放弃传统产业。习近平总书记指出："要及时将科技创新成果应用到具体产业和产业链上，改造提升传统产业，培育壮大新兴产业，布局建设未来产业，完善现代化产业体系。"现代化产业体系是培育和发展新质生产力的主要载体。传统产业是建设现代化产业体系的基础，关乎国家的核心竞争力。应当认识到，传统产业不一定就是落后产业，经过转型升级后，也能够为新兴产业和未来产业发展提供坚实支撑，助力摆脱传统经济增长方式、推动生产力发展路径发生质变。因此，培育和发展新质生产力，不是忽视、放弃传统产业，把所有传统产业都当成"低端产业"简单退出，而要通过市场化法治化机制依法依规淘汰落后产能。同时，用新技术改造提升传统产业，积极促进产业高端化、智能化、绿色化，助力培育发展新质生产力的新动能。

发展新质生产力要防止一哄而上、泡沫化。发展新质生产力是一项长期任务、系统工程，涉及方方面面，需要科学谋划、统筹兼顾，也需要坚持稳中求进、保持战略定力。无论是积极培育新能源、新材料、先进制造、电子信息等战略性新兴产业，还是前瞻性布局未来产业，都必须根据地区发展实际，找准着力点和主攻方向，扎扎实实向前推进。一哄而上，片面追求产业数量和规模，可能会导致过度投资、低水平重复建设等，造成巨大浪费，反而不利于新质生产力健康发展。同时要看到，培育和发展新质生产力，既需要政府的支持和引导，也需要充分发挥市场在资源配置中的决定性作用。只有强化企业科技创新主体地位，发挥科技型骨干企业引领作用，营造有利于科技型中小微企业成长的良好环境，才能为新质生产力的发展提供丰厚土壤，塑造发展新动能新优势。

发展新质生产力不能只搞一种模式。习近平总书记强调："各地要坚持从实际出发，先立后破、因地制宜、分类指导，根据本地的资源禀赋、产业基础、科研条件等，有选择地推动新产业、新模式、新动能发展。"我国幅员辽阔，各地经济社会发展水平不同、资源禀赋和产业基础各异，培育和发展新质生产力不可能只有一种模式。必须因地制宜，坚持"一把钥匙开一把锁"，探索有效的模式、路径。各地区、各部门要完整、准确、全面贯彻新发展理念，主动融入国家战略和区域发展大局，充分梳理本地特色和优势，加强科学规划和论证，精准把握发展新质生产力的主要抓手和着力点，避免产业趋同或同质化竞争，构建各具特色、优势互补、竞相发展的良好格局。同时，根据科学研究、技术开发、产业创新的不同规律，分类加强制度设计和科学指导，把科学部署转化为顶用管用实用的政策，深化科技体制、教育体制、人才体制等改革，打通束缚新质生产力发展的堵点卡点，促进新质生产力加快发展。

（资料来源：《人民日报》2024 年 5 月 9 日）

阅读推荐

1. 黄茂兴：《以科技创新培育和发展新质生产力》，《人民日报》2024年 4 月 3 日。

2. 高振福：《培育新质生产力　激活发展新动能》，《光明日报》2024年 3 月 14 日。

3.《经济日报》编辑部：《加快发展新质生产力时不我待》，《经济日报》2024 年 3 月 4 日。

思考题

1. 新质生产力有哪些突出特性？

2. 如何理解把握发展新质生产力的重要意义？

3. 如何把握发展新质生产力的主攻方向？

知行青春

　　新质生产力，是以科技创新为主的生产力，是摆脱了传统增长路径、符合高质量发展要求的生产力，是数字时代更具融合性、更体现新内涵的生产力。高校作为科技创新策源地、创新人才会集地和创新成果集聚地，在孕育和形成新质生产力方面责任重大。

学生在课后通过积极搜集相关新质生产力的资料，更深入、全面地了解新质生产力的提出过程、核心要素，发展新质生产力的实践成果等，学习为什么要发展新质生产力、如何发展新质生产力，从而明白发展新质生产力能带给人民群众更美好的生活，促进产业升级，实现国家经济高质量发展，是建设现代化强国的关键所在，事关国家前途、民族命运。同时，学生互相交流讨论，分享学习感悟，明白要积极掌握前沿信息，学会运用新质生产力，培养创新思维，勇于进行创新尝试，积极成为创新创造人才，为发展新质生产力贡献力量。

深入学习贯彻习近平文化思想，更好担负起新的文化使命

文化是一个国家、一个民族的灵魂。党的十八大以来，习近平总书记把宣传思想文化工作摆在治国理政的重要位置，多次就宣传思想文化工作发表重要讲话、作出重要指示，深刻回答了新时代宣传思想文化工作"做什么、怎么做、谁来做"等重大问题，提出新时代文化建设方面的新思想新观点新论断，内涵丰富、论述深刻，推动我国文化建设取得历史性成就、发生历史性变革，构成了习近平新时代中国特色社会主义思想的文化篇，形成了习近平文化思想。

习近平文化思想是习近平新时代中国特色社会主义思想的文化篇，是马克思主义文化理论的创新发展，是马克思主义中国化时代化最新理论成果，是新时代党领导文化建设实践经验的理论总结，标志着我们党对中国特色社会主义文化建设规律的认识达到了新高度，表明我们党的历史自信、文化自信达到了新高度，必须长期坚持贯彻、不断丰富发展。

一、深入学习领会习近平文化思想的重要论述

在全国宣传思想文化工作会议上，党中央正式提出并系统阐述了习近平文化思想。这是一个重大决策，在党的理论创新进程中具有重大意义，在党的宣传思想文化事业发展史上具有里程碑意义。习近平文化思想内涵丰富、思想深邃、博大精深，为我们在新时代新征程继续推动文化繁荣、建设文化强国、建设中华民族现代文明提供了强大思想武器和科学行动指南。深入学习领会习近平文化思想，是全党尤其是全国宣传思想文化战线的一项重要政治任务。

（一）深入学习领会关于坚持党的文化领导权的重要论述

坚持党的文化领导权是事关党和国家前途命运的大事。坚持党的文化领导权，是习近平总书记深刻总结党的历史经验、洞察时代发展大势提出来的，充分体现了对新时代文化地位作用的深刻认识，体现了对党的意识形态工作的科学把握。习近平总书记指出，意识形态关乎旗帜、关乎道路、关乎国家政治安全。"经济建设是党的中心工作，意识形态工作是党的一项极端重要的工作。面对改革发展稳定复杂局面和社会思想意识多元多样、媒体格局深刻变化，在集中精力进行经济建设的同时，一刻也不能放松和削弱意识形态工作，必须把意识形态工作的领导权、管理权、话语权牢牢掌握在手中，任何时候都不能旁落，否则就要犯无可挽回的历史性错误。"党管宣传、党管意识形态、党管媒体是坚持党的领导的重要方面，要"坚持政治家办报、办刊、办台、办新闻网站"。习近平总书记强调："所有宣传思想部门和单位，所有宣传思想战线上的党员、干部，都要旗帜鲜明坚持党性原则。""坚持党性，核心就是坚持正确政治方向，站稳政治立场，坚定宣传党的理论和路线方针政策，坚定宣传中央重大工作部署，坚定宣传中央关于形势的重大分析判断，坚决同党中央保持高度一致，坚决维护党中央权威。""做到爱党、护党、为党。"同时要求，要全面落实意识形态工作责任制，"各级党委要负起政治责任和领导责任，把宣传思想工作摆在全

局工作的重要位置，加强对宣传思想领域重大问题的分析研判和重大战略性任务的统筹指导""宣传思想战线的同志要履行好自己的神圣职责和光荣使命，以战斗的姿态、战士的担当，积极投身宣传思想领域斗争一线""要牢牢掌握意识形态工作领导权""建设具有强大凝聚力和引领力的社会主义意识形态"。习近平总书记的这些重要论述，深刻阐明了加强党对宣传思想文化工作领导的极端重要性，明确了做好宣传思想文化工作必须坚持的政治保证。

（二）深入学习领会关于推动物质文明和精神文明协调发展的重要论述

推动物质文明和精神文明协调发展是坚持和发展中国特色社会主义的本质特征。立足中国特色社会主义事业发展全局，正确把握物质文明和精神文明的辩证关系，体现了对社会主义精神文明建设重要性和中国国情的深刻认识和全面把握。习近平总书记指出，实现中华民族伟大复兴的中国梦，物质财富要极大丰富，精神财富也要极大丰富。中国式现代化是物质文明和精神文明相协调的现代化。物质富足、精神富有是社会主义现代化的根本要求。物质贫困不是社会主义，精神贫乏也不是社会主义。习近平总书记强调："人无精神则不立，国无精神则不强。精神是一个民族赖以长久生存的灵魂，唯有精神上达到一定的高度，这个民族才能在历史的洪流中屹立不倒、奋勇向前。""我们要继续锲而不舍、一以贯之抓好社会主义精神文明建设，为全国各族人民不断前进提供坚强的思想保证、强大的精神力量、丰润的道德滋养。"习近平总书记指出，我们不断厚植现代化的物质基础，不断夯实人民幸福生活的物质条件，同时大力发展社会主义先进文化，加强理想信念教育，传承中华文明，促进物的全面丰富和人的全面发展。同时要求，"加强思想道德建设，深入实施公民道德建设工程，加强和改进思想政治工作，推进新时代文明实践中心建设，不断提升人民思想觉悟、道德水准、文明素养和全社会文明程度""深入开展群众性精神文明创建活动""深化文明城市、文明村镇、文明单位、文明家庭、文明校园创建工作，推进诚信建设和志愿服务制度化，提高全社会道德水平""深入挖掘、继承、创新优秀传统乡土文化，弘扬新风正气，推进移风易俗，培育文明乡风、良好家风、淳朴民风，焕发乡村文明新气象"。习近平总书记的这些重要论述，站在经济建设和上层建筑关系的哲学高度，深刻阐释了社会运动规律，深刻阐明了精神文明的重要作用，具有极为重要的本体论和认识论意义，为新时代坚持和发展中国特色社会主义、推进中国式现代化提供了科学指引。

（三）深入学习领会关于"两个结合"的根本要求的重要论述

"两个结合"的根本要求拓展了中国特色社会主义文化发展道路。创造性提出并阐述"两个结合",揭示了开辟和发展中国特色社会主义的必由之路,也揭示了党推动理论创新和文化繁荣的必由之路。习近平总书记指出,新的征程上,我们必须"坚持把马克思主义基本原理同中国具体实际相结合、同中华优秀传统文化相结合","中国共产党人深刻认识到,只有把马克思主义基本原理同中国具体实际相结合、同中华优秀传统文化相结合,坚持运用辩证唯物主义和历史唯物主义,才能正确回答时代和实践提出的重大问题,才能始终保持马克思主义的蓬勃生机和旺盛活力"。习近平总书记指出,在五千多年中华文明深厚基础上开辟和发展中国特色社会主义,把马克思主义基本原理同中国具体实际、同中华优秀传统文化相结合是必由之路。"如果没有中华五千年文明,哪里有什么中国特色?如果不是中国特色,哪有我们今天这么成功的中国特色社会主义道路?"只有立足波澜壮阔的中华五千多年文明史,才能真正理解中国道路的历史必然、文化内涵与独特优势。习近平总书记强调,历史正反两方面的经验表明,"两个结合"是我们取得成功的最大法宝。第一,"结合"的前提是彼此契合。马克思主义和中华优秀传统文化来源不同,但彼此存在高度的契合性。相互契合才能有机结合。正是在这个意义上,我们才说中国共产党既是马克思主义的坚定信仰者和践行者,又是中华优秀传统文化的忠实继承者和弘扬者。第二,"结合"的结果是互相成就。"结合"不是"拼盘",不是简单的"物理反应",而是深刻的"化学反应",造就了一个有机统一的新的文化生命体。"第二个结合"让马克思主义成为中国的,中华优秀传统文化成为现代的,让经由"结合"而形成的新文化成为中国式现代化的文化形态。第三,"结合"筑牢了道路根基。我们的社会主义为什么不一样?为什么能够生机勃勃、充满活力?关键就在于中国特色。中国特色的关键就在于"两个结合"。中国式现代化赋予中华文明以现代力量,中华文明赋予中国式现代化以深厚底蕴。第四,"结合"打开了创新空间。"结合"本身就是创新,同时又开启了广阔的理论和实践创新空间。"第二个结合"让我们掌握了思想和文化主动,并有力地作用于道路、理论和制度。"第二个结合"是又一次的思想解放,让我们能够在更广阔的文化空间中,充分运用中华优秀传统文化的宝贵资源,探索面向未来的理论和制度创新。第五,"结合"巩固了文化主体性。任何文化要立得住、行得远,要有引领力、凝聚力、塑造力、辐射力,就必须有自己的主体性。文化自信就来自我们的文化主体性。这一主体性是中国共产党带领中国人民在中国大地上建立起来的;是在创造性转化、创新性发展中华优秀传统文化,继承革命文化,发展社会主义先进文化的基础上,借鉴吸收人类一切优秀文明成果的基础上建立起来的;是通过把马克思主义基本原理同中国具体实际、同中华优秀传统文化相结合建立起来的。创立习近平新时代中国特色社会主义思想就是这一文化主体性的最有力体现。习近平总书记的这些重要论述,充分表明我们党对中国道路、中国理论、中国制度的认识进一步升华，拓展了中国特色社会主义道路的文化根基。

见"习"日记

中华优秀传统文化有很多重要元素，比如，天下为公、天下大同的社会理想，民为邦本、为政以德的治理思想，九州共贯、多元一体的大一统传统，修齐治平、兴亡有责的家国情怀，厚德载物、明德弘道的精神追求，富民厚生、义利兼顾的经济伦理，天人合一、万物并育的生态理念，实事求是、知行合一的哲学思想，执两用中、守中致和的思维方法，讲信修睦、亲仁善邻的交往之道等，共同塑造出中华文明的突出特性。

——2023 年 6 月 2 日，习近平总书记在文化传承发展座谈会上的讲话

（四）深入学习领会关于新的文化使命的重要论述

新的文化使命彰显了我们党促进中华文化繁荣、创造人类文明新形态的历史担当。在强国建设、民族复兴伟业深入推进的关键时刻，高瞻远瞩提出新的文化使命，具有强大感召力和引领力。习近平总书记指出，"做好新形势下宣传思想工作，必须自觉承担起举旗帜、聚民心、育新人、兴文化、展形象的使命任务""巩固马克思主义在意识形态领域的指导地位、巩固全党全国各族人民团结奋斗的共同思想基础""在新的起点上继续推动文化繁荣、建设文化强国、建设中华民族现代文明，是我们在新时代新的文化使命"。并强调，要坚持中国特色社会主义文化发展道路，发展社会主义先进文化，弘扬革命文化，传承中华优秀传统文化，激发全民族文化创新创造活力，增强实现中华民族伟大复兴的精神力量。习近平总书记指出："中国特色社会主义文化，源自于中华民族五千多年文明历史所孕育的中华优秀传统文化，熔铸于党领导人民在革命、建设、改革中创造的革命文化和社会主义先进文化，植根于中国特色社会主义伟大实践。发展中国特色社会主义文化，就是以马克思主义为指导，坚守中华文化立场，立足当代中国现

近年来，陕西省延安市不断拓展红色文旅融合发展路径，丰富红色旅游文化内涵和体验形式，推动文旅产业深度融合，讲好红色故事。图为演员在延安的金延安文化旅游产业园区表演红色歌舞剧《延安十三年》

实，结合当今时代条件，发展面向现代化、面向世界、面向未来的，民族的科学的大众的社会主义文化，推动社会主义精神文明和物质文明协调发展。要坚持为人民服务、为社会主义服务，坚持百花齐放、百家争鸣，坚持创造性转化、创新性发展，不断铸就中华文化新辉煌。"同时强调："对历史最好的继承就是创造新的历史，对人类文明最大的礼敬就是创造人类文明新形态。"要求新时代的文化工作者必须以守正创新的正气和锐气，赓续历史文脉、谱写当代华章。习近平总书记的这些重要论述，强调了新的文化使命是新时代新征程党的使命任务对文化发展的必然要求，落脚点是铸就社会主义文化新辉煌、建设中华民族现代文明。

（五）深入学习领会关于坚定文化自信的重要论述

坚定文化自信，是事关国运兴衰、事关文化安全、事关民族精神独立性的大问题。习近平总书记指出："一个国家、一个民族的强盛，总是以文化兴盛为支撑的，中华民族伟大复兴需要以中华文化发展繁荣为条件。""我们说要坚定中国特色社会主义道路自信、理论自信、制度自信，说到底是要坚定文化自信。""文化自信，是更基础、更广泛、更深厚的自信，是更基本、更深沉、更持久的力量。"习近平总书记强调："中华文明历经数千年而绵延不绝、迭遭忧患而经久不衰，这是人类文明的奇迹，也是我们自信的底气。坚定文化自信，就是坚持走自己的路。坚定文化自信的首要任务，就是立足中华民族伟大历史实践和当代实践，用中国道理总结好中国经验，把中国经验提升为中国理论，既不盲从各种教条，也不照搬外国理论，实现精神上的独立自主。要把文化自信融入全民族的精神气质与文化品格中，养成昂扬向上的风貌和理性平和的心态。"习近平总书记的这些重要论述，深刻阐明了文化自信的特殊重要性，彰显了我们党高度的文化自觉和文化担当，把我们党对文化地位和作用的认识提升到一个新高度。

（六）深入学习领会关于培育和践行社会主义核心价值观的重要论述

培育和践行社会主义核心价值观是凝魂聚气、强基固本的基础工程。坚持以德树人、以文化人，是习近平总书记始终念兹在兹、谆谆教诲的一件大事。习近平总书记指出："人类社会发展的历史表明，对一个民族、一个国家来说，最持久、最深层的力量是全社会共同认可的核心价值观。核心价值观，承载着一个民族、一个国家的精神追求，体现着一个社会评判是非曲直的价值标准。""核心价值观是一个国家的重要稳定器，能否构建具有强大感召力的核心价值观，关系社会和谐稳定，关系国家长治久安。""如果没有共同的核心价值观，一个民族、一个国家就会魂无定所、行无依归。"习近平总书记指出："我们提出要倡导富强、民主、文明、和谐，倡导自由、平等、公正、法治，倡导爱国、敬业、诚信、友善，积极培育和践行社会主义核心价值观。富强、民主、文明、和谐是国家层面的价值要求，自由、平等、公正、法治是社会层面的价值要求，爱国、敬业、诚信、友善是公民层面的价值要求。这个概括，实际上回答了我们要建设什么样的国家、建设什么样的社会、培育什么样的公民的重大问题。"习近平总书记强调："核心价值观的养成绝非一日之功，要坚持由易到难、由近及远，努力把核心价值观的要求变成日常的行为准则，进而形成自觉奉行的信念理念。""要注意把社会主义核心价值观日常化、具体化、形象化、生活化，使每个人都能感知它、领悟它，内化为精神追求，外化为实际行动，做到明大德、守公德、严私德。"同时要求，弘扬以伟大建党精神为源头的中国共产党人精神谱系，用好红色资源。"要以培养担当民族复兴大任的时代新人为着眼点，强化教育引导、实践养成、制度保障，发挥社会主义核心价值观对国民教育、精神文明创建、精神文化产品创作生产传播的引领作用，把社会主义核心价值观融入社会发展各方面，转化为人们的情感认同和行为习惯。坚持全民行动、干部带头，从家庭做起，从娃娃抓起。深入挖掘中华优秀传统文化蕴含的思想观念、人文精神、道德规范，结合时代要求继承创新，让中华文化展现出永久魅力和时代风采。"习近平总书记的这些重要论述，深刻阐明了中国特色社会主义文化建设的一项根本任务，明确了推进社会主义核心价值观建设的重点和着力点。

（七）深入学习领会关于掌握信息化条件下舆论主导权、广泛凝聚社会共识的重要论述

掌握信息化条件下舆论主导权、广泛凝聚社会共识是巩固壮大主流思想文化的必然要求。习近平总书记站在时代和科技前沿，对如何做好信息化条件下宣传思想文化工作进行了深邃思考。习近平总书记指出，当今世界，一场新的全方位综合国力竞争正在全球展开。能不能适应和引领互联网发展，成为决定大国兴衰的一个关键。世界各大国均把信息化作为国家战略重点和优先发展方向，围绕网络空间发展主导权、制网权的争夺日趋激烈，世界权力图谱因信息化而被重新绘制，互联网成为影响世界的重要力量。当今世界，谁掌握了互联网，谁就把握住了时代主动权；谁轻视互联网，谁就会被时代所抛弃。一定程度上可以说，得网络者得天下。习近平总书记深刻指出："没有网络安全就没有国家安全，没有信息化就没有现代化，网络安全和信息化事关党的长期执政，事关国家长治久安，事关经济社会发展和人民群众福祉，过不了互联网这一关，

就过不了长期执政这一关，要把网信工作摆在党和国家事业全局中来谋划，切实加强党的集中统一领导。"网络空间是亿万民众共同的精神家园。网络空间天朗气清、生态良好，符合人民利益。网络空间乌烟瘴气、生态恶化，不符合人民利益。互联网已经成为舆论斗争的主战场。在互联网这个战场上，我们能否顶得住、打得赢，直接关系我国意识形态安全和政权安全。习近平总书记强调："管好用好互联网，是新形势下掌控新闻舆论阵地的关键，重点要解决好谁来管、怎么管的问题。"我们必须科学认识网络传播规律，准确把握网上舆情生成演化机理，不断推进工作理念、方法手段、载体渠道、制度机制创新，提高用网治网水平，使互联网这个最大变量变成事业发展的最大增量。"我们要本着对社会负责、对人民负责的态度，依法加强网络空间治理，加强网络内容建设，做强网上正面宣传，培育积极健康、向上向善的网络文化，用社会主义核心价值观和人类优秀文明成果滋养人心、滋养社会，做到正能量充沛、主旋律高昂，为广大网民特别是青少年营造一个风清气正的网络空间。""随着 5G、大数据、云计算、物联网、人工智能等技术不断发展，移动媒体将进入加速发展新阶段。要坚持移动优先策略，建设好自己的移动传播平台，管好用好商业化、社会化的互联网平台，让主流媒体借助移动传播，牢牢占据舆论引导、思想引领、文化传承、服务人民的传播制高点。"习近平总书记的这些重要论述，是我们党对信息化时代新闻传播规律的深刻总结，明确了做好党的新闻舆论工作的原则要求和方法路径。

2023 年 6 月 7 日至 11 日举办的第十九届中国（深圳）国际文化产业博览交易会聚焦数字化，首次设立了"数字中国——AI 时代的文化创新"主题展区。一大批 5G、大数据、云计算、人工智能等技术应用文化企业参展，推动数字技术全面赋能文化产业。图为文博会数字中国主题展区

（八）深入学习领会关于以人民为中心的工作导向的重要论述

以人民为中心的工作导向体现了我们党领导和推动文化建设的鲜明立场。新时代以来宣传思想文化改革发展历程，贯穿着以人民为中心的鲜明主线，充分展现了习近平总书记深厚的人民情怀。习近平总书记指出，"人民性是马克思主义的本质属性""人民立场是中国共产党的根本政治立场""中国共产党的根本宗旨是全心全意为人民服务"。宣传思想文化工作必须坚持以人民为中心的工作导向。习近平总书记强调："文艺要反映好人民心声，就要坚持为人民服务、

为社会主义服务这个根本方向。""以人民为中心，就是要把满足人民精神文化需求作为文艺和文艺工作的出发点和落脚点，把人民作为文艺表现的主体，把人民作为文艺审美的鉴赏家和评判者，把为人民服务作为文艺工作者的天职。"哲学社会科学研究要"坚持以马克思主义为指导，核心要解决好为什么人的问题。为什么人的问题是哲学社会科学研究的根本性、原则性问题。我国哲学社会科学为谁著书、为谁立说，是为少数人服务还是为绝大多数人服务，是必须搞清楚的问题"。习近平总书记指出："我们的党是全心全意为人民服务的党，我们的国家是人民当家作主的国家，党和国家一切工作的出发点和落脚点是实现好、维护好、发展好最广大人民根本利益。我国哲学社会科学要有所作为，就必须坚持以人民为中心的研究导向。脱离了人民，哲学社会科学就不会有吸引力、感染力、影响力、生命力。我国广大哲学社会科学工作者要坚持人民是历史创造者的观点，树立为人民做学问的理想，尊重人民主体地位，聚焦人民实践创造，自觉把个人学术追求同国家和民族发展紧紧联系在一起，努力多出经得起实践、人民、历史检验的研究成果。"习近平总书记的这些重要论述，深刻回答了文化为什么人的问题，彰显了党的性质宗旨和初心使命。

（九）深入学习领会关于保护历史文化遗产的重要论述

保护历史文化遗产是推动文化传承发展的重要基础。历史文化遗产承载着中华民族的基因和血脉。习近平总书记对文化遗产保护高度重视，展现了强烈的文明担

相关链接
美丽中国：文化之美

当、深沉的文化情怀。习近平总书记指出，中华文明探源工程等重大工程的研究成果，实证了我国百万年的人类史、一万年的文化史、五千多年的文明史。历史文化遗产"不仅属于我们这一代人，也属于子孙万代"。"革命文物承载党和人民英勇奋斗的光荣历史，记载中国革命的伟大历程和感人事迹，是党和国家的宝贵财富，是弘扬革命传统和革命文化、加强社会主义精神文明建设、激发爱国热情、振奋民族精神的生动教材。"中华文化是我们提高国家文化软实力最深厚的源泉，是我们提高国家文化软实力的重要途径。要使中华民族最基本的文化基因与当代文化相适应、与现代社会相协调，以人们喜闻乐见、具有广泛参与性的方式推广开来，把跨越时空、超越国度、富有永恒魅力、具有当代价值的文化精神弘扬起来，把继承传统优秀文化又弘扬时代精神、立足本国又面向世界的当代中国文化创新成果传播出去。要系统梳理传统文化资源，让收藏在禁宫里的文物、陈列在广阔大地上的遗产、书写在古籍里的文字都活起来。"要敬畏历史、敬畏文化、敬畏生态，全面保护好历史文化遗产，统筹好旅游发展、

特色经营、古城保护，筑牢文物安全底线，守护好前人留给我们的宝贵财富。"习近平总书记指出："不忘历史才能开辟未来，善于继承才能善于创新。优秀传统文化是一个国家、一个民族传承和发展的根本，如果丢掉了，就割断了精神命脉。我们要善于把弘扬优秀传统文化和发展现实文化有机统一起来，紧密结合起来，在继承中发展，在发展中继承。传统文化在其形成和发展过程中，不可避免会受到当时人们的认识水平、时代条件、社会制度的局限性的制约和影响，因而也不可避免会存在陈旧过时或已成为糟粕性的东西。这就要求人们在学习、研究、应用传统文化时坚持古为今用、推陈出新，结合新的实践和时代要求进行正确取舍，而不能一股脑儿都拿到今天来照套照用。"并强调，要坚持古为今用、以古鉴今，坚持有鉴别的对待、有扬弃的继承，而不能搞厚古薄今、以古非今，努力实现传统文化的创造性转化、创新性发展，使之与现实文化相融相通，共同服务以文化人的时代任务，"为更好建设中华民族现代文明提供借鉴"。习近平总书记指出："各级党委和政府要增强对历史文物的敬畏之心，树立保护文物也是政绩的科学理念，统筹好文物保护与经济社会发展，全面贯彻'保护为主、抢救第一、合理利用、加强管理'的工作方针，切实加大文物保护力度，推进文物合理适度利用，使文物保护成果更多惠及人民群众。各级文物部门要不辱使命，守土尽责，提高素质能力和依法管理水平，广泛动员社会力量参与，努力走出一条符合国情的文物保护利用之路，为实现'两个一百年'奋斗目标、实现中华民族伟大复兴的中国梦作出更大贡献。"习近平总书记的这些重要论述，体现了马克思主义历史观，宣示了我们党对待民族历史文化的基本态度。

（十）深入学习领会关于构建中国话语和中国叙事体系的重要论述

构建中国话语和中国叙事体系体现了我们党提高国家文化软实力、占据国际道义制高点的战略谋划。习近平总书记提出增强我国国际话语权的重要任务并摆上突出位置，体现了宽广的世界眼光和高超的战略思维。习近平总书记指出，要"增强中华文明传播力影响力。坚守中华文化立场，提炼展示中华文明的精神标识和文化精髓，加快构建中国话语和中国叙事体系，讲好中国故事、传播好中国声音，展现可信、可爱、可敬的中国形象"，"要讲清楚中国是什么样的文明和什么样的国家，讲清楚中国人的宇宙观、天下观、社会观、道德观，展现中华文明的悠久历史和人文底蕴，促使世界读懂中国、读懂中国人民、读懂中国共产党、读懂中华民族"。习近平总书记认为，讲故事，是国际传播的最佳方式。要讲好中国特色社会主义的故事，讲好中国梦的故事，讲好中国人的故事，讲好中华优秀文化的故事，讲好中国和平发展的故事。讲故事就是讲事实、讲形象、讲情感、讲道理，讲事实才能说服人，讲形象才能打动人，讲情感才能感染人，讲道理才能影响人。同时要求，要组织各种精彩、精练的故事载体，把中国道路、中国理论、中国制度、中国精神、中国力量寓于其中，使人想听爱听，听有所思，听有所得。要创新对外话语表达方式，研究国外不同受众的习惯和特点，采用融通中外的概念、范畴、表述，把我们想讲的和国外受众想听的结合起来，把"陈情"和"说理"结合起来，把"自己讲"和"别人讲"结合起来，使故事更多为国际社会和海外受众所认同。要加强国际传播能力建设，全面提升国际传播效能，形成同我国综合国力和国际地位相匹配的国际话语权。深化文明交流互鉴，推动中华文化更好走向世界。要完善人文交流机制，创新人文交流方式，发挥各地区各部门各方面作用，综合运用大众传播、群体传播、人际传播等多种方式展示中华文化魅力。习近平总书记的这些重要论述，既是思想理念又是工作方法，指明了提升国家文化软实力的关键点和着力点。

（十一）深入学习领会关于促进文明交流互鉴的重要论述

促进文明交流互鉴彰显了中国共产党人开放包容的胸襟格局。习近平总书记提出弘扬全人类共同价值、落实全球文明倡议等重要理念、重大主张，着眼的就是开放包容，为推动人类文明进步、应对全球共同挑战提供了战略指引。习近平总书记指出："文明没有高下、优劣之分，只有特色、地域之别。""每一种文明都扎根于自己的生存土壤，凝聚着一个国家、一个民族的非凡智慧和精神追求，都有自己存在的价值。""历史告诉我们，只有交流互鉴，一种文明才能充满生命力。""文明因交流而多彩，文明因互鉴而丰富。文明交流互鉴，是推动人类文明进步和世界和平发展的重要动力。"推动文明交流互鉴，可以丰富人类文明的色彩，让各国人民享受更富内涵的精神生活、开创更有选择的未来。

习近平总书记强调："我们应该推动不同文明相互尊重、和谐共处，让文明交流互鉴成为增进各国人民友谊的桥梁、推动人类社会进步的动力、维护世界和平的纽带。我们应该从不同文明中寻求智慧、汲取营养，为人们提供精神支撑和心灵慰藉，携手解决人类共同面临的各种挑战。"坚持美人之美、美美与共。担负起凝聚共识的责任，坚守和弘扬全人类共同价值。本着对人类前途命运高度负责的态度，做全人类共同价值的倡导者，以宽广

2023 年 7 月 20 日，第六届中国新疆国际民族舞蹈节在乌鲁木齐开幕。本届舞蹈节以"舞动梦想 和美丝路"为主题。图为开幕式表演

胸怀理解不同文明对价值内涵的认识,尊重不同国家人民对价值实现路径的探索,把全人类共同价值具体地、现实地体现到实现本国人民利益的实践中去。习近平总书记特别指出:"在各国前途命运紧密相连的今天,不同文明包容共存、交流互鉴,在推动人类社会现代化进程、繁荣世界文明百花园中具有不可替代的作用。"为此,习近平总书记提出了全球文明倡议:"共同倡导尊重世界文明多样性""共同倡导弘扬全人类共同价值""共同倡导重视文明传承和创新""共同倡导加强国际人文交流合作"。习近平总书记的这些重要论述,深刻揭示了人类文明发展的基本规律,体现了我们大党大国的天下情怀和责任担当。

二、习近平文化思想的丰富内涵和原创性贡献

习近平文化思想既有文化理论观点上的创新和突破,又有文化工作布局上的部署要求,以坚定的历史自信、清醒的历史自觉、勇毅的历史主动,科学回答了社会主义文化强国建设的中国之问、世界之问、人民之问、时代之问,明体达用、体用贯通,极具前瞻性、战略性,是新时代党领导文化建设的经验总结和理论升华,是我们担负新时代新的使命任务的强大思想武器。

(一)习近平文化思想的丰富内涵

习近平文化思想是一个系统全面、思想深刻、逻辑严密、相互贯通的科学体系,涵盖加强党对宣传思想文化工作的领导,建设具有强大凝聚力和引领力的社会主义意识形态,培育和践行社会主义核心价值观,提升新闻舆论传播力引导力影响力公信力,赓续中华文脉、推动中华优秀传统文化创造性转化和创新性发展,推动文化事业和文化产业繁荣发展,加强国际传播能力建设、促进文明交流互鉴等社会主义文化强国建设的各个方面。

关于地位作用。习近平文化思想强调文化自信是更基础、更广泛、更深厚的自信,文化兴国运兴,文化强民族强;强调意识形态工作是为国家立心、为民族立魂的工作;强调做好党的新闻舆论工作,事关旗帜和道路,事关贯彻落实党的理论和路线方针政策,事关顺利推进党和国家各项事业,事关全党全国各族人民凝聚力和向心力,事关党和国家前途命运;强调社会主义核心价值观是凝聚人心、汇聚民力的强大力量,是当代中国精神的集中体现;强调中华优秀传统文化是中华民族的根和魂;强调文艺是时代前进的号角。

关于方针原则。习近平文化思想强调要确立和坚持马克思主义在意识形态领域指导地位的根本制度,推进马克思主义中国化时代化,用党的创新理论武装全党、教育人民、指导实践;强调全面建设社会主义现代化国家,必须坚持

中国特色社会主义文化发展道路；强调中国式现代化是物质文明和精神文明相协调的现代化；强调要旗帜鲜明坚持正确政治方向、舆论导向、价值取向；强调要深刻把握中华文明突出的连续性、创新性、统一性、包容性、和平性，深刻理解"两个结合"的重大意义；强调社会主义文艺是人民的文艺，必须坚持以人民为中心的创作导向，把社会效益放在首位、社会效益和经济效益相统一。

关于使命任务。习近平文化思想强调要推动文化繁荣、建设文化强国、建设中华民族现代文明；强调要围绕举旗帜、聚民心、育新人、兴文化、展形象建设社会主义文化强国，担负起新的文化使命；强调要建设具有强大凝聚力和引领力的社会主义意识形态，巩固全党全国人民团结奋斗的共同思想基础；强调要提升新闻舆论传播力引导力影响力公信力，牢牢坚持马克思主义新闻观，自觉承担起党的新闻舆论工作的职责和使命；强调要培育和践行社会主义核心价值观；强调要推动中华优秀传统文化创造性转化、创新性发展；强调要提高全社会文明程度；强调要繁荣发展社会主义文艺；强调要推动文化事业和文化产业发展，提供丰富的精神食粮，实现全体人民精神生活共同富裕；强调要加强和改进对外宣传工作，增强中华文明传播力影响力，不断提升国家文化软实力。

相关链接
铸就中华文化
新辉煌

关于战略部署。习近平文化思想强调要发展社会主义先进文化，弘扬革命文化，传承中华优秀传统文化，满足人民日益增长的精神文化需求；强调要加快构建中国特色哲学社会科学的学科体系、学术体系、话语体系，建构中国自主的知识体系，不断深化对党的理论创新的规律性认识，推进理论的体系化、学理化，阐释中国道路、解读中国实践、构建中国理论；强调要推动理想信念教育常态化制度化；强调要把社会主义核心价值观融入法治建设、融入社会发展、融入日常生活，深入开展社会主义核心价值观宣传教育，广泛开展中国特色社会主义和中国梦宣传教育，深化爱国主义、集体主义、社会主义教育，持续抓好"四史"宣传教育，弘扬以伟大建党精神为源头的中国共产党人精神谱系，着力培养担当民族复兴大任的时代新人；强调要铸牢中华民族共同体意识，构筑中华民族共有精神家园，推动各民族树立正确的国家观、历史观、民族观、文化观、宗教观；强调要加强和改进思想政治工作，推进大中小学思想政治教育一体化建设；强调要把互联网这个变量变成事业发展的增量，健全网络综合治理体系，推动形成良好网络生态和清朗网络空间；强调要高度重视传播手段建设和创新，加强全媒体传播体系建设，推动媒体融合发展，打造新型传播平台，建成新型主流媒体，扩大主流价值影响力版图，巩固壮大奋进新时代的主流思想舆论；强调要持续推进中华文明探源工程，深化对中国文明的历史研究，坚守中华文化立场，提炼展示中华文明的精神标识和文化精髓，让中华文化展现出永久魅力和时代风采，推动中华文化更好走向世界；强调要促进人的全面发展，加强思想道德建设，深入实施公民道德建设工程，推动明大德、守公德、严私德，深化群众性精神文明创建活动，推进新时代文明实践中心建设，普及科学知识，深化全民阅读，推进诚信建设和志愿服务制度化，弘扬劳动精神、奋斗精神、奉献精神、创造精神、勤俭节约精神，培育时代新风新貌；强调要建立健全党和国家功勋荣誉表彰制度，推动全社会见贤思齐、崇尚英雄、争做先锋；强调要繁荣文艺创作，提升文艺原创力，坚持思想精深、艺术精湛、制作精良相统一，推动"高原"之上"高峰"的涌现，倡导讲品位、讲格调、讲责任，抵制低俗、庸俗、媚俗，加强文艺队伍建设，造就一大批德艺双馨名家大师，培育一大批高水平创作人才；强调要深化文化体制改革，加快构建把社会效益放在首位、社会效益和经济效益相统一的体制机制；强调要完善文化经济政策，健全现代文化产业体系和市场体系，实施重大文化产业项目带动战略；强调要完善公共文化服务体系，深入实施文化惠民工程；强调要加强文物保护利用和文化遗产保护传承，守护好中华文脉；强调要建好用好国家文化公园，坚持以文塑旅、以旅彰文，推进文化和旅游深度融合发展；强调要广泛开展全民健身活动，加快建设体育强国；强调要加快构建中国话语和中国叙事体系，讲好中国故事，传播好中国声音，加强国际传播能力建设，全面提升国际传播效能，形成同我国综合国力和国际地位相匹配的国际话语权；强调要弘扬全人类共同价值，落实全球文明倡议，加强中外人文交流，深化文明交流互鉴，增强中华文化影响力；强调要不断增强"四力"，努力打造一支政治过硬、本领高强、求实创新、能打胜仗的宣传思想工作队伍。

知识链接

习近平总书记提出的"四力"，即"脚力""眼力""脑力""笔力"，它们有其各自的内涵及要求。

所谓"脚力"，指的是"行走力"和"行动力"。作为一个宣传思想和新闻舆论的工作者，要具有坚实的脚力，要能够走得开、走得快、走得远、走得实。特别是新闻舆论工作者，要能做到"哪里有新闻就出现在那里"，无论多么困难、多么艰险、多么危急，都要争取在第一时间赶到现场，要像战士一样，听到号令，立即雷厉风行，火速行动，赶往新闻现场。俗话说"脚板子底下出新闻"，说到底，新闻是靠"脚力"跑出来的，新闻舆论工作者总是"不在现场，就在去现场的路上"。

所谓"眼力"，指的是"观察力"和"发现力"。作为一个宣传思想和新闻舆论的工作者，要具备敏锐的眼光和高度的敏感性，要善于观察，善于发现，善于从千变万化、纷繁复杂的事物中发现其中最有价值，最能体现事物内在品质和揭示事物内在规律的东西。特别是新闻舆论工作者，尤其要具有敏锐的新闻眼光、良好的新闻发现力和透彻的新闻悟性，能够迅速从新近发生的事实中发现新闻线索，找到新闻点，作出准确的新闻价值判断。

所谓"脑力"，指的是"思考力"和"判断力"。作为一个宣传思想和新闻舆论的工作者，要做到头脑冷静、思维敏捷，要善于思考、善于分析、善于判断，简言之就是要具有聪颖的脑力，杰出的思考力、分析力和判断力。特别是新闻工作者，尤其要善于运用自己的冷静思考和深入分析，对新闻事实作出识别、选择和判断，要把握住新闻工作的政治方向和是非标准，判断出新闻事实的正确错误和价值大小，真实客观全面深刻地反映事实，报道新闻。

所谓"笔力"，指的是"写作力"和"表现力"。作为一个宣传思想和新闻舆论的工作者，要具备娴熟的文字写作能力及各种文学艺术表现能力，要做到"十八般武艺样样精通"，要能够创作出让人民群众喜欢满意并深受教育鼓舞的好作品。对新闻舆论工作者来说，就是要能够掌握新闻写作的真功夫，要具备"倚马可待"的写作能力和"妙笔生花"的表现技巧，要能写出"粘着泥巴"、"冒着热气"、鲜活生动，而且能够吸引人、打动人、感染人、激励人的"有思想、有温度、有品质"的新闻作品。

"四力"既是一种素质，也是一种能力，还是一种本领。它们之间是一个相互关联的整体，是宣传思想和新闻舆论工作者素质、能力和本领的综合体现。"四力"始终相互联系、相互支撑、相辅相成、互为作用，共同形成了打造"政治过硬、本领高强、求实创新、能打胜仗的宣传思想工作队伍"的基本要求。

关于政治保证。习近平文化思想强调党政军民学，东西南北中，党是领导一切的，要坚持党对文化建设的领导，旗帜鲜明坚持党性原则，坚持正确政治方向，站稳政治立场，不断提高党领导社会主义文化建设的能力和水平；强调要增强阵地意识，全面落实意识形态工作责任制，牢牢掌握党对意识形态工作的领导权、管理权、话语权，切实做到守土有责、守土负责、守土尽责；强调要坚持党管媒体，坚持政治家办报、办刊、办台、办新闻网站，党和政府主办的媒体必须姓党，必须抓在党的手里，必须成为党和人民的喉舌；强调要坚定宣传党的理论和路线方针政策，坚定宣传党中央重大工作部署，坚定宣传党中央关于形势的重大分析判断，坚决同党中央保持高度一致，坚决维护党中央权威。

（二）习近平文化思想的原创性贡献

习近平文化思想提出了一系列具有原创性的文化建设发展的新思想新观点新论断，丰富和发展了马克思主义文化理论，激发了中华文化生命力和创造力，使我们党对中国特色社会主义文化建设规律的认识达到了新高度，推动了社会主义文化强国建设开创新局面、实现新跨越。

突出强调了党对社会主义文化强国建设的全面领导。习近平文化思想着重强调中国共产党是领导社会主义文化建设的根本力量，强调提升中国特色社会主义文化建设使命感、方向感、责任感的关键在于始终坚持中国共产党的领导，加强党的全面领导是繁荣发展社会主义先进文化的迫切需要，是推动社会主义文化繁荣兴盛、建设社会主义文化强国的必然要求，为新时代文化事业发展奠定了根本政治基础。习近平总书记深刻指出，党的领导对于社会主义事业发挥着决定性作用、具有决定性意义，党的领导与社会主义事业不可分割、深度共生。党的十八大以来，围绕宣传思想文化工作，党中央召开的会议之密集、作出的决策部署之全面，习近平总书记有关这方面内容的重要论述之丰富、系统、深刻，在党的历史上是不多见的，集中体现了党对宣传思想文化工作的全面领导，为全面建设社会主义现代化国家、全面推进中华民族伟大复兴提供了坚强保证，进一步深化了对马克思主义建党学说根本原则的认识。

突出强调了党的意识形态工作的极端重要性。党的十八大以来，以习近平同志为核心的党中央把意识形态工作提升到前所未有的高度，深刻阐明意识形态工作引领社会、凝聚人心、推动发展的强大支撑作用。习近平文化思想提出要牢牢掌握党对意识形态工作领导权，把维护意识形态安全纳入党的核心工作，建设具有强大凝聚力和引领力的社会主义意识形态，为新时代文化建设始终坚持马克思主义、坚持社会主义道路、坚持党的全面领导和巩固全党全国人民团结奋斗的共同思想基础明确了目标任务和努力方向。党的十九届四中全会明确提出，要坚持马克思主义在意识形态领域指导地位的根本制度，并作出一系列重大部署。这是我们党第一次把马克思主义在意识形态领域的指导地位作为一项根本制度明确提出，是中国特色社会主义制度体系建设的又一重大设计和创新。

深化了对社会主义精神文明建设规律的认识。习近平文化思想明确了精神文明建设在推动国家发展、民族进步中的地位作用，并从根本上廓清了依法治国和以德治国的关系，着重强调了社会主义精神文明建设的重大意义，作出一系列重要指示和部署，强调人民有信仰，国家有力量，民族有希望，要继续锲而不舍、一以贯之抓好社会主义精神文明建设，为全国各族人民不断前进提供坚强的思想保证、强大的精神力量、丰润的道德滋养，为改进创新精神文明建设工作、丰富人民群众精神文化生活特别是大力加强农村精神文明建设指明了方向、提供了遵循。习近平文化思想，深刻揭示了社会主义精神文明建设的特点规律，把对加强新时代精神文明建设的认识提升到新高度，丰富和发展了社会主义精神文明建设的科学理论。

深化了对巩固中华文化主体性的认识。习近平文化思想坚持马克思主义文化理论的价值取向，准确把握文化本质，将文化具有的精神引领和价值构造功能置于整个社会发展的关键位置，体现了"以文化人"在新时代的重要意义，使文化建设和发展在推进中国式现代化进程中的作用更加凸显；创造性地提出文化自信的重要论断，系统回答了新时代我国文化建设的战略地位、战略目标以及战略路径等重大问题，突出文化的地位作用，为建设社会主义文化强国提供价值引领，是强本固基、守正创新、发挥作用的根本遵循；强调历史文化遗产承载着中华民族的基因和血脉，要妥善处理好保护和发展的关系，让历史文脉更好地传承下去。习近平文化思想对于进一步加强文化建设、坚定文化自信、巩固文化主体性具有十分重要的理论和实践意义。

深化了对中国特色社会主义文化发展道路的认识。习近平文化思想紧密结合中国特色社会主义本质属性和基本国情，积极探索和遵循社会主义文化建设的客观规律，创造性地丰富和发展了马克思主义文化理论。习近平总书记提出"坚持把马克思主义基本原理同中国具体实际相结合、同中华优秀传统文化相结合"的重要论断，是我们党在探索中国特色社会主义道路中得出的规律性认识，是我们取得成功的最大法宝，是又一次的思想解放，揭示了开辟和发展中国特色社会主义的必由之路，也揭示了党推动理论创新和文化繁荣的必由之路。其中，"第二个结合"是习近平总书记立足当代中国和当今世界实际，对党的理论发展作出的又一重大原创性贡献，极大拓展了马克思主义中国化时代化的丰富内涵，蕴含了习近平总书记坚定的文化立场、博大的文化胸襟、深厚的文化关怀。

深化了对马克思主义新闻观的认识。习近平文化思想深刻阐明党的新闻舆论工作的历史地位、重大作用、职责使命、目标任务和原则要求，以马克思主义立场观点方法对新形势下党的新闻舆论工作进行了系统部署，总结阐释了一系列新闻舆论工作的新经验新理论，着重强调做好党的新闻舆论工作的重要性，着重强调党的新闻舆论工作要坚持马克思主义新闻观。习近平文化思想将党对新闻舆论工作的认识推进到一个新高度，极大丰富和发展了马克思主义新闻观，为做好新形势下党的新闻舆论工作注入了强大思想动力，提供了科学行动指南，为马克思主义新闻观的中国化时代化谱写了新的篇章，是新的历史条件下做好党的新闻舆论工作的根本遵循。

深化了对人类文明交流发展规律的认识。习近平文化思想准确把握世界文明交流互鉴的必然趋势，揭示了人类文明交流与发展的基本规律，提出尊重世界文明多样性、弘扬全人类共同价值、重视文明传承和创新、加强国际人文交流合作的全球文明倡议，强调不同文明之间的交流互鉴是人类文明演进的基本规律，是推动人类文明进步和世界和平发展的重要动力，倡导以文明交流超越文明隔阂、以文明互鉴超越文明冲突、以文明包容超越文明优越，推动以文明交流交融破解"文明冲突论"，提出构建人类命运共同体，并发出"全球发展倡议""全球安全倡议""全球文明倡议"，为推动人类文明交流互鉴、保护世界文明多样性、丰富世界文明体系提供了中国智慧和中国方案，为人类文明的繁荣发展提供了一种新的文明观和价值观。

三、习近平文化思想的实践价值和世界意义

习近平文化思想是立足国情、放眼世界、引领未来的科学理论。这一思想是中国共产党不懈探索社会主义文化发展道路形成的宝贵思想结晶，在我国社会主义文化建设中展现出了强大实践伟力，为做好新时代新征程宣传思想文化工作、担负起新的文化使命提供了强大思想武器和科学行动指南。这一思想坚持胸怀天下，统筹把握人类发展大潮流、世界变化大格局，从文化文明角度回答了"世界怎么了，我们怎么办"的时代之问，凝结着对人类文明发展的睿智思考和深刻洞见，对促进世界和平与繁荣，推动人类发展进步具有深远的影响。

（一）习近平文化思想是新时代中国特色社会主义文化建设的行动指南

新时代孕育新思想，新思想指导新实践。新的形势和任务，赋予宣传思想文化工作新的课题，必须要有新气象新作为。习近平文化思想立足中国特色社会主义进入新时代这个新的历史方位，科学把握世情国情党情深刻变化，站在增强历史自觉、坚定文化自信、实现民族复兴的高度，从理论和实践上深刻回答了新时代文化建设的价值取向、目标任务、总体方略、原则要求、实践路径等重大问题，为推进文化强国建设提供了全面指引，是做好宣传思想文化工作的科学指南和根本遵循。

科学阐释了社会主义文化发展的基本规律。一切伟大的实践，都需要科学理论的正确指引。党的十八大以来，宣传思想文化工作之所以取得历史性成

就，最根本就在于有习近平总书记领航掌舵，有习近平新时代中国特色社会主义思想科学指引。以习近平同志为核心的党中央把文化建设摆在治国理政的突出位置，不断深化对文化建设的规律性认识，提出一系列新思想新观点新论断。2018 年 8 月全国宣传思想工作会议用"九个坚持"高度概括宣传思想工作的规律性认识，2022 年 10 月党的二十大从五个方面重点部署文化建设工作，2023 年 6 月文化传承发展座谈会明确了文化建设方面的"十四个强调"，2023 年 10 月对宣传思想文化工作提出"七个着力"的要求，科学回答了新时代推进社会主义文化强国建设的一系列重大理论与实践问题，标志着我们党对中国特色社会主义文化建设规律的认识达到了新高度，表明我们党的历史自信、文化自信达到了新高度。习近平文化思想用马克思主义的立场观点方法把握文化规律、规划文化发展、指导文化建设，内涵十分丰富、论述极为深刻，是新时代党领导文化建设实践经验的理论总结，形成了明体达用、体用贯通的科学体系，展现出强大的真理伟力，提供了科学的实践指引。

进一步明确了一切为了人民的文化发展立场。人民性是马克思主义的本质属性，习近平文化思想是来自人民、为了人民、造福人民的理论。党的十八大以来，以习近平同志为核心的党中央把以人民为中心的工作导向贯穿宣传思想文化工作方方面面，聚焦举旗帜、聚民心、育新人、兴文化、展形象的使命任务，不断巩固全党全国各族人民团结奋斗的共同思想基础。坚持文艺为人民服务、为社会主义服务的根本方向，不断推出有筋骨、有道德、有温度的精品力作，实现从"高原"向"高峰"迈进，为广大人民群众提供更丰富、更有营养的精神食粮；坚持党性和人民性相统一，把党的理论和路线方针政策变成人民群众的自觉行动，及时把人民群众创造的经验和面临的实际情况反映出来，不断丰富人民精神世界，增强人民精神力量；坚持把社会效益放在首位、社会效益和经济效益相统一，推进文化事业和文化产业全面发展，完善公共文化服务体系，创新实施文化惠民工程，不断满足人民群众多样化、多层次、多方面的精神文化需求，推动实现全体人民精神生活共同富裕，促进人的全面发展。习近平文化思想坚持人民至上，牢牢站稳人民立场，把实现好、维护好、发展好最广大人民根本利益作为出发点和落脚点，具有鲜明的人民性，体现了马克思主义的根本政治立场。

整体擘画了社会主义文化强国建设的宏伟蓝图。没有中华文化繁荣兴盛，就没有中华民族伟大复兴。在新的起点上继续推动文化繁荣、建设文化强国、建设中华民族现代文明，是我们在新时代新的文化使命。党的十八大以来，以习近平同志为核心的党中央站在强国建设、民族复兴的高度，深刻把握我国发展新的历史方位和社会主要矛盾新的变化，统筹中华民族伟大复兴战略全局和世界百年未有之大变局，立足当代中国现实，着眼新形势新任务新要求，对当前和未来相当长的一个时期我国文化建设进行了系统谋划和科学部署，明确提出到 2035 年建成文化强国的战略目标和建设中华民族现代文明的重大任务。坚持和加强党对宣传思想文化工作的全面领导；坚持马克思主义在意识形态领域指导地位，着力建设具有强大凝聚力和引领力的社会主义意识形态；把培育和践行社会主义核心价值观作为凝魂聚气、强基固本的基础工程；坚持团结稳定鼓劲、正面宣传为主，着力提升新闻舆论传播力引导力影响力公信力；着力赓续中华文脉、推动中华优秀传统文化创造性转化和创新性发展；深化文化体制改革，推动文化事业和文化产业高质量发展；加强国际传播能力建设，更加有效发出中国声音，促进文明交流互鉴；坚持文化自信是更基础、更广泛、更深厚的自信，是更基本、更深沉、更持久的力量；坚定中国特色社会主义道路自信、理论自信、制度自信，说到底是坚定文化自信；深刻阐明"两个结合"的丰富内涵和重大意义，充分彰显了我们党的历史担当和文化自觉。习近平文化思想源于实践、指导实践、推动实践，既有文化理论观点上的创新和突破，又有文化工作布局上的部署要求，明确了新时代文化建设的路线图和任务书，为开创中国特色社会主义文化建设新局面提供了根本指引，具有鲜明的实践性，是实现社会主义文化强国奋斗目标的行动纲领。

相关链接

以习近平文化思想为指引 谱写中华民族现代文明新华章

（二）习近平文化思想具有深远的世界影响

中国共产党是为中国人民谋幸福、为中华民族谋复兴的党，也是为人类谋进步、为世界谋大同的党，始终把为人类作出应有贡献作为自己的使命。习近平文化思想既体现了中国立场、中国价值和中国风格，又展现了胸怀天下、博采众长的国际视野和世界格局，始终展现出宽广的世界眼光和强烈的天下情怀，对于推进人类文明发展进程、增进人类文明交流互鉴、促进世界社会主义发展具有重大指导和借鉴意义。

丰富和发展了人类文明新形态。中华文明源远流长、中华文化历久弥新，凝聚着中华民族最深层的精神追求，积淀着中华民族独特的精神标识，既是中华民族精神的栖息地，又是人类文明的重要组成部分，为人类社会发展、世界文明进步作出了卓越贡献。习近平文化思想统筹中华民族伟大复兴战略全局和世界百年未有之大变局，深刻把握世界文化多样化发展的大趋势和建设社会主义文化强国、建设中华民族现代文明的实践新要求，立足中国人民和世界人民的共同利益和根本利益，从中国式现代化的战略高度推进文化建设，在推进中国式现代化进程中谱写中华民族现代文明新华章，以开放的姿态、包容的胸怀广泛参与、推动世界文明交流对话，充分展示了中华文化独特魅力，加速了中华文明的现代化进程。习近平文化思想以宏大的视野、博大的情怀、深邃的思考引领社会主义文化强国建设、建设中华民族现代文明，指引中华文化走向新的高峰，开辟了人类文明发展理论和实践的新境界，塑造了人类文明发展新形态，为推动当代人类文明进步提供了中国方案、贡献了中国智慧。

深化了全人类文明交流互鉴。秉持对世界文明兼收并蓄的开放胸怀，着眼构建人类命运共同体以及推动文明交流互鉴、促进人类文明进步，习近平文化思想科学把握人类文明发展规律，准确把握世界文明交流互鉴演进趋势，强调开放包容始终是文明发展的活力来源，为世界百年变局加速演进、国际环境发生深刻变化的新形势下，如何理解不同人类文明形态的价值意蕴和深刻内涵、不同文明如何相处、人类文明向何处去等重大命题给出了中国答案。面对世界之变、时代之变、历史之变，习近平总书记发出全球文明倡议，倡导尊重世界文明多样性、弘扬全人类共同价值、重视文明传承和创新、加强国际人文交流合作；深刻阐述文明多样性是世界的基本特征、是人类进步的源泉，主张不同文明包容共存、通过文明互鉴来丰富世界文明百花园；强调要尊重不同国家人民对自身发展道路的探索，借鉴吸收人类一切优秀文化成果，以文明交流超越文明隔阂、以文明互鉴超越文明冲突、以文明包容超越文明优越；等等。习近平文化思想充分彰显了中国共产党人胸怀天下的博大胸襟，体现了平等、互鉴、对话、包容的新的人类文明观，从文化文明角度彰显了和平、发展、公平、正义、民主、自由的全人类共同价值，从文化文明角度回答了时代之问、世界之问，体现了中国作为世界和平建设者、全球发展贡献者、国际秩序维护者的大国担当，为推动构建人类命运共同体汇聚起磅礴的文化文明力量。

镶金兽首玛瑙杯的造型，与起源于古希腊的酒具"来通"相似，"来通"曾广泛流行于中亚、西亚地区，沿着丝绸之路不断东传进入中国，让我们见证了两千余年来中华文明与丝绸之路沿线各国经济、文化交流的悠久历史。图为在陕西省历史博物馆展出的镶金兽首玛瑙杯

推动了世界社会主义发展。马克思主义是人类思想文化发展史上最伟大的成果，代表世界文明发展的正确前进方向。习近平文化思想结合新的时代特点和历史条件，深刻阐述了社会主义文化建设发展规律，从理论和实践结合上系统回答了新时代坚持和发展什么样的中国特色社会主义文化、怎样坚持和发展中国特色社会主义文化等文化发展与建设的重大理论与实践问题，丰富和发展了马克思主

义文化理论，丰富和发展了科学社会主义关于文化建设的理论主张，进一步深化了我们党对中国特色社会主义文化建设规律的认识，是马克思主义文化理论中国化时代化新的飞跃。习近平文化思想是一个不断展开的、开放式的思想体系，其随着实践深入不断形成、丰富、发展的历史过程，既是在马克思主义指导下发展中国特色社会主义先进文化、推进社会主义文化强国建设、建设中华民族现代文明的历史进程，又是在新的时代条件下不断开辟当代中国马克思主义、二十一世纪马克思主义发展新境界，推进世界社会主义运动不断发展的历史过程。习近平文化思想以其丰富内涵和深刻论述，充分彰显了科学社会主义的强大生命力，从文化文明角度赋予科学社会主义崭新的时代内涵，为世界社会主义发展注入了新时代中国特色社会主义的力量、中国文化与中华文明的力量。

新时代新征程，宣传思想文化工作面临新形势新任务。我们必须更加紧密地团结在以习近平同志为核心的党中央周围，坚定不移把习近平新时代中国特色社会主义思想作为根本遵循和行动指南，以高度的政治责任感和历史使命感，深入学习贯彻习近平文化思想，全面贯彻落实党的二十大关于文化建设的战略部署，聚焦用党的创新理论武装全党、教育人民这个首要政治任务，围绕在新的历史起点上继续推动文化繁荣、建设文化强国、建设中华民族现代文明这一新的文化使命，坚定文化自信，秉持开放包容，坚持守正创新，有力地推进中国特色社会主义文化建设，建设中华民族现代文明，为全面建设社会主义现代化国家、全面推进中华民族伟大复兴提供坚强思想保证、强大精神力量、有利文化条件。

四、深学细悟习近平文化思想，切实担负起新的文化使命

文运同国运相牵，文脉同国脉相连。习近平总书记在文化传承发展座谈会上强调："在新的起点上继续推动文化繁荣、建设文化强国、建设中华民族现代文明，是我们在新时代新的文化使命。"建设中华民族现代文明，是以中国式现代化全面推进中华民族伟大复兴的应有之义，更是其重要力量源泉。我们要深入学习领会习近平总书记重要讲话精神，坚定文化自信，增强文化自觉，更好担负起新时代新的文化使命，不断增强实现中华民族伟大复兴的精神力量。

坚定文化自信，坚持走自己的路，实现精神上的独立自主。更好担负起新的文化使命，首要的是坚定文化自信。中华文明是世界上唯一绵延不断且以国家形态发展至今的文明，创造了人类文明的奇迹。中华文明突出的连续性、创新性、统一性、包容性、和平性，相互联系、相互影响，共同彰显中华民族独一无二的精神气韵。坚定文化自信，就要坚持走自己的路。中国特色社会主义道路是在马克思主义指导下走出来的，也是从五千多年中华文明史中走出来的，

是马克思主义基本原理同中国具体实际相结合、同中华优秀传统文化相结合的结果。这条道路坚持科学社会主义的基本原则，适应中国和时代发展进步要求，具备宏阔深远的历史纵深和坚实的文化根基。这条道路生机勃勃、充满活力，越走越宽广，为我们坚定文化自信提供了坚实基础。文化自信来自我们的文化主体性。有了文化主体性，文化自信就有了根本依托。创立习近平新时代中国特色社会主义思想是我们的文化主体性的最有力体现。习近平新时代中国特色社会主义思想是中华文化和中国精神的时代精华，充盈着浓郁的中国味、深厚的中华情、浩然的民族魂，指引中国人民以坚定的文化自信书写新时代中国发展的伟大历史。建设中华民族现代文明，最根本、最重要的就是坚持以习近平新时代中国特色社会主义思想为指导，沿着习近平总书记指引的方向，立足中华民族伟大历史实践和当代实践，充分运用中华优秀传统文化的宝贵资源，不断激发文化创新创造活力，实现精神上的独立自主，推动文化繁荣、建设文化强国。

🔗 **相关链接**

担负新的文化使命　建设中华民族现代文明

秉持开放包容，提升文化传播力影响力，不断培育和创造新时代中国特色社会主义文化。中华文明自古就以开放包容闻名于世，在同其他文明交流互鉴中不断焕发新的生命力。今天我们要建设的中华民族现代文明，必定具备更加开放的姿态、更加包容的胸怀。习近平总书记强调："我们必须坚持马克思主义中国化时代化，传承发展中华优秀传统文化，促进外来文化本土化，不断培育和创造新时代中国特色社会主义文化。"我们要坚守马克思主义这个魂脉和中华优秀传统文化这个根脉，运用好"两个结合""六个必须坚持"等科学方法，从"人类知识的总和"中汲取优秀思想文化资源，在回答中国之问、世界之问、人民之问、时代之问中不断谱写马克思主义中国化时代化新篇章。深入挖掘中华优秀传统文化中富有生命力的优秀因子并赋予其新的时代内涵，运用现代科技手段丰富中华优秀传统文化的时代化表达、艺术化呈现，为中国式现代化提供更多滋养和智慧。中华文化既是历史的，也是当代的；既是民族的，也是世界的。要弘扬平等、互鉴、对话、包容的文明观，深入开展中外文明对话，深化对外文化交流，更好推动中华文化走出去，增强中华文明的传播力影响力。学习和借鉴人类社会一切优秀文明成果，以我为主、为我所用，推出更多熔铸古今、汇通中西的文化成果，塑造兼收并蓄、博采众长的格局气象。

坚持守正创新，实现传统与现代的有机衔接，不断为丰富和发展人类文明新形态注入活力。守正才能不迷失自我、不迷失方向，创新才能把握时代、引领时代。在五千多年中华文明深厚基础上建设中华民族现代文明，要把握好守正创新的辩证法。一是坚持守正的正气。坚持马克思主义在意识形态领域指导地位的根本制度，坚持"两个结合"的根本要求，坚持中国共产党的文化领导权和中华民族的文化主体性。既不盲从各种教条，也不照搬外国理论和模式，决不犯失去魂脉和根脉的颠覆性错误，始终立足自身历史和现实推进文化建设。二是激扬创新的锐气。在马克思主义指导下真正做到古为今用、洋为中用、辩证取舍、推陈出新，实现传统与现代的有机衔接。在更广阔的文化空间中，充分运用中华优秀传统文化的宝贵资源，探索面向未来的理论和制度创新，以新思路、新话语、新机制、新形式为丰富和发展人类文明新形态不断注入活力，为人类文明进步贡献更多力量。

中华优秀传统文化是中华民族的文化根脉

"中华优秀传统文化是中华民族的文化根脉""中华优秀传统文化是中华文明的智慧结晶和精华所在，是中华民族的根和魂，是我们在世界文化激荡中站稳脚跟的根基"……习近平总书记曾在不同场合，多次以"根脉""根基"喻指中华优秀传统文化。

"根"属于植物学名词，具有吸收、储存、输送营养并固着自身的功能。强大的根脉可以促进植物不断苗壮成长。总书记将中华优秀传统文化比作中华民族的文化根脉，既强调了继承和弘扬中华优秀传统文化的重要性，也彰显中华文明具有连续性、统一性与创新性等突出特性。

求木之长者，必固其根本。

中华文明是世界上唯一绵延不断且以国家形态发展至今的文明。2023年在文化传承发展座谈会上，习近平总书记将"连续性"置于中华文明特性的首位。"如果不从源远流长的历史连续性来认识中国，就不可能理解古代中国，也不可能理解现代中国，更不可能理解未来中国。"这一论断，从根基的角度深刻诠释了"何以中国"。

中华优秀传统文化犹如植物的根系，深深扎入中华大地的沃土之中，在漫长历史中不断汲取养分。这一坚实根基，构筑了中华民族的宇宙观、天下观、社会观、道德观等日用而不觉的共同价值体系，和五千年灿烂文明历史的精神底色，使得中华优秀传统文化在世界文化激荡中薪火相传、生生不息。

二十四节气是古人不违农时的时令总结，对当下促进人与自然和谐共生仍有借鉴意义；道家的"上善若水"、儒家的"仁义礼智信"经过上千年的积淀，作为社会主义核心价值观的重要源泉，已为我们内心认同并自觉践行；《朱子家训》《弟子规》等家风家规垂诸后世，教会我们为人之本、处世之道；卧薪尝胆、苏武牧羊、岳母刺字等一系列典故，涵养我们修齐治平、兴亡有责的家国情怀；饮食服装、古建筑、老字号品牌等，承载着华夏民族生产生活的历史积淀，浸润于当下生产生活实践的方方面面……

历经五千多年绵延发展，中华优秀传统文化已经形成发达的根系。主根向土壤深处延伸，须根从主根上蔓延生出，并与主根紧密相连，展现出突出的统一性。

"一部中国史，就是一部各民族交融汇聚成多元一体中华民族的历史。"中华民族有着追求团结统一的内生动力，各族人民共同开拓了辽阔的疆域，书写了灿烂的中华优秀传统文化，构筑起中华民族共同体的坚实基石。

近代以来，中华大地曾遭受外敌入侵，国家蒙辱、人民蒙难、文明蒙尘，但中华儿女始终"位卑未敢忘忧国"，同仇敌忾，前赴后继。其中一个重要原因就是中华民族五千多年的文化积淀，推动形成了以爱国主义为核心的民族精神，给予了各族人民共御外侮的强大支撑。

如果丢了"文化根脉"，中华民族这棵参天大树就不可能历经风雨依然挺拔矗立、充满生机。正如习近平总书记深刻指出的："抛弃传统、丢掉根本，就等于割断了自己的精神命脉。"丢了"根"，断了"脉"，就会失了"魂"。

守护好中华民族的"文化根脉"，传承优秀传统文化，"传"是关键一环。《周易外传》中有言，"才以用而日生，思以引而不竭"。有历史延续性的"传"，才有更具生命力的"承"，文化创新才有根基。

信息化时代，人们的生产和生活方式处在剧烈变化中，各种文化思想和价值观念的碰撞交流日益增多。必须将古典和现代打通，把传统文化融入现代生产生活，转化为日用而不觉的文化使用，推动中华优秀传统文化创造性转化和创新性发展。

"盛世修典——'中国历代绘画大系'成果展"将穿越千年的丹青、散落全球的国宝通过高清打样图像汇聚一堂。

《唐宫夜宴》《只此青绿》等精彩国风节目火爆"出圈"，将现代技术与传统舞蹈艺术相结合，"活"化博物馆里的文物，让传统文化有了创新表达。

马面裙、艾草门挂等国潮产品将国风底色与时尚创意结合起来，成功让年轻人"种草"。据统计，2023年中国国潮经济市场规模达20517.4亿元，同比增长9.44%。

…………

如今，"文化根脉"愈扎愈深、愈扎愈牢，在新时代的沃土中开出一树繁花。

（资料来源：央视网，http://news.cctv.com/2024/06/07/
ARTI6uPYGLwvRhjk2l6HVvem240605.shtml）

1. 曲青山：《担负起新的文化使命的强大思想武器和科学行动指南》，《人民日报》2023年10月24日。

2. 高长武：《运用中华优秀传统文化讲好中国故事》，《求是》2024年第12期。

3. 王虎学：《宣传思想文化工作是一项极端重要的工作》，《光明日报》2024年7月5日。

思考题

1. 习近平文化思想包含哪些重要论述？

2. 如何理解习近平文化思想的实践价值和世界意义？

3. 新时代青年应如何切实担负起新的文化使命？

知行青春

伟大时代呼唤伟大理论，伟大时代孕育伟大理论。习近平文化思想是党的十八大以来，以习近平同志为核心的党中央把握中国和世界发展大势，在宣传思想文化工作上进行一系列重大理论和实践创新基础上形成的，是做好宣传思想文化工作的根本遵循和行动指南。高校作为高等教育的主阵地、人才培养的高地和多样文化重要聚集地，必须深入学习贯彻习近平文化思想，把做好宣传思想文化工作作为重大政治责任扛在肩上，勇担新时代新的文化使命，为推动文化繁荣、建设文化强国、建设中华民族现代文明贡献力量。

组织开展"我和我身边的中华优秀传统文化"主题社会实践活动竞赛，学生课后自行分组，利用空余时间，通过调研考察、志愿服务等方式进行社会实践，探寻身边的中华优秀传统文化。各组学生分别将小组的实践方案、实践过程、实践收获等做成PPT在课堂上展示，并积极交流讨论，明白要深刻认识文化在民族复兴和国家发展中的重要作用，进一步坚定文化自信，更好担负起新的文化使命。

专题五

加快建设科技强国，实现
高水平科技自立自强

　　科技事业在党和人民事业中始终具有十分重要的战略
地位，发挥着十分重要的战略作用。我国科技实力正在从量
的积累迈向质的飞跃、从点的突破迈向系统能力提升。立足
新发展阶段、贯彻新发展理念、构建新发展格局、推动高质
量发展，必须面向世界科技前沿、面向经济主战场、面向国
家重大需求、面向人民生命健康，深入实施科教兴国战略、
人才强国战略、创新驱动发展战略，完善国家创新体系，加
快建设科技强国，实现高水平科技自立自强。

习近平总书记指出："加快实现高水平科技自立自强，是推动高质量发展的必由之路。"当前，世界百年未有之大变局加速演进，新一轮科技革命和产业变革深入发展，科技创新已经成为国际战略博弈的主要战场。我国要在激烈的国际竞争中牢牢把握发展主动权，推动高质量发展，如期全面建成社会主义现代化强国，必须把创新摆在国家发展全局的突出位置，大力实施创新驱动发展战略，加快实现高水平科技自立自强，厚植高质量发展内生动力。

一、科技自立自强是国家强盛之基、安全之要

党的十八大以来，以习近平同志为核心的党中央高度重视科技创新工作，坚持把创新作为引领发展的第一动力，把科技创新摆在国家发展全局的核心位置，对我国科技事业进行了战略性全局性谋划，坚定不移走中国特色自主创新道路，加快推进科技自立自强，取得了一系列重大创新成果，我国科技事业取得历史性成就、发生历史性变革，进入创新型国家行列。

（一）推进科技自立自强是我们党深刻洞察国际科技创新竞争态势、深入研判国内外发展大势作出的战略抉择

创新是一个民族进步的灵魂，是一个国家兴旺发达的不竭动力。实践证明，中国要强盛，中华民族要复兴，就一定要大力发展科学技术，不断提升应对重大挑战、抵御重大风险，维护国家安全和战略利益的实力。实现中华民族伟大复兴的中国梦，必须精准把握时与势，科学辨析危与机，集中力量推进科技创新，努力于危机中育先机、于变局中开新局。

科技自立自强彰显我们党把握科技发展主动权的历史自觉。党的十八大以来，以习近平同志为核心的党中央把握世界大势和时代潮流，作出了坚持走中国特色自主创新道路、推进科技自立自强的重大决策。习近平总书记在主持十八届中共中央政治局第九次集体学习时强调："即将出现的新一轮科技革命和产业变革与我国加快转变经济发展方式形成历史性交汇，为我们实施创新驱动发展战略提供了难得的重大机遇。机会稍纵即逝，抓住了就是机遇，抓不住就是挑战。"2018年5月，习近平总书记在两院院士大会上讲话时再提"历史性交汇期"问题，强调这是"千载难逢的历史机遇"，也是"差距拉大的严峻挑战"，"有的历史性交汇期可能产生同频共振，有的历史性交汇期也可能擦肩而过"。面对日益激烈的国际科技竞争环境，需要我们大力推进科技创新体系建

设，尤其是加快解决"卡脖子"技术攻关，掌握关键核心技术，构建未来发展的新优势。

科技强国是建设社会主义现代化强国的基础和核心。当今世界正经历百年未有之大变局，新一轮科技革命和产业变革深度推进，国际科技竞争日趋激烈。我国要建设社会主义现代化国家，必须强化国家战略科技力量，加快世界科技强国建设。党的十八大以来，以习近平同志为核心的党中央锚定世界科技发展前沿，科学回答了事关加快科技创新的一系列重大问题，坚持把科技自立自强作为国家发展的战略支撑，进行一系列顶层设计和系统谋划，制定了一系列奠基之举、长远之策，推动走出了一条从人才强、科技强，到产业强、经济强、国家强的发展道路。习近平总书记指出，中国要强盛、要复兴，就一定要大力发展科学技术，努力成为世界主要科学中心和创新高地。我国明确提出了建设创新型国家的战略目标，即到 2020 年进入创新型国家行列，到 2035 年跻身创新型国家前列，到新中国成立 100 年时成为世界科技强国。党的二十大报告提出："教育、科技、人才是全面建设社会主义现代化国家的基础性、战略性支撑。"加快建设教育强国、科技强国、人才强国，必须深入实施科教兴国战略、人才强国战略、创新驱动发展战略，开辟发展新领域新赛道，不断塑造发展新动能新优势。当前我国发展站到了新的历史起点上，正在由发展中大国向现代化强国迈进，必须加快建设创新型国家，大力提升科技创新能力，以科技强国支撑现代化强国建设。

相关链接

《非凡新时代》——科技强国

坚持走中国特色自主创新道路是把我国建设成为世界科技强国和社会主义现代化强国的必由之路。科技兴则民族兴，科技强则国家强。关键核心技术是要不来、买不来、讨不来的。核心技术受制于人是最大的隐患，突破"卡脖子"关键核心技术刻不容缓。我们比历史上任何时候都更加迫切需要提升自主创新能力，把科技的命脉牢牢掌握在自己手中。习近平总书记 2023 年 4 月在广东考察时强调："要深入实施创新驱动发展战略，加强区域创新体系建设，进一步提升自主创新能力，努力在突破关键核心技术难题上取得更大进展。"这就要从国家急迫需要和长远需求出发，不仅要在一些重点行业、重点领域和关键核心技术上全力攻坚，也要前瞻部署一批战略性、储备性技术研发项目，瞄准未来科技和产业发展的制高点。坚定不移走中国特色自主创新道路，把国家和民族发展放在自己力量的基点上，把关键核心技术掌握在自己手中，实现关键核心技术的自主可控，才能真正掌握竞争和发展的主动权，从根本上保障国家经济安全、国防安全和其他安全。

（二）实现高水平科技自立自强是中国式现代化建设的关键

实现高水平科技自立自强，在全面建设社会主义现代化国家中居于十分重要的战略地位，对于立足新发展阶段、贯彻新发展理念、构建新发展格局、推动高质量发展，赢得新一轮科技革命和产业变革主动权具有十分重要的意义。

实现高水平科技自立自强是贯彻新发展理念的内在要求。坚持创新发展、协调发展、绿色发展、开放发展、共享发展，是关系我国发展全局的一场深刻变革。协调发展、绿色发展、开放发展、共享发展都有利于增强发展动力，但核心在创新。抓住了创新，就抓住了牵动经济社会发展全局的"牛鼻子"。党的二十大报告提出"科技是第一生产力、人才是第一资源、创新是第一动力"的重要论断，强调"加快实施创新驱动发展战略""加快实现高水平科技自立自强"，不断强化依靠科技创新转换发展动力。党的十八大以来，我国自主创新能力持续提升，科技创新生态体系更加完善，科技创新水平实现了巨大飞跃。在 2022 年世界知识产权组织发布的全球创新指数排名中，我国已跃升至第 11 位，较 2012 年提高了 23 位。一系列科技创新成就表明，我国已成功进入创新型国家行列，科学技术的整体水平已经有了质的突破和系统提升，为加快实现高水平科技自立自强奠定了坚实基础。我们完全有基础、有底气、有信心、有能力，在新一轮科技革命和产业变革中抓住机遇迎接挑战、乘势而上大展宏图。

中国散裂中子源是我国首台、世界第四台脉冲型散裂中子源，可为材料科学、生命科学、资源环境、新能源等领域多学科交叉研究提供强有力的研究手段。图为中国散裂中子源靶站谱仪大厅

构建新发展格局最本质的特征是实现高水平的自立自强。科技自立自强是促进发展大局的根本支撑，是确保国内大循环畅通、塑造我国在国际大循环中新优势的关键。当前，我国虽然已成为全球产业链供应链不可或缺的组成部分，但也要看到，在全球产业链供应链布局中，特别是在高端制造领域，我国与部分发达国家相比仍有比较明显的差距。特别是近年来随着逆全球化趋势的不断加剧，传统国际循环明显弱化。在这样的大背景下，我们迫切需要以科技自立自强推动国内大循环、畅通国内国际双循环，加快构建新发展格局。一方面，我们要通过科技创新、制度创新，打通循环的痛点、堵点，着力提升供给端科技自主创新能力和科技创新策源能力，加速科技创新、产业结构升级与成果转

化，确保国内大循环创新链产业链供应链的畅通和安全。另一方面，我们要通过实现高水平科技自立自强，打破国际创新要素流动壁垒，以高端技术创新抢占国际前沿技术产品市场，形成我国新的国际市场竞争优势，加强国际交流合作，真正融入国际大循环并获得主动地位。因此，必须加快完善科技创新体系，多策并举解决制约科技创新发展的瓶颈问题，着力在关键领域下大功夫，确保我们在高端制造领域、产业链供应链的源头具有自主可控的能力，为构建新发展格局提供支撑。

实现高水平科技自立自强是推动高质量发展的必由之路。习近平总书记指出："我们能不能如期全面建成社会主义现代化强国，关键看科技自立自强。"科技自立自强对于提升我国经济发展质量、促进经济转型发展至关重要。随着我国经济进入高质量发展阶段，正由传统粗放型经济增长模式向集约型经济发展模式转变，而这一转变需要科技支撑。必须全面贯彻新发展理念，并内化于现代化经济体系建设，以创新牵引质量变革、效率变革和动力变革，激发科技创新活力。加快推动从要素驱动为主向创新驱动发展转变，发挥科技创新的支撑引领作用，实现创新驱动内涵型增长，实现有质量、有效益、可持续的发展。只有加快科技自立自强，提高自主创新能力，才能保证经济安全、推动实现高质量发展，才能把国家发展建立在更加安全、更为可靠的基础之上。

二、加强基础研究，筑牢高水平科技自立自强的根基

"加强基础研究，是实现高水平科技自立自强的迫切要求，是建设世界科技强国的必由之路。"习近平总书记在二十届中央政治局第三次集体学习时的重要讲话，对加强基础研究相关重大问题作出深刻阐述、提出明确要求，为推动基础研究高质量发展提供了根本遵循和行动指南。要深刻领会习近平总书记关于基础研究的系列重要讲话重要指示批示精神，深入把握加强基础研究的重大意义、丰富内涵和实践要求，切实增强做好基础研究工作的思想自觉、政治自觉和行动自觉，为加快实现高水平科技自立自强筑牢根基。

相关链接
夯实科技自立自强的基础

（一）深刻认识基础研究发展趋势，准确把握基础研究特点和组织方式

基础研究是整个科学体系的源头，是所有技术问题的总机关。随着科技创新深入发展，基础研究中科学问题的复杂性、系统性越来越高，科学目标的导

向性、计划性越来越强，科研活动的规模化、组织化程度越来越高，科研产出对经济社会的推动力、影响力越来越大。习近平总书记深刻洞察新一轮科技革命和产业变革新趋势，站在应对国际科技竞争、实现高水平科技自立自强，推动构建新发展格局、实现高质量发展的战略高度，明确要求强化国家战略科技力量，有组织推进战略导向的体系化基础研究、前沿导向的探索性基础研究、市场导向的应用性基础研究。要深刻认识基础研究发展的新趋势，准确把握特征，遵循客观规律，加快推动基础研究实现高质量发展。

战略导向的体系化基础研究持续解决重大需求背后的基础科学难题。战略导向的体系化基础研究，主要聚焦人类可持续发展与国家高质量发展重大需求背后的基础科学问题，以科学规划、明确可行的战略目标为牵引，依托国家战略科技力量，以"大兵团"体系化协同作战方式联合攻关。比如，旨在解决人类未来能源问题的国际热核聚变实验堆（ITER）计划，由中国与欧盟、印度、日本、韩国、俄罗斯、美国七方共同实施，组织数千名来自不同国家的科研人员共同参与，是目前全球规模最大、影响最深远的国际科研合作项目之一。再如，氦气广泛应用于制冷、半导体、医疗、航空航天等领域，是重要的战略资源。中国科学院组织数十家科研单位联合攻关，在几十年持续积累基础上突破一系列基础原理和关键核心技术，成功研制出我国首台工业级氦液化器，贯通了从天然气源到高纯氦气再到液氦的全流程，实现"国产气源、国产装备、国产液氦"，为保障相关领域产业链供应链安全作出重要贡献。

知识链接

国际热核聚变实验堆（ITER）计划（ITER: International Thermonuclear Experimental Reactor），又称"人造太阳"计划，倡议于1985年，并于1988年开始实验堆的研究设计工作。经过13年努力，耗资15亿美元，在集成世界聚变研究主要成果基础上，ITER工程设计于2001年完成。此后经过5年谈判，ITER计划七方于2006年正式签署联合实施协定，启动实施ITER计划。ITER计划将历时35年，其中建造阶段10年、运行和开发利用阶段20年、去活化阶段5年。中国政府坚定支持中国参与ITER计划，胡锦涛多次就此作出重要指示。经过深入调研和充分论证，中国政府于2003年1月决定正式参加ITER计划谈判。此后，中国还积极推动谈判进程，为尽早启动实施ITER计划进行不懈努力。这期间，中国先后承办了ITER第九次和第十一次政府间谈判会议。ITER计划是目前世界上仅次于国际空间站的又一个国际大科学工程计划。该计划将集成当今国际上受控磁约束核聚变的主要科学和技术成果，首次建造可实现大规模聚变反应的聚变实验堆，将研究解决大量技术难题，是人类受控核聚变研究走向实用的关键一步，因此备受各国政府与科技界的高度重视和支持。

前沿导向的探索性基础研究不断拓展人类认知边界。前沿导向的探索性基础研究面向世界科技发展的最前沿，探索方向大至天体运行、星系演化、宇宙起源，小至基因编辑、粒子结构、量子调控，充分发挥高校和科研院所的平台集成、学科交叉与基础设施等优势，以开放协同、灵活多样的科研组织方式，力求实现"从0到1"的原创性、引领性突破，为人类认识自然不断开拓新领域、拓展新视野。比如，我国天文学家利用"中国天眼"（500米口径球面射电望远镜），通过对57颗毫秒脉冲星进行长期系统性监测，成功探测到纳赫兹引力波存在的关键性证据，为理解宇宙结构的起源提供了重要支撑。

市场导向的应用性基础研究加快向现实生产力转化。市场导向的应用性基础研究瞄准重大产业技术背后的基础性、关键性原理问题，发挥科技领军企业准确把握市场需求、组织方式灵活的优势，协同高校和科研院所力量开展集成创新，快速迭代推广创新成果，推动科学技术与经济社会发展加速渗透融合。比如，中国科学院所属研究所基于"合成气高选择性转化制低碳烯烃"原创性成果，与国内相关企业合作，建成世界首套低耗水煤基合成气装置，打通了从基础研究、应用研究到中试放大、工业化生产的全链条，开创了一条煤炭清洁利用的全新技术路线。

（二）认真贯彻加强基础研究总体要求，妥善处理好五个方面关系

习近平总书记在二十届中央政治局第三次集体学习时的重要讲话，坚持目标导向、问题导向，从总体布局、学科体系、组织模式、支撑平台、人才队伍、精神动力等方面，对基础研究工作作出部署。这些部署要求全面系统、相互联系，形成了具有紧密内在逻辑的有机整体，充分体现了习近平总书记对科技发展规律的深刻把握，以及对从源头和创新链起始端抓基础研究的系统思考。要深入学习领会贯穿其中的立场观点方法，整体把握、系统领会、一体落实，在加强基础研究工作中妥善处理好五个方面的关系。

一是处理好目标导向和自由探索的关系。习近平总书记强调，科研选题是科技工作首先需要解决的问题。对于我国这样一个大国来说，对基础研究的需求是全方位的，要坚持目标导向和自由探索"两条腿走路"，把世界科技前沿同国家重大战略需求和经济社会发展目标结合起来，统筹遵循科学发展规律提出

的前沿问题和重大应用研究中抽象出的理论问题，凝练基础研究关键科学问题。具体到各个不同机构，应结合自身定位和特点有所侧重。比如，对国家科研机构来说，应主要聚焦战略导向的体系化基础研究。

二是处理好政策引导和市场调节的关系。习近平总书记指出，要发挥我国社会主义制度能够集中力量办大事的显著优势，强化党和国家对重大科技创新的领导，充分发挥市场机制作用，围绕国家战略需求，优化配置创新资源。世界已经进入大科学时代，基础研究组织化程度越来越高，制度保障和政策引导对基础研究产出的影响越来越大。要持续深化基础研究领域的体制机制改革，充分发挥国家实验室、国家科研机构和高水平研究型大学作用，有组织推进战略导向的体系化基础研究、前沿导向的探索性基础研究。同时，也要充分发挥市场在创新资源配置中的决定性作用，引导科技领军企业当好"出题人""答题人""阅卷人"，深入开展市场导向的应用性基础研究，为进一步强化企业科技创新主体地位、提升产业国际竞争力提供重要基础支撑。

三是处理好稳定支持和竞争择优的关系。习近平总书记指出，要稳步增加基础研究财政投入，建立完善竞争性支持和稳定支持相结合的基础研究投入机制。当前，世界主要科技强国纷纷加大财政资金对基础研究的支持力度，通过竞争性科学基金的方式支持自由探索式基础研究，同时加大对高水平公共科研机构的稳定支持力度，并通过同行评议、机构评估等方式加强对投入绩效的监管。面对基础研究领域的激烈国际竞争和建设世界科技强国的目标，要进一步完善基础研究投入机制，通过竞争择优遴选人，通过稳定支持造就人，选择一批高水平公共科研机构和优秀科学家，加大稳定支持力度，引导科研人员摒弃浮夸、祛除浮躁，产出"十年磨一剑"的重大创新成果。同时，也要加强过程管理和评估问效，放权不放任，松绑不降标，对经费绩效不好的机构和人员逐步减小支持力度。

四是处理好出成果和出人才的关系。习近平总书记指出，加强基础研究，归根结底要靠高水平人才。知识复杂程度的大幅提升以及科技人才培养需求的深刻变化，客观上决定了科学研究与科技人才培养要互为依托、互相促进。要按照党的二十大的决策部署，坚持科技是第一生产力、人才是第一资源、创新是第一动力，准确把握科技发展和人才成长的客观规律，力争在多出成果的同时多出人才。要以识才的慧眼和用才的胆识，选拔优秀科学家领衔担纲基础研究重大课题；以爱才的诚意和容才的雅量，不断完善科技评价体系，引导科研人员厚植优良学风，甘坐"冷板凳"，研究"真问题"，拿出"硬成果"；以引才的实招和聚才的良方，支持科学、技术、工程等各类人才跨领域、跨学科组成协同创新团队，推动基础研究成果加快实现应用转化。

五是处理好自立自强和开放合作的关系。习近平总书记指出，我们强调自主创新，不是关起门来搞研发，一定要坚持开放创新。加快实现高水平科技自立自强，首先要打牢科技事业大厦的地基，把科技发展的主动权牢牢掌握在自己手中，有效保障国家在重要领域的安全自主可控，只有这样才有参与国际科技合作的基础和底气。同时也要深刻认识到，科技自立自强绝不是搞自我封闭，而是要深度融入全球创新网络，特别是在高水平基础研究领域，面对人类共同挑战和前沿科学重大问题，尤其需要加强国际科技交流合作。可以说，高水平开放合作是实现高水平科技自立自强的重要途径，而高水平科技自立自强是高水平开放合作的前提和基础，两者相互依存、相互促进、共同发展。

（三）充分发挥国家科研机构建制化组织作用，着力加强战略导向的体系化基础研究

习近平总书记在二十届中央政治局第三次集体学习时的重要讲话，对不同类型国家战略科技力量在基础研究中应发挥的作用提出了明确要求，强调要注重发挥国家科研机构建制化组织作用，这与习近平总书记此前对国家科研机构"要以国家战略需求为导向，着力解决影响制约国家发展全局和长远利益的重大科技问题，加快建设原始创新策源地，加快突破关键核心技术"的重要指示精神一脉相承、一以贯之。国家科研机构作为国家战略科技力量的重要组成部分，要落实好党中央战略部署，立足自身定位，加快转变科研理念，着力创新选题机制、组织模式和管理方式，加强与其他各类创新主体的分工合作和统筹协同，重点聚焦战略导向的体系化基础研究，努力产出更多原创性、引领性重大创新成果。

加快转变科研观念，强化"抢占制高点"意识。要时刻牢记国家科研机构作为"国家队""国家人"，必须心系"国家事"、肩扛"国家责"，始终胸怀"国之大者"，围绕国家战略需求和世界科技前沿确定基础研究的目标方向，为创新发展提供基础理论支撑和技术源头供给。增强创新自信，走出科研舒适区，勇闯科技"无人区"，敢于提出新理论新方法，开辟新领域新方向，从根本上扭转跟踪跟随的思维惯性和亦步亦趋的路径依赖，积极抢占科技制高点。

创新基础研究选题机制，实现从"在干什么""想干什么"向"该干什么"的转变。要从有效支撑发展力、保障生存力、增强引领力的战略高度，着力解决国家战略需求背后最紧急最紧迫的科学原理问题和世界科学前沿的重大科技难题。避免选题中"脱实向虚"的倾向，加强与重要行业部门和骨干企业对接，充分发挥战略科学家的咨询评议作用，研究制定并动态更新重大需求清单和前沿科学问题清单。比如，围绕黑土地保护利用的重大战略需求，中国科学院与

相关部门和地方政府合作，组织 1300 余名科技人员开展"黑土粮仓"科技会战，围绕黑土地地力提升等基础研究问题，促进土壤、育种、植物、信息、空天遥感等多学科有机交叉融合。同时，也要避免选题中"趋易避难"的倾向，加强自上而下和自下而上相结合，选择带动性强、攻坚难度大、任务目标聚焦的基础科学难题，策划基础研究重大科技任务，组织大团队开展集中攻关。

2023 年 7 月 16 日，位于浙江杭州的"超重力离心模拟与实验装置"国家重大科技基础设施实验大楼封顶。图为"超重力离心模拟与实验装置"实验大楼

改革基础研究组织模式和管理方式，充分发挥体系化建制化优势。要以国家战略需求和重大科学问题为牵引，通过探索建立课题组群、实验室群等科研组织方式，把相关研究机构组织起来，集中优势力量开展跨领域、跨学科协同攻关。顺应科学研究范式发生深刻变革的趋势，依托国家重大科技基础设施和科研条件平台等开展建制化基础研究，加强科研仪器、科学数据中心、科技期刊等科技基础能力布局建设和开放共享。进一步加强基础研究经费、项目、人才等各类创新资源的一体化配置和协调联动，形成政策合力。围绕气候变化、能源安全、生物安全、外层空间利用等全球问题，积极牵头发起和参与国际大科学计划与大科学工程，努力提供更多中国智慧和中国方案，持续提升我国在全球基础研究领域的活跃度和影响力。

立足科研实践加强人才队伍建设，充分激发基础研究人才创新活力潜力。要坚持在科研实践中培养基础研究人才，把政策重心放在青年人才上，按照"选题与选人相结合"的原则，对优秀青年人才给予较大力度、较长周期的稳定支持，提供宽松的科研环境，促进重大原创成果产出和拔尖青年人才脱颖而出。近年来，在中央财政支持下，中国科学院遴选了 100 个基础研究领域青年团队，给予 5 年为周期的稳定支持，积极培养优秀青年科技人才，取得良好阶段性成效。要完善对基础研究人才的长周期支持和差异化评价机制，坚决破除"唯论文、唯职称、唯学历、唯奖项"，建立以质量、绩效、能力为导向的基础研究评价机制，鼓励科研人员面向国家战略需求潜心钻研。着眼世界科技强国建设长远需求，坚持正确的育人导向，积极探索新形势下加强科教融合的新机制，全面提高人才自主培养质量。

大力弘扬科学家精神，营造有利于基础研究的创新生态。要进一步引导广大科研人员传承老一辈科学家以身许国、心系人民的光荣传统，把论文写在祖国的大地上，让基础研究更好服务国家发展和社会进步。大力弘扬科学家精神，激励广大科研人员将学术兴趣与国家需求相结合，将专业精神与爱国奉献相结合，将追求卓越与经世致用相结合。加强作风和学风建设，营造实事求是、笃学诚行、开放包容的学术生态，对学术不端零容忍，强化科研人员恪守科研道德和学术规范的意识，开展负责任的科学研究。充分发挥高水平专家和专业优势，积极开展科学普及工作，激励引导更多优秀青少年投身科学研究事业。

三、加快实现高水平科技自立自强，胜利推进强国建设、民族复兴历史伟业

党的十八大以来，以习近平同志为核心的党中央深刻总结我国科技事业发展实践，观察大势，谋划全局，深化改革，全面发力，推动我国科技事业发生历史性变革、取得历史性成就。习近平总书记关于科技自立自强的重要论述，系统阐述了推进我国科技创新的战略目标、重点任务、重大举措和基本要求。

（一）坚持和加强党对科技事业的全面领导

科技事业在党和人民事业中始终具有十分重要的战略地位、发挥了十分重要的战略作用。党的十八大以来，以习近平同志为核心的党中央坚持党对科技事业的全面领导，健全党对科技工作的领导体制，发挥党的领导政治优势，深化对创新发展规律、科技管理规律、人才成长规律的认识，为我国科技事业发展提供了坚强政治保证。

中国共产党领导是中国特色科技创新事业不断前进的根本政治保证。在革命、建设、改革各个历史时期，我们党都高度重视科技事业。革命时期高度重视知识分子工作，新中国成立后吹响"向科学进军"的号角，改革开放后提出"科学技术是第一生产力"的论断，新世纪深入实施知识创新工程、科教兴国战略、人才强国战略，不断完善国家创新体系、建设创新型国家。党的十八大后，以习近平同志为核心的党中央创造性提出创新是第一动力、全面实施创新驱动发展战略、建设世界科技强国、加快推进科技自立自强，我国进入创新型国家行列。

习近平总书记全面分析国际科技创新竞争态势，深入研判国内外发展形势，针对我国科技事业面临的突出问题和挑战，坚持把科技创新摆在国家发展全局的核心位置，对全面谋划科技创新工作提出了一系列新思想新观点新论断新要求。2014年，在两院院士大会上强调要实施创新驱动发展战略，加快创新型国家建设步伐。2015年，在参加全国"两会"期间明确提出创新是引领发展的第

一动力，在党的十八届五中全会上系统阐述包括创新发展在内的新发展理念。2016年，在全国科技创新大会、两院院士大会、中国科协第九次全国代表大会上号召建设世界科技强国，成为世界主要科学中心和创新高地。2018年，在两院院士大会上对新时代新征程上瞄准世界科技前沿、引领科技发展方向提出明确要求。2020年，在科学家座谈会上提出坚持"四个面向"、不断向科学技术广度和深度进军，在党的十九届五中全会上强调加快科技自立自强。2021年，在两院院士大会和中国科协第十次全国代表大会上指出加快建设科技强国、实现高水平科技自立自强。2022年，在党的二十大上强调坚持科技是第一生产力、人才是第一资源、创新是第一动力，加快建设教育强国、科技强国、人才强国。正是在以习近平同志为核心的党中央坚强领导下，在全国科技界和社会各界共同努力下，我国科技实力正在从量的积累迈向质的飞跃、从点的突破迈向系统能力提升，科技创新取得新的历史性成就。

健全党对科技工作的领导体制。党的十八大以来，以习近平同志为核心的党中央不断健全党对科技工作的领导体制。党的二十大后，为加强党中央对科技工作的集中统一领导，组建中央科技委员会，作为党中央决策议事协调机构，统筹推进国家创新体系建设和科技体制改革，研究审议国家科技发展重大战略、重大规划、重大政策，统筹解决科技领域战略性、方向性、全局性重大问题，研究确定国家战略科技任务和重大科研项目，统筹布局国家实验室等战略科技力量，统筹协调军民科技融合发展等。习近平总书记强调，科技部要协调做好顶层设计和任务落实工作，动员科技界、产业界和社会各方面广泛参与；中国科学院、中国工程院要发挥两院作为国家队的学术引领作用、关键核心技术攻关作用、创新人才培养作用；中国科协要肩负起党和政府联系科技工作者桥梁和纽带的职责，更广泛地把广大科技工作者团结在党的周围。

集中力量办大事，抓重大、抓尖端、抓基本。我国科技事业快速发展，取得举世瞩目的成就，一条重要经验就是发挥社会主义制度优越性，集中力量办大事，抓重大、抓尖端、抓基本。习近平总书记指出，要发挥我国社会主义制度能够集中力量办大事的显著优势，强化党和国家对重大科技创新的领导，充分发挥市场机制作用，围绕国家战略需求，优化配置创新资源，强化国家战略科技力量，大幅提升科技攻关体系化能力，在若干重要领域形成竞争优势、赢得战略主动。习近平总书记强调，必须把握战略主动，做好顶层设计和战略谋划。顶层设计要有世界眼光，找准世界科技发展趋势，找准我国科技发展现状和应走的路径，把发展需要和现实能力、长远目标和近期工作统筹起来考虑，有所为有所不为，提出切合实际的发展方向、目标、工作重点。要强化战略导向和目标引导，强化科技创新体系能力，加快构筑支撑高端引领的先发优势，加强对关系根本和全局的科学问题的研究部署。要把满足人民对美好生活的向往作为科技创新的落脚点，把惠民、利民、富民、改善民生作为科技创新的重要方向。要健全社会主义市场经济条件下新型举国体制，充分发挥国家作为重大科技创新组织者的作用，支持周期长、风险大、难度高、前景好的战略性科学计划和科学工程，抓系统布局、系统组织、跨界集成，把政府、市场、社会等各方面力量拧成一股绳，形成未来的整体优势。要让市场在资源配置中起决定性作用，同时要更好发挥政府作用，推动有效市场和有为政府更好结合，通过市场需求引导创新资源有效配置，形成推进科技创新的强大合力。

各级党委和政府要高度重视科技创新发展。新的历史条件下，各级党委和政府、各部门各单位要把思想和行动统一到党中央对科技事业的部署上来，切实抓好落实工作，肩负起领导和组织创新发展的责任，善于调动各方面创新要素，善于发挥各类人才积极性，共同为建设创新型国家、建设世界科技强国凝心聚力。习近平总书记指出，各级党委和政府要高度重视科技创新发展，学习新知识，掌握新动态，做好重大科技任务布局规划，优化科技资源配置，采取得力措施保证党中央关于科技创新发展重大决策部署落地见效。要发挥宏观指导、统筹协调、服务保障作用，充分调动各方面积极性、主动性、创造性，有力推动重大科技任务攻关，为抢占科技发展国际竞争制高点、构筑发展新优势提供有力支持。习近平总书记强调，各级党委（党组）要完善党委统一领导，组织部门牵头抓总，职能部门各司其职、密切配合，社会力量广泛参与的人才工作格局。各级党委组织部门要在党委领导下，统筹推进人才工作重大举措。各地区各部门要立足实际、突出重点，解决人才反映强烈的实际问题。要健全政府、社会、单位多元化人才投入机制，加大人才发展投入，提高人才投入效益。各级党委宣传部门，各级教育、科技、工信、安全、人社、文旅、国资、金融、外事等部门，要充分发挥职能作用，共同抓好人才工作各项任务落实。

（二）坚持把科技自立自强作为国家发展的战略支撑

中国要强盛、要复兴，就一定要大力发展科学技术，努力成为世界主要科学中心和创新高地。

科技兴则民族兴，科技强则国家强。重视科技的历史作用，是马克思主义的一个基本观点。自古以来，科学技术就以一种不可逆转、不可抗拒的力量推动着人类社会向前发展。习近平总书记在2013年全国"两会"期间、2014年两院院士大会等场合特别强调，社会生产力发展和综合国力提高，最终取决于科技创新。从某种意义上说，科技实力决定着世界政治经济力量对比的变化，也决定着各国各民族的前途命运。一些国家抓住科技革命的难得机遇，实现了经济实力、科技实力、国防实力迅速增强，综合国力快速提升。在人类文明发展进程中，我国科学技术曾有过历史的辉煌，但在近代我们落后了。习近平总书记指出，一个国家是否强大不能单就经济总量大小而定，一个民族是否强盛也不能单凭人口规模、领土幅员多寡而定。近代史上，我国落后挨打的根子之一就是科技落后。经过新中国成立以来特别是改革开放以来的不懈努力，我国科技发展取得举世瞩目的伟大成就，为我国经济社会发展提供了坚强支撑，为国防安全作出了历史性贡献，也为我国作为一个有世界影响的大国奠定了重要基础。

坚持把科技创新摆在国家发展全局的核心位置。当今世界，科技创新更加广泛地影响经济社会发展和人民生活，科技发展水平更加深刻地反映出一个国家的综合国力和核心竞争力。习近平总书记指出，科技是国之利器，国家赖之以强，企业赖之以赢，人民生活赖之以好。中国要强，中国人民生活要好，必须有强大科技。从最初提出"四个现代化"到现在提出全面建设社会主义现代化强国，科学技术现代化从来都是我国实现现代化的重要内容。新时期、新形势、新任务，要求我们在科技创新方面有新理念、新设计、新战略。当今世界正经历百年未有之大变局，我国发展面临的国内外环境发生深刻复杂变化，我国"十四五"时期以及更长时期的发展对加快科技创新提出了更为迫切的要求。这是推动高质量发展的需要、是实现人民高品质生活的需要、是构建新发展格局的需要、是顺利开启全面建设社会主义现代化国家新征程的需要。习近平总书记强调，要坚持把科技创新摆在国家发展全局的核心位置，全面谋划科技创新工作。要把科技的命脉牢牢掌握在自己手中，在科技自立自强上取得更大进展，不断提升我国发展独立性、自主性、安全性。

如期全面建成社会主义现代化强国关键看科技自立自强。改革开放以来，我国发展的很多方面走过了西方发达国家上百年甚至数百年的发展历程，科技在其中发挥了重要作用。全面建设社会主义现代化国家，必须坚持科技为先，发挥科技创新的关键和中坚作用。习近平总书记在2018年两院院士大会上指出，实现建成社会主义现代化强国的伟大目标，实现中华民族伟大复兴的中国梦，必须具有强大的科技实力和创新能力。这是我们提出建设世界科技强国的出发点。没有强大的科技，中国梦这篇大文章就难以顺利写下去，我们也难以从大国走向强国。习近平总书记强调，加快实现高水平科技自立自强，是构建新发展格局最本质的特征，是确保国内大循环畅通、塑造我国在国际大循环中新优势的关键，是推动高质量发展的必由之路。我们能不能如期全面建成社会主义现代化强国，关键看科技自立自强。我们比历史上任何时期都更接近中华民族伟大复兴的目标，我们比历史上任何时期都更需要建设世界科技强国！

见"习"日记

加快建设科技强国是全面建设社会主义现代化国家、全面推进中华民族伟大复兴的战略支撑，必须瞄准国家战略需求，系统布局关键创新资源，发挥产学研深度融合优势，不断在关键核心技术上取得新突破。科技工作者要再接再厉、勇攀科技高峰，不断攻克前沿技术，打造更多科技自立自强的大国重器。

——2023年5月11日至12日，习近平总书记在河北考察并主持召开深入推进京津冀协同发展座谈会时的讲话

（三）坚定不移走中国特色自主创新道路，加快实施创新驱动发展战略

科技是国家强盛之基，创新是民族进步之魂。习近平总书记反复强调，抓创新就是抓发展，谋创新就是谋未来。面向未来，增强自主创新能力，最重要的就是要坚定不移走中国特色自主创新道路，全面实施创新驱动发展战略。

创新是引领发展的第一动力，坚持创新在我国现代化建设全局中的核心地位。纵观人类发展历史，创新始终是一个国家、一个民族发展的重要力量。当今世界，经济社会发展越来越依赖于理论、制度、科技、文化等领域的创新，国际竞争新优势也越来越体现在创新能力上。谁在创新上先行一步，谁就能拥有引领发展的主动权。习近平总书记指出，把创新摆在第一位，是因为创新是引领发展的第一动力。发展动力决定发展速度、效能、可持续性。对我国这么大体量的经济体来讲，如果动力问题解决不好，要实现经济持续健康发展和"两个翻番"是难以做到的。抓住了创新，就抓住了牵动经济社会发展全局的"牛鼻子"。从全球范围看，科学技术越来越成为推动经济社会发展的主要力量，创新驱动是大势所趋。从国内看，创新驱动是形势所迫。我国经济总量稳居世界第二位，但发展中不平衡、不协调、不可持续问题依然突出，人口、资源、环境压力越来越大。我国现代化涉及十几亿人，走全靠要素驱动的老路难以为继。要加快从要素驱动为主向创新驱动发展转变，发挥科技创新的支撑引领作用，推动实现有质量、有效益、可持续的发展。习近平总书记强调，必须把创新摆在国家发展全局的核心位置，不断推进理论创新、制度创新、科技创新、文化创新等各方面创新，让创新贯穿党和国家一切工作，让创新在全社会蔚然成风。

坚持"四个面向"，加快实施创新驱动发展战略。实施创新驱动发展战略决

定着中华民族前途命运。创新能力不强，是我国这个经济大块头的"阿喀琉斯之踵"。习近平总书记指出，在激烈的国际竞争中，我们要开辟发展新领域新赛道、塑造发展新动能新优势，从根本上说，还是要依靠科技创新。实施创新驱动发展战略，就是要推动以科技创新为核心的全面创新，坚持需求导向和产业化方向，坚持企业在创新中的主体地位，发挥市场在资源配置中的决定性作用和社会主义制度优势，增强科技进步对经济增长的贡献度，形成新的增长动力源泉，推动经济持续健康发展。习近平总书记强调，加快实施创新驱动发展战略，必须坚持面向世界科技前沿、面向经济主战场、面向国家重大需求、面向人民生命健康，加快实现高水平科技自立自强。要坚持自主创新、重点跨越、支撑发展、引领未来的方针，走出适合国情的创新路子，特别是要把原始创新能力提升摆在更加突出的位置，努力实现更多"从0到1"的突破。

2023年6月2日，经中国工程院专家组现场考察后确认，全球首次海上风电无淡化海水原位直接电解制氢技术海上中试在福建兴化湾海上风电场获得成功。海水无淡化原位直接电解制氢装备设计合理、运行稳定，试验验证了该项技术的可行性，可以作为未来海上可再生能源制氢的重要发展路径。图为漂浮式海上制氢平台"东福一号"

坚决打赢关键核心技术攻坚战，把创新主动权、发展主动权牢牢掌握在自己手中。创新是一个复杂的社会系统工程，涉及经济社会各个领域。坚持创新发展，既要坚持全面系统的观点，又要抓住关键，以重要领域和关键环节的突破带动全局。从总体上看，我国科技创新基础还不牢，自主创新特别是原创力还不强，关键领域核心技术受制于人的格局没有从根本上改变。习近平总书记指出，关键核心技术是国之重器，对推动我国经济高质量发展、保障国家安全都具有十分重要的意义。核心技术受制于人是我们最大的隐患。只有把核心技术掌握在自己手中，才能真正掌握竞争和发展的主动权，才能从根本上保障国家经济安全、国防安全和其他安全。我们没有别的选择，非走自主创新道路不可。要大力提升自主创新能力，尽快突破关键核心技术。这是关系我国发展全局的重大问题。习近平总书记强调，核心技术、关键技术，化缘是化不来的，必须依靠自力更生、自主创新，时不我待推进科技自立自强，只争朝夕突破"卡脖子"问题。要聚焦国家战略需要，瞄准关键核心技术特别是"卡脖子"问题，加快技术攻关。要跟踪全球科技发展方向，努力赶超，力争缩小关键领域差距，形成比较优势。要坚持问题导向，奔着最紧急、最紧迫的问题去，按照主动跟进、精心选择、有所为有所不为的方针，明确我国科技创新主攻方向和突破口。要以关键共性技术、前沿引领技术、现代工程技术、颠覆性技术创新为突破口，打好关键核心技术攻坚战，努力实现关键核心技术自主可控，把创新主动权、发展主动权牢牢掌握在自己手中。

持之以恒加强基础研究，夯实科技自立自强根基。基础研究是科技创新的源头。习近平总书记指出，加强基础研究，是实现高水平科技自立自强的迫切要求，是建设世界科技强国的必由之路。我国面临的很多"卡脖子"技术问题，根子是基础理论研究跟不上，源头和底层的东西没有搞清楚。习近平总书记在科学家座谈会等会议上强调，加强基础研究，要突出原创，鼓励自由探索，更要应用牵引、突破瓶颈，从经济社会发展和国家安全面临的实际问题中凝练科学问题，弄通"卡脖子"技术的基础理论和技术原理。要强化基础研究前瞻性、战略性、系统性布局，坚持"四个面向"，坚持目标导向和自由探索"两条腿走路"，把握科技发展趋势和国家战略需求，强化国家战略科技力量，优化基础学科建设布局，构筑全面均衡发展的高质量学科体系。各级党委和政府要加强统筹协调，加大政策支持，推动基础研究实现高质量发展。

（四）深化科技体制改革，提升国家创新体系整体效能

创新决胜未来，改革关乎国运。习近平总书记强调，科技领域是最需要不断改革的领域。科技体制改革要敢于啃硬骨头，敢于涉险滩、闯难关，破除一切制约科技创新的思想障碍和制度藩篱，以改革释放创新活力，加快建立健全国家创新体系，让一切创新源泉充分涌流。

依靠改革激发科技创新活力。如果把科技创新比作我国发展的新引擎，那么改革就是点燃这个新引擎必不可少的点火系。我们要采取更加有效的措施完善点火系，把创新驱动的新引擎全速发动起来。习近平总书记指出，开展科技体制改革攻坚，目的是从体制机制上增强科技创新和应急应变能力，突出目标导向、问题导向，抓重点、补短板、强弱项，锚定目标、精准发力、早见成效，加快建立保障高水平科技自立自强的制度体系，提升科技创新体系化能力。深化科技体制改革这篇文章怎么做？习近平总书记强调，要建立健全体制机制，形成支持全面创新的基础制度。坚持科技创新和制度创新"双轮驱动"，以问题为导向，以需求为牵引，在实践载体、制度安排、政策保障、环境营造上下功夫，在创新主体、创新基础、创新资源、创新环境等方面持续用力，强化国家战略科技力量，提升国家创新体系整体效能。要优化和强化技术创新体系顶层设计，明确企业、高校、科研院所创新主体在创新链不同环节的功能定位，激发各类主体创新激情和活力。

　　强化国家战略科技力量。世界科技强国竞争，比拼的是国家战略科技力量。在党的十九大、党的二十大以及中央政治局集体学习等场合，习近平总书记多次强调，必须强化事关国家安全和经济社会发展全局的重大科技任务的统筹组织，强化国家战略科技力量建设。国家实验室、国家科研机构、高水平研究型大学、科技领军企业都是国家战略科技力量的重要组成部分，要自觉履行高水平科技自立自强的使命担当。要支持有条件的地方建设综合性国家科学中心或区域科技创新中心，使之成为世界科学前沿领域和新兴产业技术创新、全球科技创新要素的汇聚地。

　　形成充满活力的科技管理和运行机制。科技创新要取得突破，不仅需要基础设施等"硬件"支撑，更需要制度等"软件"保障，必须以更大勇气深化科技体制改革，推动科技管理职能转变，把我国科技队伍蕴藏的巨大创新潜能有效释放出来。习近平总书记指出，要统筹科技资源，建立公开统一的国家科技管理平台，构建总体布局合理、功能定位清晰、具有中国特色的科技计划体系和管理制度，以此带动科技其他方面的改革向纵深推进。科技管理改革要按照抓战略、抓改革、抓规划、抓服务的定位，转变作风，提升能力，减少分钱、分物、定项目等直接干预，强化规划政策引导，给予科研单位更多自主权，赋予科学家更大技术路线决定权和经费使用权，让科研单位和科研人员从烦琐、不必要的体制机制束缚中解放出来。要加快建立科技咨询支撑行政决策的科技决策机制，注重发挥智库和专业研究机构作用，完善科技决策机制，提高科学决策能力。要全面加强知识产权保护工作，形成有效的创新激励机制，激发全社会创新活力。

　　推动科技创新与经济社会发展紧密结合。科研和经济联系不紧密问题，是多年来的一大痼疾。这个问题解决不好，科研和经济始终是"两张皮"。习近平总书记指出，改革的目标只有一个，那就是要进一步打通科技和经济社会发展之间的通道。要坚持科技面向经济社会发展的导向，围绕产业链部署创新链，围绕创新链完善资金链，消除科技创新中的"孤岛现象"，破除制约科技成果转移扩散的障碍，提升国家创新体系整体效能。习近平总书记强调，要发挥市场对技术研发方向、路线选择、要素价格、各类创新要素配置的导向作用，通过市场需求引导创新资源有效配置，加快建立主要由市场评价技术创新成果的机制，打破阻碍技术成果转化的瓶颈，使创新成果加快转化为现实生产力。要解决好"由谁来创新""动力哪里来""成果如何用"三个基本问题，进一步突出企业的技术创新主体地位，使企业真正成为技术创新决策、研发投入、科研组织、成果转化的主体，培育一批核心技术能力突出、集成创新能力强的创新型领军企业，培育产学研结合、上中下游衔接、大中小企业协同的良好创新格局。

坚持以全球视野谋划和推动科技创新。科学技术是世界性的、时代性的，发展科学技术必须具有全球视野。在经济全球化深入发展的大背景下，国际科技合作是大趋势。习近平总书记指出，我们强调自主创新，绝不是要关起门来搞创新，要更加主动地融入全球创新网络，在开放合作中提升自身科技创新能力。一方面，要坚持把自己的事情办好，持续提升科技自主创新能力，在一些优势领域打造"长板"，夯实国际合作基础；另一方面，要以更加开放的思维和举措推进国际科技交流合作，使我国成为全球科技开放合作的广阔舞台。习近平总书记强调，要用好国际国内两种科技资源，最大限度用好全球创新资源，全面提升我国在全球创新格局中的位势，提高我国在全球科技治理中的影响力和规则制定能力。要加强国际化科研环境建设，形成具有全球竞争力的开放创新生态。

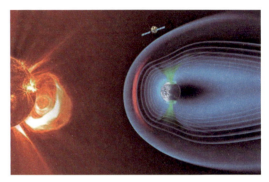

2023 年 7 月，作为中国首次与欧洲空间局进行任务级深度合作的空间科学探测任务，太阳风－磁层相互作用全景成像卫星（SMILE，也称"微笑"卫星）已完成初样阶段全部研制工作，全面转入正样研制阶段。图为"微笑"卫星空间运行示意图

（五）深入实施新时代人才强国战略，加快建设世界重要人才中心和创新高地

实现高水平科技自立自强，归根结底要靠高水平创新人才。习近平总书记强调，人才是第一资源。必须坚持党管人才，深入实施新时代人才强国战略，全方位培养、引进、用好人才，加快建设世界重要人才中心和创新高地。

人是科技创新最关键的因素。"功以才成，业由才广。"国家科技创新力的根本源泉在于人。习近平总书记指出，人才是创新的根基，创新驱动实质上是人才驱动，谁拥有一流的创新人才，谁就拥有了科技创新的优势和主导权。党的十八大以来，以习近平同志为核心的党中央深刻回答为什么建设人才强国、什么是人才强国、怎样建设人才强国的重大理论和实践问题，提出一系列新理念新战略新举措，作出全方位培养、引进、使用人才的重大部署，推动新时代人才工作取得历史性成就、发生历史性变革。习近平总书记 2021 年在中央人才工作会议上提出的"八个坚持"，是对我国人才事业发展规律性认识的深化，必须始终坚持、全面贯彻并不断丰富发展。

加快建设国家战略人才力量。人才是自主创新的关键，顶尖人才具有不可替代性。当前，我国高水平创新人才仍然不足，特别是科技领军人才匮乏。

习近平总书记指出，建设世界科技强国，关键是要建设一支规模宏大、结构合理、素质优良的创新人才队伍，激发各类人才创新活力和潜力。要完善人才战略布局，把建设战略人才力量作为重中之重来抓，努力造就一大批能够把握世界科技大势、研判科技发展方向的战略科技人才，培养一大批善于凝聚力量、统筹协调的科技领军人才，培养一大批勇于创新、善于创新的企业家和高技能人才，建设一支爱党报国、敬业奉献、具有突出技术创新能力、善于解决复杂工程问题的工程师队伍。习近平总书记特别强调，青年人才是国家战略人才力量的源头活水，是国家创新活力之所在，也是科技发展希望之所在。要把培育国家战略人才力量的政策重心放在青年科技人才上，造就规模宏大的青年科技人才队伍。

深化人才发展体制机制改革。创新不问出身，英雄不论出处。习近平总书记指出，要实行"揭榜挂帅""赛马"等制度，做到不论资历、不设门槛，让有真才实学的科技人员英雄有用武之地。要坚持问题导向，破除人才培养、使用、评价、服务、支持、激励等方面的体制机制障碍，破除"四唯"现象，把我国制度优势转化为人才优势、科技竞争优势，加快形成有利于人才成长的培养机制、有利于人尽其才的使用机制、有利于人才各展其能的激励机制、有利于人才脱颖而出的竞争机制，把人才从科研管理的各种形式主义、官僚主义的束缚中解放出来。要向用人主体授权，发挥用人主体在人才培养、引进、使用中的积极作用。要积极为人才松绑，完善人才管理制度，赋予科学家更大技术路线决定权、更大经费支配权、更大资源调度权，放手让他们把才华和能量充分释放出来。要完善人才评价体系，形成并实施有利于科技人才潜心研究和创新的评价体系。要面向国家战略需求推进院士制度改革，使院士制度成为引导我国科技创新人才健康成长的强大正能量。

全方位培养、引进、用好人才。创新之道，唯在得人，得人之要，必广其途以储之。习近平总书记指出，培养人才是国家和民族长远发展的大计。科技人才培育和成长有其规律，培养集聚人才，要以识才的慧眼、爱才的诚意、用才的胆识、容才的雅量、聚才的良方，健全集聚人才、发挥人才作用的体制机制，创造人尽其才的政策环境。要加强国家科普能力建设，深入实施全民科学素质提升行动。要在创新实践中发现人才、在创新活动中培育人才、在创新事业中凝聚人才，聚天下英才而用之，让更多千里马竞相奔腾。习近平总书记强调，要构筑集聚全球优秀人才的科研创新高地，完善高端人才、专业人才来华工作、科研、交流的政策，实行更加积极、更加开放、更加有效的人才引进政策，形成具有吸引力和国际竞争力的人才制度体系。要放手使用人才，在全社会营造鼓励大胆创新、勇于创新、包容创新的良好氛围，为人才发挥作用、施展才华提供更加广阔的天地，让他们人尽其才、才尽其用、用有所成。

大力弘扬科学家精神。科学成就离不开精神支撑。新中国成立以来，广大科技工作者在祖国大地上树立起一座座科技创新的丰碑，也铸就了独特的精神气质。新时代更需要继续发扬以爱国主义为底色的科学家精神。习近平总书记号召进一步弘扬科学家精神，要求大力弘扬胸怀祖国、服务人民的爱国精神，勇攀高峰、敢为人先的创新精神，追求真理、严谨治学的求实精神，淡泊名利、潜心研究的奉献精神，集智攻关、团结协作的协同精神，甘为人梯、奖掖后学的育人

由中共中央宣传部、中国科协等 6 部门共同组织的"最美科技工作者"学习宣传活动，每年选树 10 位先进个人，在全社会营造尊重劳动、尊重知识、尊重人才、尊重创造的浓厚氛围。图为 2020 年"最美科技工作者"在发布仪式录制现场留影

精神。广大科技工作者要以杰出科学家为榜样，学习他们的爱国情怀、敬业精神、高尚情操，秉持国家利益和人民利益至上，把自己的科学追求融入建设社会主义现代化国家的伟大事业中去，勇攀世界科技高峰，为加快建设科技强国、实现科技自立自强作出新的更大贡献。

习近平总书记关于科技自立自强的重要论述立意高远、内涵丰富、思想深刻，是习近平新时代中国特色社会主义思想的重要组成部分。新征程上，我们要深入学习贯彻习近平新时代中国特色社会主义思想，坚持科技是第一生产力、人才是第一资源、创新是第一动力，深入实施科教兴国战略、人才强国战略、创新驱动发展战略，加快建设教育强国、科技强国、人才强国，为全面建设社会主义现代化国家、全面推进中华民族伟大复兴而团结奋斗。

四、以青春磅礴之力助推科技自立自强

党的二十大报告提出，"加快实施创新驱动发展战略，加快实现高水平科技自立自强"。在新时代背景下，青年在科技自立自强中的作用至关重要。青年不仅是科技创新的主力军，还是国家发展战略与科技进步的重要连接者。他们以创新思维和实践能力，推动科技前沿的发展，同时在国家治理和科技决策中扮演重要角色。此外，青年科技人才在国际合作和科技伦理方面展现出前瞻性，为科技自立自强提供了动力和方向。他们的活力和才智，是推动科技自立自强的核心价值和长远影响的关键。

（一）青年在科技自立自强时代大潮中的历史使命

在当前时代，科技进步和创新已成为推动社会发展和国家强盛的关键因素。在这个过程中，青年扮演着至关重要的角色。青年作为国家未来的领导者和建设者，他们的思想活力、创新能力，以及对新知识的渴望为科技发展提供了源源不断的动力。他们不仅是科技创新的实践者，更是科技进步的主要推动者。

在科技自立自强的历史使命中，青年需积极参与到科技研究和创新实践中，通过不断学习和实践，掌握和创造前沿科学技术。这不仅需要青年个体的努力，还需要社会各界，特别是教育体系和科研机构的支持。通过提供良好的教育资源、科研平台和创新环境，可以大大促进青年在科技领域的成长和创新能力的提升。青年还应积极参与国家科技战略的制定和实施过程，以确保科技发展与国家需求和社会发展需求相一致。通过这样的参与，青年可以更好地了解国家和社会的需求，将个人的创新与国家的需求相结合，从而更有效地推动科技的自立自强。

青年在科技自立自强的过程中不仅是践行者，也是引领者。他们的活力、创新和热情是推动科技进步的重要力量。因此，充分激发青年人创新创造活力，不仅对个人发展至关重要，对于国家的科技进步和社会发展也有着不可估量的价值。

 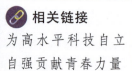
相关链接
为高水平科技自立
自强贡献青春力量

（二）青年在科技创新中的先锋作用

青年是科技创新的主要动力。他们的创造性思维和对新知识的追求为科技领域带来了新鲜血液和创新思路。在科技领域，青年科学家和工程师通过他们的专业知识和技术能力，不断拓宽科技的边界，解决实际问题，促进技术进步。青年在科技创新中扮演着连接和转化的角色。他们不仅在理论研究中取得成就，更能将理论知识应用于实践，通过实验和技术开发，将科学理论转化为实用的技术和产品。这种从理论到实践的转化是科技创新不可或缺的一环。青年科技人才也是国际科技交流与合作的重要桥梁。他们活跃于国际会议、学术交流和合作研究中，不仅促进了国际科技界的交流合作，也提升了本国在国际科技领域的影响力。

在推动科技自立自强的过程中，青年的这些作用不仅体现在直接的科技成果上，还体现在他们对科技创新文化的传播和推广上。青年通过他们的热情、创造力和实践，激励更多人参与科技创新，共同推动科技领域的发展。

青年在科技创新中的先锋作用不仅体现在科技成果的创造上，更体现在推动科技创新文化、促进国际合作和激发社会对科技创新的重视上。他们的活力、才智和创新为科技自立自强提供了强大动力。

（三）青年与国家发展战略的融合

青年群体在国家发展中扮演着关键角色，特别是在科技创新和科技自立自强方面。随着科技的飞速发展，国家越来越依赖于新一代科技人才的培养和创新能力的提升，而青年正是这一进程中的中坚力量。

青年与国家发展战略融合的关键在于如何有效地将青年的创新潜力和国家发展需求相结合。这不仅包括在教育体系中培养青年的科技创新能力，还涉及为他们提供足够的实践机会，让他们能够在科技创新的前沿领域进行实际操作和实验。另外，还要高度重视青年科技人才成长，并为他们创造有利于成长和创新的环境，使他们成为科技创新主力军。青年与国家发展战略的融合还表现在他们参与到重要科技项目和研究中，解决实际问题并推动技术进步。同时，还要引导支持青年科技人才组织和参与国际学术交流活动，通过这种方式，讲好新时代中国科技创新故事、中外科技合作故事，提升青年科技人才国际活跃度和影响力。青年与国家发展战略的融合是一个双向的过程，既需要国家为青年提供支持和机会，也需要青年积极参与并贡献自己的力量。这种融合对于推动国家科技自立自强具有重大意义。

（四）青年在新时代科技发展中的前瞻性

青年作为科技创新的活力源泉，其思想和行动的前瞻性对于科技自立自强的实现具有不可或缺的重要性。

青年科技人才具有敢于探索未知、勇于挑战现状的精神，这使他们在科技创新的最前沿扮演着重要角色。他们不满足于现有科技成果的简单应用，而是积极探索新的科学领域和技术路径。这种探索精神推动了科学理论的深入发展和技术革新的持续推进。青年在科技发展中的前瞻性还体现在他们对于科技趋势的敏感把握上。随着人工智能、大数据、云计算等新兴技术的迅速发展，青年科技人才积极参与这些领域的研究与应用，不仅推动了新技术的发展，也为传统行业的数字化转型提供了强有力的技术支撑。他们通过对新技术的深入研究和应用，引领科技发展的新方向，为社会经济的发展注入新的活力。青年的前瞻性还体现在对科技伦理和社会责任的深刻认识上。在追求科技进步的同时，他们也深刻了解到科技发展对社会、环境乃至人类未来的影响。因此，青年科技人才在进行科学研究和技术创新时，更加注重对科技伦理的考量和社会责任的承担，确保科技发展的健康和可持续性。

面对全球化和信息化时代的挑战，青年的科技前瞻性不仅仅局限于国内发展，还体现在对国际科技合作的积极参与中。他们通过与世界各地的科研机构和科技人才进行交流合作，汲取国际先进经验，共同应对全球性科技问题，如气候变化、能源危机等，展示了青年在全球科技舞台上的活跃形象和国际视野。青年在新时代科技发展中的前瞻性不仅体现在对科技前沿的追求和探索上，更体现在对科技发展趋势的敏锐洞察、对科技伦理和社会责任的深刻理解，以及对国际合作的积极参与上。他们的这些特质和行动对于科技自立自强的实现具有重大而深远的影响。

（五）青年力量在推动科技自立自强中的核心价值

青年群体在科技创新中的活跃参与，是推动科技自立自强的基础。他们敢于挑战现状，勇于探索未知，这种探索精神和创新意识是科技进步的源泉。在全球科技日新月异的背景下，青年通过不断的学习和实践，不仅在专业领域取得突破，还在推动科技领域的整体进步中发挥着重要作用。青年在科技自立自强中的核心价值还体现在他们对国家和民族未来的深刻理解上。青年科技人才清楚地认识到，科技的进步和创新是国家竞争力的关键，是提升民族自主能力和自信心的重要途径。因此，他们在科技研究和创新实践中，不仅追求个人的成长和成功，更把个人的发展与国家的需求紧密结合起来。

青年在推动科技自立自强中展现的国际视野和合作精神也是其核心价值的重要部分。在全球化时代，科技问题往往是跨国界的，需要国际合作来解决。青年科技人才积极参与国际科技交流与合作，不仅可以引入国际先进的科技理念和技术，还能提升国家在国际科技舞台上的影响力。青年在推动科技自立自强中还体现了对科技伦理和社会责任的深刻认识。在追求科技创新的同时，他们也关注科技发展可能带来的社会和环境问题，努力在科技进步和社会责任之间找到平衡。这种责任感和伦理观是科技健康发展的保障，也是实现科技自立自强的重要条件。

实现高水平科技自立自强，是中国式现代化建设的关键。青年在推动科技自立自强中的核心价值不仅体现在他们的创新能力和专业技术上，更体现在他们对国家和民族未来的深刻理解、国际视野、合作精神以及对科技伦理和社会责任的认识上。广大青年要以实现高水平科技自立自强、建设科技强国为己任，踔厉奋发、勇毅前行，为科技创新事业贡献青春力量、书写无悔青春。

拓展阅读

基础学科拔尖人才培养能力显著提升

国家基础学科拔尖人才培养战略行动推进会暨"基础学科拔尖学生培养计划"（以下简称"拔尖计划"）实施十五年工作交流会 2024 年 7 月 9 日在北京召

开，教育部有关负责人在会上介绍，"拔尖计划"自启动以来，累计在77所高水平研究型大学布局建设288个基础学科拔尖学生培养基地，共吸引了3万余名优秀学生投身基础学科。

据介绍，"拔尖计划"最早于2009年由教育部、中共中央组织部、财政部联合启动，旨在吸引最优秀的学生投身基础学科，助力学生成长为基础学科领域的领军人才。2018年，教育部等六部门又联合发布《关于实施基础学科拔尖学生培养计划2.0的意见》，推动"拔尖计划"拓围、增量、提质、创新，加快培养未来杰出的自然科学家、医学科学家、社会科学家。

"经过'拔尖计划'1.0和2.0的接续探索和实践，我国拔尖人才的自主培养能力得到了有力提升，取得了显著成绩。"教育部有关负责人表示。

据悉，"拔尖计划"累计吸引3万余名优秀学生投身基础学科，已毕业的十一届1.7万名本科生中，86%的学生在基础学科领域深造，87%的博士毕业生在高校、科研机构、企业研发机构从事基础研究工作。"拔尖计划"培育了一批基础研究的"生力军"。

一批"拔尖计划"毕业生已经在相关领域崭露头角，取得重要研究成果。如在物理领域，清华大学2008级本科生濮云飞参与实现了二维原子存储器阵列和可以同时存储72个光量子比特并进行1000次随机读写操作的量子存储器，刷新了量子存储容量的纪录；在化学领域，南京大学2012级本科生程宇豪在大三期间以第一作者身份在《自然·通讯》上发表论文，提出自供氧光动力疗法，大幅提升传统光动力药物治疗效果……"拔尖计划"实现了一批基础研究领域重大突破。

据了解，每年有超过1600名院士、国家级重要人才计划入选者等顶尖学者为拔尖基地的学生授课，授课总学时数超过5.2万学时；有接近1万名"大先生""好老师"担任"拔尖计划"的学生导师。"拔尖计划"会聚了一支大师领衔的高水平教师队伍。

遵循基础学科拔尖人才成长规律，"拔尖计划"探索形成了"使命驱动、大师引领、科教融汇、多元选拔、贯通培养、科学评价、稳定保障"的育人范式。书院、荣誉学院、实验班等新型育人载体百花齐放，涌现出北京大学"元培学院"、清华大学"姚班""钱班"、上海交通大学"致远学院"、浙江大学"竺可桢学院"等优秀的人才培养品牌。

2023年，在"拔尖计划"前期探索基础上，国家基础学科拔尖人才培养战略行动正式启动，重点依托拔尖基地所在高校，对基础学科拔尖人才的有组织培养进行强化部署。这意味着拔尖人才培养的探索进入了新阶段。

"下一步，我们要按照教育强国建设总体要求，面向国家战略需求，深刻把握人工智能等技术发展带来的新机遇新挑战，抓好重点任务，加快推进国家基础学科拔尖人才培养战略行动，为建设世界重要人才中心和创新高地提供人才支撑。"教育部有关负责人表示。

（资料来源：《光明日报》2024 年 7 月 10 日）

1. 习近平：《在全国科技大会、国家科学技术奖励大会、两院院士大会上的讲话》，《光明日报》2024 年 6 月 25 日。

2. 李晓红：《科技创新是发展新质生产力的核心要素》，《求是》2024 年第 11 期。

3.《改革，为科技强国建设提供不竭动力》，《光明日报》2024 年 7 月 1 日。

思考题

1. 贯彻加强基础研究总体要求，需要妥善处理好哪五个方面的关系？

2. 如何加快实现高水平科技自立自强，胜利推进强国建设、民族复兴历史伟业？

3. 青年在科技自立自强大潮中的历史使命是什么？

知行青春

科技立则民族立，科技强则国家强。加快实现高水平科技自立自强，是推动高质量发展的必由之路。大学生在科技自立自强的道路上扮演着重要的角色，其思想活力、创新能力以及对新知识的渴望为科技发展提供了源源不断的动力，他们不仅是科技创新的实践者，更是科技进步的主要推动者。因此，充分激发大学生的创新创造活力，不仅对个人发展至关重要，对于国家的科技进步和社会发展也有着不可估量的价值。

学生自行分组，利用课余时间深入当地科技馆或者科技企业等地进行参观学习，感受科技魅力。活动开始前需查找当地科技馆或科技企业的相关资料，确定参观地点，并提前与相关负责人协商好参观时间。参观过程中，在得到允许的情况下做好视频拍摄和文字记录工作。参观活动结束后，以小组为单位在课堂上结合搜集到的资料展开讨论，形成参观报告，并推选 1 名代表上台汇报成果。

专题六

以更大力度推动我国新能源高质量发展

　　近年来，我国以风电、光伏发电为代表的新能源发展成效显著，装机规模稳居全球首位，发电量占比稳步提升，成本快速下降，已基本进入平价无补贴发展的新阶段。同时，新能源开发利用仍存在电力系统对大规模高比例新能源接网和消纳的适应性不足、土地资源约束明显等制约因素。要实现到 2030 年风电、太阳能发电总装机容量达到 12 亿千瓦以上的目标，加快构建清洁低碳、安全高效的能源体系，必须坚持以习近平新时代中国特色社会主义思想为指导，完整、准确、全面贯彻新发展理念，统筹发展和安全，坚持先立后破、通盘谋划，更好发挥新能源在能源保供增供方面的作用，助力扎实做好碳达峰、碳中和工作。

能源保障和安全事关国计民生，是须臾不可忽视的"国之大者"。党的十八大以来，我国新型能源体系加快构建，能源保障基础不断夯实，为经济社会发展提供了有力支撑。同时也要看到，我国能源发展仍面临需求压力巨大、供给制约较多、绿色低碳转型任务艰巨等一系列挑战。习近平总书记在主持二十届中共中央政治局第十二次集体学习时指出："应对这些挑战，出路就是大力发展新能源。"这为我们推动新能源高质量发展、为中国式现代化建设提供安全可靠的能源保障指明了方向。

一、新时代以来我国新能源发展取得显著成就

党的十八大以来，各地各部门认真落实党中央、国务院决策部署，围绕新能源发展，切实加强立法、规划和政策等方面的保障工作。建立了风电光伏全额保障性收购、固定电价和财政补贴制度；制定实施可再生能源、氢能等领域规划，形成从国家到地方、从中长期到五年、从综合性到分品种的规划体系；建立健全可再生能源电力消纳责任权重制度和绿色电力证书制度，完善电价政策和新能源开发建设管理政策，实施新能源资源市场化竞争性配置，组织开展大型风电光伏基地建设等，有力保障了新能源大规模快速发展。经过持续努力，我国新能源实现从小到大到强、从跟跑到并跑到领跑的跨越式发展，为经济发展注入了新动能，为能源保供贡献了新力量，为全球能源转型提供了新方案。

我国新能源装机规模大，连续多年稳居世界第一，约占全球的40%，是美国、欧盟和印度三个国家（地区）之和。截至2023年底，全国新能源和可再生能源发电装机突破15亿千瓦，达到15.2亿千瓦，历史性超过火电装机，成为电力装机的主体，在全国发电总装机中的比重突破50%。其中，风电光伏发电装机突破10亿千瓦，达到10.5亿千瓦，在全国发电总装机中的比重达到34%，超过1/3。分品种看，水电（含抽水蓄能）4.2亿千瓦、风电4.4亿千瓦、太阳能发电6.1亿千瓦，分别连续19年、14年、9年稳居世界第一，分别约占全球的30%、43%、42%。此外，

图为河南省兰考县三义寨乡付楼村农家光伏发电设施（摄于2024年4月17日）

多种清洁能源和新型储能加快发展，截至 2023 年底，全国生物质发电装机达到 4414 万千瓦，地热供暖（制冷）达到 13.3 亿平方米，全国已投运的新型储能装机 3139 万千瓦。

我国新能源发展速度快，年均保持两位数的增长率，已成为全国新增电力装机主体，占全球风电光伏新增装机的一半以上。2012 年以来，我国风电增长了 6 倍，年均增长 20% 左右；光伏增长了 184 倍，年均增长 60% 左右。从 2016 年开始，我国新能源和可再生能源新增装机占全国新增电力总装机的比重超过 50%，2023 年达到 85%，成为我国新增电力装机的主体。自 2020 年以来，我国风电光伏连续 3 年新增装机超过 1 亿千瓦，其中 2023 年新增 2.9 亿千瓦，约占全球风电光伏新增装机的 63%。另外，新型储能 2023 年新增装机约 2260 万千瓦，是此前历年总和的 2.6 倍。

我国新能源运行质量好，实现高水平消纳利用，成为能源保供的重要力量。近年来，我国新能源发电持续保持较高的利用率水平，2023 年全国风电平均利用率 97.3%，全国光伏平均利用率 98%，新能源发电量不断增加，占比稳步提高，在能源电力保供中的作用不断凸显。2023 年全国可再生能源年发电量约 3 万亿千瓦时，约占全社会用电量的 1/3。其中风电光伏发电量 1.43 万亿千瓦时，约占全社会用电量的 15.8%，高于 13% 的全球平均水平。

我国新能源技术水平高，在全球处于领跑地位。我国新能源行业始终坚持以技术创新满足不断变化的市场需求。陆上低风速风电技术国际一流，海上大容量风电机组技术保持国际同步，在精准测风、超大型风机、漂浮式基础、柔性直流、智能化等领域已达到世界先进水平。海上风电机组最大单机容量突破 2 万千瓦，风电叶片最大长度超过 123 米，均为世界之最。在运光伏组件转换效率突破 23%，处于世界领先水平。钙钛矿电池等新型电池技术不断创新突破，实验室认证效率突破 33.9%，刷新了世界纪录。风电和光伏开发成本十年来分别下降了 60% 和 80%，风电平均度电成本降至 0.26 元，光伏度电平均成本降至 0.31 元，实现平价上网。制氢技术形成自身优势，海洋能技术也正在积极探索。

我国新能源产业竞争力强，已建成先进完备、具备国际竞争优势的全产业链体系。除满足国内需求外，我国风电光伏产品已覆盖全球 200 多个国家和地区，已成为名副其实的全球新能源产业中心。全球风电机组关键零部件和光伏多晶硅、硅片、电池片、组件等大部分是由我国生产制造。产业发展壮大，带动了一大批新能源企业参与国际合作，成为共建"一带一路"合作的亮点。

我国新能源减碳贡献多，是全球应对气候变化、减少碳排放的重要引领者和推动者。2022 年，我国单位 GDP 可再生能源发电装机约 663 瓦 / 万美元，是全球平均水平的 2.1 倍、美国的 4.8 倍。2022 年，我国可再生能源发电量相当于直接减少碳排放约 22.6 亿吨，出口的风电光伏产品为其他国家减少碳排放约 5.7 亿吨，合计减排约占全球的 41%，分别相当于美国、加拿大、印度、德国的 2.5 倍、4.1 倍、7.0 倍、8.6 倍。

二、我国新能源高质量发展面临的新形势与挑战

（一）准确把握我国新能源高质量发展面临的新形势

当今，新一轮科技革命和产业变革深入推进，全球能源发展呈现新趋势、新特点、新格局。我们要准确把握未来发展趋势，迎难而上，持续巩固提升我国新能源发展的国际领先优势。

大力发展新能源、加快能源低碳转型已成为世界各国普遍共识和一致做法。

一是各国普遍重视新能源发展。美国、欧盟等国家和地区纷纷提出加速新能源发展方案。美国提出"能源独立"，通过设立法案和计划，推动页岩油气技术应用，支持可再生能源技术，为新能源产业提供资金和政策支持。欧盟将大力发展新能源作为应对气候变化和推进能源转型的重点，推动绿色新政一揽子计划，发布《欧盟实现经济、安全和可持续能源供应的联合行动》《欧洲风电行动计划》，提出推广太阳能和风能、加速氢能部署、增加生物甲烷产量等措施，增加投资支持海上风电、绿氢、可再生燃料等发展。日本希望通过全面系统布局主导全球氢能产业链，目前已在氢燃料电池研发方面取得相对领先地位。

二是新能源将成为未来能源发展的主要方向。联合国政府间气候变化专门委员会（IPCC）研究认为，为把全球升温控制在 1.5℃左右，2050 年可再生能源应占电力供应的 70%—85%，国际能源署（IEA）、国际可再生能源署（IRENA）等机构的研究也指出，2050 年全球 85%—90% 的发电将来自可再生能源。2023 年中美共同发布的《关于加强合作应对气候危机的阳光之乡声明》、第二十八届联合国气候变化大会的《全球可再生能源和能源效率承诺》，均提出努力争取到 2030 年全球可再生能源装机增至 3 倍。

三是风电光伏仍是新能源发展的主体。据测算，我国风电的技术可开发量超过 100 亿千瓦，光伏发电的技术可开发量超过 450 亿千瓦。2060 年前实现碳中和，我国风电光伏装机规模将达到 50 亿千瓦以上，约是目前装机总量的 5 倍。各主要经济体在扩大风电光伏装机规模的同时，重点围绕降本增效开展技术攻关。美国和欧盟均积极推动钙钛矿、硅基光伏等技术创新，同时注重风电向远海高空、大型化、智能化发展。

四是储能和氢能是新能源发展的必要支撑。风电光伏发电间歇性、波动性大，大规模、高比例接入需要储能等调节性电源作为支撑，从而平抑或减少风电光伏发电出力不稳定的影响。新型储能可以在电力需求低谷时储存多余的电能，在电力需求高峰时释放，从而平衡日内电网负荷。氢能是清洁高效的二次能源，既可直接应用于交通、工业等领域，也可通过电解水制氢转化为稳定的化学能并长周期储存，在电力系统需要时再次发电，助力提升我国能源系统的整体效率。

五是多元融合是新能源发展的重要趋势。随着新能源快速发展，能源生产消费向集中式与分散式并重转变，以新能源为主的综合能源服务将广泛提供电力、制冷制热、储热等能源服务，形成源网荷储一体的绿色供能用能模式。同时，燃机掺氢发电、煤电掺氨发电等新能源和传统能源互补使用技术的经济性有望逐渐提升，通过掺氨、掺氢对煤电和气电进行燃料替代，将有效提升降碳减碳效果。

（二）我国新能源高质量发展面临的挑战

一是外部环境日益严峻复杂。近年来，美欧一方面意图通过技术、标准、政策等手段谋求新能源发展主导权；另一方面在环境、贸易、人权等领域对我国新能源企业频频出手，把中国视为主要竞争对手遏制打压。美国和欧盟对我国出口进行抵制，对光伏、电池等产品征收所谓"反倾销税"，美国甚至援引国内法"长臂管辖"，对我国相关企业进行制裁。此外，一些国家和地区还存在为保护其本地产业市场份额而阻碍我国新能源产品进入的情况。对此，我们要在坚定不移扩大开放的同时，加强形势研判、提高能力本领，促进国际国内市场融合发展，加快建立国际互认的标准体系，维护良好的外部发展环境，把握发展的主动权。

二是需求压力持续增大。从能源供应保障看，当前我国人均用能远低于发达国家，人均能源消费量约为 G7 国家平均水平的一半，人均生活用电量约为美国的 1/5。未来一段时期，我国能源消费还将保持刚性增长。据研究机构测算，未来几年我国能源消费总量每年将保持 2% 左右的增速，折合约 1.2 亿吨标准煤，如果其中一半由风电光伏发电保障，则每年需要新增风电光伏发电装机约 1.5 亿千瓦。从推动绿色低碳转型看，我国第二产业能耗约占全国能源消费总量的 70%，二氧化碳排放约占全国碳排放总量的八成，传统能源结构转型任务较为艰巨。我们要推动新能源尽快"立"起来，形成对传统能源的安全可靠替代能力。

三是矛盾制约凸显。新能源发展存在相关的土地等要素保障不够、消纳能力不足等问题。风电光伏大规模发展与用地用海空间不足之间的矛盾较为突出，新能源大规模发展对电力系统灵活调节能力提出了更高要求，西部地区新能源大基地建设所需的更多特高压外送通道要考虑通道密集、廊道紧张、大电网安全情况等，一些地方在核准新能源项目时还存在一些附加条件。新能源非技术降本增效受到影响，需要各地各部门进一步加强政策协同和要素保障，为新能源发展营造更好的环境。

四是被"弯道超车"的风险一直存在。当前，全球新能源技术更新迭代不断，如光伏行业从多晶硅到单晶硅、异质结电池、薄膜电池、钙钛矿电池，几乎每 5 年就出现颠覆性技术。目前我国钙钛矿电池技术在实验室层面暂时领先，但尚未大规模产业化，若国外钙钛矿电池产业发展速度超预期，我国光伏产业就可能面临被"弯道超车"。另外，我国风机主轴承、光伏控制系统的芯片等部分核心零部件尚未实现自主可控，锂、钴等关键资源对外依存度也较高。这些情况，都需要我们保持底线思维，加大技术攻关，持续夯实提升我国新能源技术领先的优势。

见"习"日记

能源安全事关经济社会发展全局。积极发展清洁能源，推动经济社会绿色低碳转型，已经成为国际社会应对全球气候变化的普遍共识。我们要顺势而为、乘势而上，以更大力度推动我国新能源高质量发展，为中国式现代化建设提供安全可靠的能源保障，为共建清洁美丽的世界作出更大贡献。

——2024 年 2 月 29 日，习近平总书记在中共中央政治局第十二次集体学习时的讲话

三、以更大力度推动新能源高质量发展的重大意义

党的十八大以来，习近平总书记站在战略和全局高度，对做好能源工作作出一系列重要论述，提出了"四个革命、一个合作"能源安全新战略，强调要加快建设新型能源体系，大力推进能源技术革命，特别是在中央政治局集体学习时明确指出要以更大力度推动新能源高质量发展。这为我国能源发展指明了方向和路径，为新能源高质量发展、更好地保障能源安全提供了根本遵循。我们必须学懂弄通做实习近平总书记关于能源工作的重要论述，深刻认识以更大

力度推动新能源高质量发展的重大意义。

以更大力度推动新能源高质量发展是保障能源安全、破解发展制约的必由之路。我们牢记习近平总书记嘱托，不断加强能源产供储销体系建设，构建多轮驱动的能源供应体系，14亿多人的能源安全得到有效保障。同时要看到，我国传统能源具有"富煤、少油、缺气"的资源禀赋特点。随着现代化强国建设全面推进，能源消费将持续刚性增长。当前和今后一个时期，我国能源发展面临的需求压力与供给制约仍将长期存在。应对挑战，需要充分发挥我国新能源资源丰富的特点和优势，增加能源供给总量，优化能源供给结构，全面提升可持续发展水平和国际竞争力。

以更大力度推动新能源高质量发展是推动绿色低碳转型、实现"双碳"目标的根本保证。新时代以来，我国能源结构调整加速推进，2023年可再生能源发电装机占比历史性突破50%，煤炭消费比重年均下降超过1个百分点，单位GDP能耗累计下降约27%，降幅超过同期世界平均水平的两倍。同时要看到，我国产业结构偏重、能源结构偏煤、能源效率偏低，按照2030年非化石能源消费比重达到25%目标推算，我国每年非化石能源消费比重要提高1个百分点即5000多万吨标准煤，任务艰巨。此形势下，需要在生产、生活和生态环境等各领域全方位推广和普及新能源使用，确保我国如期实现"双碳"目标，为全球应对气候变化提供中国方案、贡献中国力量。

以更大力度推动新能源高质量发展是加快形成新质生产力、抢占发展先机的动力来源。习近平总书记指出，新质生产力特点是创新，关键在质优；新质生产力本身就是绿色生产力。我们持续推动传统能源产业转型升级，大力培育新能源产业发展壮大，形成了全球领先的清洁能源产业体系，光伏、风电已成为我国具有国际竞争优势的产业。但要看到，科技创新已成为抢占未来发展先机的战略制高点，随着各国加速传统能源向新能源转型，全球能源治理正由资源主导向技术创新主导转变。适应这一趋势，需要以更大力度推动新能源高质量发展，进一步强化科技创新，加快形成新质生产力，为经济社会发展提供更多新动能。

青海中控德令哈50兆瓦光热电站是国家首批光热发电示范项目之一，装机容量50兆瓦，配置7小时熔盐储能系统，镜场采光面积54.27万平方米，设计年发电量1.46亿千瓦时，每年可节约4.6万吨标准煤，同时减排二氧化碳气体约12.1万吨。图为青海中控德令哈50兆瓦光热电站俯瞰图

121

四、大力推动我国新能源高质量发展

习近平总书记在中共中央政治局第十二次集体学习时强调，大力推动我国新能源高质量发展，为共建清洁美丽世界作出更大贡献。能源是现代经济和产业发展的生命线，推动新能源高质量发展是实现经济社会高质量发展的必由之路。党的十八大以来，以习近平同志为核心的党中央高度重视新能源高质量发展，对新能源的开发、使用与普及作出重要指示和系统部署，揭示了推动新能源高质量发展的内在规律，为新能源高质量发展指明了前进方向并擘画了清晰蓝图。

（一）推动新能源高质量发展的实践要求

推动新能源高质量发展是一项系统工程。从新能源的内涵与发展规律出发，在实践中推动新能源高质量发展，需要坚持系统思维，协同推进以下五方面的工作。

一是不断开发和丰富新能源类型。与传统能源相比，新能源的"新"主要体现为可再生性，包括太阳能、生物质能、风能、地热能、波浪能、洋流能和潮汐能在内的各类新能源都具有取之不尽、用之不竭的巨大潜力。因此，持续不断开发和丰富新能源的类型，是推动新能源高质量发展的重要支撑。一方面，加强教育宣传，构建完善的新能源研究理论和宣传体系，让更多人了解新能源的重要意义与具体特性，形成关于新能源发展的社会共识；另一方面，建立并完善政策体系，在依法合规、风险可控、可持续的前提下，加大对新能源发展的财政政策、金融政策、产业政策的支持力度，激励并引导更多市场主体投身新能源行业发展。

二是不断增强新能源产业的实力。推动新能源高质量发展，关键是提升新能源的产业化水平和市场竞争能力，新能源的产业化程度越高、市场效益越好，就越能促进新能源的高质量发展。近几年，我国的新能源产业在全球市场居于明显优势地位，新能源汽车、锂电池和光伏产品在国际市场展现了强大的竞争力，新能源汽车的出口量稳居世界首位。在推动新能源高质量发展的过程中，必须将新能源的产业化作为核心工作，将新能源产业的市场效益作为核心指标，从产品成本的控制、产品品牌的打造、销售渠道的开拓等环节全面发力，不断提高新能源产业的市场竞争能力和效益水平，实现新能源产业的内生性发展。

相关链接
中国新能源产业竞争力是在市场竞争中塑造的

三是不断扩大新能源的使用范围。推动新能源高质量发展，不仅涉及新能源的产业化和商业化过程，更需要在全社会各个领域深入拓展新能源的使用范围。在宏观层面，推动新能源与乡村振兴、城市更新、区域协调、循环经济、美丽中国等重大国家发展战略融合发展，让新能源高质量发展成为推动各个领域高质量发展的重要动力。在中观层面，推动新能源与建筑、交通、制造、消费、出口等进行深度融合，以绿色建筑、绿色交通、绿色制造、绿色消费和绿色出口加快实现经济社会绿色转型发展。在微观层面，立足居民生活各个领域，系统推进绿色生活创建行动，深入开展生态文明宣传教育，不断增强全民的节约意识、环保意识、生态意识，加快形成绿色发展方式和生活方式。

四是不断提高新能源的使用效率。近十年来，经过持续攻关和积累，我国多项新能源技术和装备制造水平已全球领先，建成了世界上最大的清洁电力供应体系，尤其是光电、风电成本快速下降，为装机规模快速提升奠定了基础。然而，在使用新能源的过程中，由于光电、风电存在波动性、间歇性等不足，无法为用户提供稳定的能源供给，成为制约其进一步扩大使用规模的主要障碍。在此情形下，确保新能源供给与用户使用的稳定性，必须加快发展储能技术，结合新能源类型与发展需要，因地制宜推进物理机械储能、电化学储能、电气储能、热储能等不同类型的储能项目建设，布局配置储能的新能源电站，保障新能源高效消纳，为电力系统提供容量支撑及调峰能力，不断提高新能源的使用效率。

五是不断夯实新能源的科技支撑。加快新能源发展从而保障能源安全是各国争相投入的主要原因。虽然我国在一些新能源领域已经取得明显优势，但鉴于新能源领域的激烈竞争态势和技术快速更迭的趋势，未来推动新能源高质量发展仍要坚持研发为本，围绕新能源发展的系统结构和整体需求，加强基础理论研究，推进重大技术和装备攻关，加快先进技术示范和推广应用，协同构建适应新能源系统的稳定技术标准体系，以科技创新支撑新能源高质量发展。

（二）加快建设新型能源体系

能源是人类文明进步的基础和动力，攸关国计民生和国家安全，关系人类生存和发展，对于促进经济社会发展、增进人民福祉至关重要。习近平总书记指出："要科学规划建设新型能源体系，促进水风光氢天然气等多能互补发展。"2023年召开的中央经济工作会议提出："加快建设新型能源体系。"建设新型能源体系，既是推动能源绿色低碳转型、实现碳达峰碳中和的重要支撑，也是保障国家能源安全的必然选择。

党的十八大以来，面对错综复杂的国际国内形势，我们党高瞻远瞩、审时

图为国网青海电力施工人员在青豫特高压输电线路工程开展施工作业

度势，创造性提出了"四个革命、一个合作"能源安全新战略，要求加快建设能源强国。在能源安全新战略指引下，我们坚持把促进新能源和清洁能源发展放在更加突出的位置，推动我国新型能源体系建设取得巨大成就，保障国家能源安全的能力不断提升。能源安全稳定供应能力强化，2022年全国石油、天然气新增探明地质储量分别超过14亿吨、1.2万

亿立方米，原油产量达到2.05亿吨，天然气产量达到2201亿立方米，原煤产量达到45.6亿吨。能源绿色低碳转型加快，完成煤电节能降碳改造、灵活性改造、供热改造"三改联动"超过5.2亿千瓦。新型电力系统建设开局良好，第一批大型风电光伏基地项目逐步并网，跨省区特高压工程加快推进，跨省跨区输电能力持续提升。电力体制改革深化，电力现货市场建设积极稳妥推进，能源价格形成机制进一步完善，煤价、上网电价、用户电价通过市场化方式实现"三价联动"。能源领域基础性前沿性研究不断加强，能源技术创新稳步推进，关键技术装备攻坚持续加快，高效清洁能源发电、先进核电、超低排放煤电、特高压输电、储能和制氢等一批技术装备取得重大突破。以中国式现代化全面推进强国建设、民族复兴伟业，必须贯彻落实党中央决策部署，加快建设新型能源体系，推进我国能源高质量发展。

统筹推进能源结构调整。加强可再生能源资源开发储量评估，对重要新能源基地、储备基地等进行中长期前瞻性布局，及时将新能源项目的空间信息按规定纳入国土空间规划"一张图"，严格落实生态环境分区管控要求，进一步强化新能源发展用地用海保障。在符合国土空间规划和用途管制要求前提下，充分利用沙漠、戈壁、荒漠等未利用地，保障新能源发展合理空间需求。加强统筹协调，加大电力和油气跨省跨区输送通道建设力度，为大型风电光伏基地跨省区消纳和就近就地消纳创造良好条件。

深化能源电力体制改革。加快推动独立储能参与中长期市场和现货市场，推动储能在削峰填谷、优化电能质量等方面发挥积极作用。建立电网侧独立储能电站容量电价机制，逐步推动储能电站参与电力市场。提升电力系统多能互补联合调度智能化水平，在保障电网安全运行和电力可靠供应的前提下，统筹优化电力市场运行与电网调度运行，健全完善电网企业相关业务流程和制度标准。充分发挥抽水蓄能、新型储能作用，保障可再生能源合理利用和电力供需

平衡。推动建立绿证（可再生能源绿色电力证书）制度并不断健全完善，积极支持交易机构组织开展绿证交易，合理增加绿证供给，引导绿证和绿电价格运行在合理区间。

可再生能源绿色电力证书，即绿证，是对可再生能源发电项目所发绿色电力颁发的具有独特标识代码的电子证书，是可再生能源电量环境属性的唯一证明，也是认定绿色电力生产、消费的唯一凭证。国家对符合条件的可再生能源电量核发绿证，1个绿证单位对应1000千瓦时可再生能源电量。绿证作为可再生能源电力消费凭证，用于可再生能源电力消费量核算、可再生能源电力消费认证等，其中，可交易绿证除用作可再生能源电力消费凭证外，还可通过参与绿证绿电交易等方式在发电企业和用户间有偿转让。国家发展改革委、国家能源局负责确定核发可交易绿证的范围，并根据可再生能源电力生产消费情况动态调整。

加强能源基础设施建设。加快推进以沙漠、戈壁、荒漠地区为重点的大型风电光伏基地建设，加速建设新能源供给消纳体系，按照推动煤炭和新能源优化组合的要求，鼓励煤电企业与新能源企业开展实质性联营。优化开发流程，加快抽水蓄能项目开发建设。鼓励电力企业建设一批集中式储能设施。鼓励建设各级各类能源数据中心，加强能源数据资源开放共享，发挥能源大数据在行业管理和社会治理中的服务支撑作用。

提升能源产业链现代化水平。支持龙头企业、行业协会利用自身优势，引导供应链之间、供应链与市场之间协调发展。鼓励电力、光伏产业链上下游企业通过战略联盟、签订长单、互相参股等方式，确立长期稳定的合作关系，完善产业链结构，强化供应链安全保障能力。规范新能源产业发展秩序，坚决打击扰乱市场行为。推动实现关键核心技术装备、器件、材料突破，持续提高行业自主创新水平。加快信息技术和能源产业融合发展，推动能源产业数字化升级，加强新一代信息技术、人工智能、云计算、区块链、物联网、大数据等新技术在能源领域的推广应用。

（三）统筹协调促进新能源高质量发展

实现新能源高质量发展，是一个需要不断克服诸多难题和挑战的长期过程。推动新能源高质量发展，必须统筹好新能源发展和国家能源安全，坚持规划先行、加强顶层设计，尤其应处理好以下关系。

一是处理好新能源与传统能源的关系。发展新能源并不意味着立即淘汰所有的传统能源。习近平总书记强调，"绿色转型是一个过程，不是一蹴而就的事情""传统能源逐步退出必须建立在新能源安全可靠的替代基础上"。在推动新能源高质量发展过程中，应高度重视新能源与传统能源的动态替代与安全平衡关系，协同推进煤、油等传统能源的清洁化利用以及新能源的有效开发工作，加快建立煤、油、气、核、新能源、可再生能源多轮驱动的多元供应体系，在确保能源安全的前提下，持续提升新能源高质量发展水平。

二是处理好产业政策支持与促进市场竞争的关系。提升新能源的产业化水平是推动新能源高质量发展的关键。作为最具市场前景的战略性新兴产业之一，攻克新能源产业化面临一系列难题，需要着力发挥各级政府的引导和支持作用，加快建立由中央制定整体规划、行业部门确定标准、地方集体响应的产业化发展路径，为新能源的产业化提供制度保障。与此同时，新能源的产业化需要高度重视市场机制的作用，营造公平竞争、自由竞争和充分竞争的市场环境，真正形成推动新能源高质量发展的合力。

三是处理好遵循整体发展规划与因地制宜差异化发展的关系。推动新能源高质量发展，是建设美丽中国、提升经济社会发展水平的关键环节，必然要求经济社会各相关领域的发展契合新能源高质量发展的要求。因此，一方面必须立足国家发展全局，结合国家绿色转型发展目标，制定系统性、整体性、约束性的新能源高质量发展规划，持续深入推进整个国家新能源的高质量发展进程；另一方面应充分考虑不同地区、不同行业、不同领域的差异性，因地制宜制定符合实际的融合发展路径，在提高本地区、本行业、本领域绿色发展水平的同时，为整个国家新能源发展水平的提高作出贡献。

2023 年 12 月 12 日，中国广核集团惠州港口 100 万千瓦海上风电场全容量并网，年发电量约 30 亿千瓦时，标志着粤港澳大湾区首个百万千瓦级海上风电项目全面建成投产。图为中国广核集团惠州港口 100 万千瓦海上风电场

四是处理好能源开发与节约利用的关系。新能源的开发与利用，是影响甚至决定新能源发展质量的关键因素。与新能源开发已经取得的巨大成就相比，我国新能源在利用环节还存在制约使用效率进一步提升的储能、运能、耗能等难题。为此，必须从提高新能源发展质量的目标出发，一体化统筹新能源的开发和利用环节，有效落实节能优先方针，把节能贯穿经济社会发展全过程和各领域。与此同时，根据能源结构转型需要，进一步

建设好新能源基础设施网络，推进电网基础设施智能化改造和智能微电网建设，提高电网对清洁能源的接纳、配置和调控能力，全面增强电力系统调节能力和灵活性。

（四）深化新能源科技创新国际合作

习近平总书记在主持中共中央政治局第十二次集体学习时指出，要深化新能源科技创新国际合作。强调要推动建立公平公正、均衡普惠的全球能源治理体系。能源安全是关系国家经济社会发展的全局性、战略性问题。人类每一次能源科技革命和产业变革都深刻影响了世界能源

🔗 **相关链接**

中国新能源产业活力涌动　优质产能助力全球可持续发展

发展局势，重塑了全球能源安全态势。当前，以绿色、低碳、智能为主要特征的新一轮能源科技革命和产业变革已成为世界发展大势。把握和引领绿色低碳发展时代潮流，深化新能源科技创新国际合作，有序推进新能源产业链合作，积极发展清洁能源，推动经济社会发展全面绿色低碳转型，成为世界各国重塑产业竞争优势和应对全球气候变化的普遍共识。

1. 新能源科技创新国际合作的重要意义

新能源科技创新国际合作是当前我国能源科技国际合作的重中之重。要深刻把握科技发展大方向，立足实现高水平科技自立自强，深刻认识推动能源科技国际合作的重要意义。

顺应世界能源技术革命趋势的迫切要求。能源绿色低碳智能化发展，是世界能源技术革命新趋势，是新一轮科技革命和产业变革的重要内容，是有效应对全球气候变化、推动全球可持续发展这些人类面临的全球共同难题的重要依托，已经成为世界能源发展大潮。科技创新是实现能源绿色低碳智能发展的第一动力，能源技术链和现代科技链有机分散于全球各国，没有哪一国可以拥有全部排他性的完整能源科技力量，深化能源科技创新需要全球各国共同合作，应对全球共同问题更需要全球层面能源科技务实合作。推动能源科技创新国际合作是深化能源科技创新、顺应能源发展大势之举。

推动能源产业链合作和产业变革的重要支撑。现代能源产业特别是以新能源为依托的现代产业，已成为全球各国产业竞争的制高点。加强能源科技创新国际合作，将深入推动全球能源产业变革和发展。新能源在全球能源结构中扮演着越来越重要的角色。预计我国2024年新能源电力装机规模将超过传统煤电，全球其他国家能源结构也将发生重大变化。新能源的加速发展应用将带动

全球能源消费革命，推动能源消费下游产业从源头上实现绿色低碳发展，进而带动全球产业变革。加强新能源科技创新国际合作，将有利于我国加快推动能源产业变革和进步，占据全球产业竞争制高点。

培育和发展新质生产力的重要助推力。习近平总书记指出，"要瞄准世界能源科技前沿，聚焦能源关键领域和重大需求，合理选择技术路线，发挥新型举国体制优势，加强关键核心技术联合攻关，强化科研成果转化运用，把能源技术及其关联产业培育成带动我国产业升级的新增长点，促进新质生产力发展"。人类历史上，工业革命与能源革命相互依存、互为促进。工业革命的迅猛发展推动了能源革命的进程，能源革命的推动又使得工业生产能力得到极大提升，促进工业革命进一步发展。当前，新一轮世界科技变革和能源技术革命已经催生出新质生产力发展的诸多重要技术和产业生长点。充分发挥我国科技创新优势，坚持以我为主，推进能源科技创新国际合作，是加速推进我国新质生产力生成和发展的必由之路。

完善国际能源治理的重要内容和平台。习近平总书记强调，"有序推进新能源产业链合作，构建能源绿色低碳转型共赢新模式。深度参与国际能源治理变革，推动建立公平公正、均衡普惠的全球能源治理体系"。当前，我国新能源科技和产业发展已经走在世界前列，具有强大的发展优势。推动新能源科技创新国际合作，既可以充分发挥我国能源科技和产业优势，充分展示我国能源绿色低碳发展实践；又可以深度参与全球能源治理，站在历史正确的一边，掌握话语权，推动全球能源治理向开放、包容、普惠、平衡、共赢的方向发展。

2. 准确把握新能源科技国际合作的战略方向和重点

以促进能源绿色低碳安全高效发展为根本，推动我国形成颠覆性技术变革的枢纽。要在加强绿色低碳技术创新上发力，瞄准能源革命前沿性、颠覆性技术，加强能源基础研究以及与大数据、人工智能、量子计算等领域的交叉融合研究，加强氢能、储能、第四代核能、可控核聚变技术、智慧能源等新兴领域的国际科技合作。加快推进传统能源领域的颠覆性技术，包括纳米技术和新材料等务实合作，与国际上相关优势单位共建研发中心。引进更多高水平人才，主动融入全球清洁能源技术创新网络和国际创新生态，努力使我国成为能源颠覆性技术变革的全球枢纽。

相关链接 中澳两国清洁能源合作充满前景

以培育和壮大新质生产力为目标，深入推进国际能源技术和产业合作。新质生产力是由技术革命性突破、生产要素创新性配置、产业深度转型升级而催生的先进生产力，以劳动者、劳动资料、劳动对象及其优化组合的跃升为基本

128

内涵，以全要素生产率提升为核心标志。要聚集新能源、新一代信息技术、新材料等战略性新兴产业，深远海能源技术等未来产业，推动多维资源整合融合，争夺新一代能源科技革命和产业变革发展先机。要巩固拓展新能源产业优势，推动大型风电、高效率光伏、光热等技术创新。要优化能源科技创新机制，推动产学研用深度融合，打好财税、金融等政策"组合拳"，推动形成更强能源创新合力。

以推动"一带一路"能源绿色低碳发展为重点，深入推进能源技术和投资合作。当前复杂国际形势和全球气候变化的大背景下，深化共建"一带一路"国家绿色能源国际合作是我国能源科技国际合作的重要战略方向。要积极发挥"一带一路"能源合作伙伴关系的制度优势，进一步加强与共建国家和地区的深度合作，共同开展政策研究与交流、人才培养与能力建设、项目研发与协调。深度参与"一带一路"国家和地区的能源转型变革，广泛推进与有关国家和地区在核电、风电、光伏、智能电网、智慧能源、能源互联互通等方面的投资技术合作。

以创新全球能源治理模式为保障，深入推进能源技术及发展模式合作。要以共同安全为追求，以互助互利合作为原则，倡导能源持续发展，构建全球能源安全和治理体系。积极参与已有国际能源组织，联合或主导创建新的国际能源组织，持续培育和推动能源绿色低碳领域多边科学计划等方式，深入推进能源技术及发展模式合作，不断提升我国在能源领域的国际影响力。认真落实全球发展倡议、全球安全倡议，讲好中国能源绿色低碳发展故事。

2024年是中华人民共和国成立75周年，也是习近平总书记提出"四个革命、一个合作"能源安全新战略10周年。我们要更加紧密地团结在以习近平同志为核心的党中央周围，深入贯彻落实习近平总书记重要指示和党的二十大精神，坚定不移把能源革命引向深入，以更大力度推动新能源高质量发展，为强国建设、民族复兴作出新的更大贡献。

再驳"中国新能源产能过剩论"

在第135届中国进出口商品交易会上，以电动载人汽车、锂电池和太阳能电池为代表的外贸"新三样"备受境外采购商青睐。这是市场需求的理性选择，也是中国制造企业长期创新研发、供应链企业高效协作的结果，体现了中国制造的综合成本优势及产品竞争力。

2024年正值美国大选之年，一些政客以"产能过剩"之名行贸易保护主义之实，抛出所谓的"中国新能源产能过剩论"，并以此作为政治筹码，将政治考量凌驾于经济关切之上。其结果不仅损人害己，还会破坏全球产业链供应链稳定畅通，阻碍世界经济和贸易增长，拖累全球经济绿色低碳转型。

产能过剩是一种普遍存在的经济现象。在市场经济条件下，供需平衡是相对的，不平衡是常态。解决这种不平衡，主要还要依靠市场力量，按照价值规律进行调节。需要指出的是，产能不是产品，产能过剩并不是说产品生产多了卖不掉，而是企业的生产能力没有得到充分利用的状态。适度超前的产能投资是产业发展的普遍选择，对于新兴产业尤为如此。

准确把握产能过剩的这一实质，就不难理解2024年《政府工作报告》为何提出"防止产能过剩和低水平重复建设"。新冠疫情3年多时间里，在全球供应链几乎停摆的情况下，中国制造业之所以能持续稳定向全球市场提供各类商品，正是与当时制造业固定资产投资快速增长密切相关。彼时的投资，如今正源源不断地转化为产能。但当前全球市场需求正在放缓，导致了部分行业产能利用不足。可以判断，这一现象是短暂的，随着世界经济回暖，部分行业低端落后产能将加快淘汰出清，而代表着绿色低碳方向的新能源领域先进产能还将迎来更大的发展空间。

对比现实，可以看出美国一些政客所谓"中国产能过剩威胁其他国家产业发展""给国际市场带来灾难"等言论，纯属无稽之谈。一季度中国规模以上工业产能利用率为73.6%，与美国78.4%的利用率基本接近。在库存水平上，3月份中国原材料库存指数为48.1%，与美国相当。但从工业利润来看，中国工业利润率呈持续增长态势。此外，中国新出口订单指数为50.6%，继续保持扩张，表明企业出口业务总体继续改善。从这个意义上看，对"产能过剩"的指责，实际上更多来自对中国工业实力发展的焦虑和遏制——美国一些政客也心知肚明，中国新能源产业优势是靠企业努力获得的，是通过充分的市场竞争塑造的，而不是他们口中"靠政府补贴"形成的。

众所周知，美国部分政客声称"中国新能源产能过剩"，其实是当地市场对中国新能源汽车、光伏等产品有需求，但本土企业和产品又缺乏足够竞争力，由此形成优胜劣汰的压力。可以肯定地说，他们对中国新能源产品的指责，既不符合客观事实，也不符合经济规律。近期在美国华盛顿召开的国际货币基金组织和世界银行春季会议上，与会经济学家和专业人士对所谓"中国新能源产能过剩论"也表示出了不解与疑惑，因为无论分析市场供需，还是观察产业发展实际，都无法得出这样令人费解的结论。

"中国新能源产能过剩论"是伪命题，中国新能源产品的竞争实力不容怀疑——

　　首先，中国新能源产业规模的快速增长并非盲目扩张，而是基于全球碳减排的迫切需求。国际能源署的报告显示，到2030年，全球新能源汽车需求量将达4500万辆，是2023年的3倍多。国际可再生能源署的测算也显示，为了实现《巴黎协定》目标，全球光伏发电装机累计容量在2030年至少要达到5400GW，是2023年全球总装机量的近4倍、我国总装机量的约9倍。显然，当前新能源产品的全球产能还远未满足未来市场的需求。在很长一段时期内，中国新能源产品仍将是市场上的俏货。全球碳减排进程带来的巨大需求，将是中国新能源产业持续向高端转型的原动力。

　　其次，新能源产业补贴是全球通用的市场手段，并非中国新能源产业的独有优势。为应对气候变化、实现全球碳减排目标，世界各国都在广泛补贴本国的新能源产业。比如，美国从2010年就开始以税收抵免的方式补贴新能源汽车销售，甚至通过《基础设施和就业法案》等立法，安排了75亿美元资金支持充电设施建设。日本早在2008年就开始对电动、清洁柴油等清洁能源车型提供补贴。德国也从2016年5月份开始对新能源汽车销售实行普遍补贴。中国从2013年实行大范围新能源汽车补贴政策，随着市场规模的扩大，该政策已于2023年正式退出。由此可见，产能过剩"补贴优势论"的观点，是根本站不住脚的。

　　再次，中国新能源产品的出口优势源自深厚的技术积累、庞大的规模效应和完整的产业体系。在市场机制作用下，中国新能源产品通过市场充分竞争和技术创新迭代，实现了新能源在产能与价格上的优势，这是中国企业自身不断努力的结果。比如，通过技术创新，我国光伏行业有效解决了成本高和并网难两大难题。同时，中国庞大的市场规模为新能源技术快速更新提供了充足空间，规模效应不仅降低了成本，也加快了新技术新产品落地推广。以新能源汽车为例，中国巨大的消费市场和多元化的用车环境，为新能源汽车产业迭代升级提供了广阔空间。

　　在国际经贸交往中，对于以"产能过剩"之名打压中国企业的贸易保护主义举措，我们坚决反对。当前，全球产能布局是市场规律和经济全球化共同作用的客观结果，是各国自身比较优势下开展分工合作、优化要素资源的必然要求，也是提高生产效率、增进民生福祉的重要举措。不论是从比较优势还是全球市场需求角度看，都不存在所谓"中国新能源产能过剩"问题。

　　正如习近平主席在中法欧领导人三方会晤时所指出，中国新能源产业在开放竞争中练就了真本事，代表的是先进产能，不仅丰富了全球供给，缓解了全球通胀压力，也为全球应对气候变化和绿色转型作出巨大贡献。在应对全球气候变化的共同挑战中，各国是相互依存、融合互助的利益共同体，开放包容、合作共赢是唯一正确的选择。只有自由贸易、充分竞争，才能形成全球产能格局的最优解，才能让全球绿色发展的底色更亮、成色更足。

（资料来源：《经济日报》2024年5月13日）

阅读推荐

1. 金观平：《中国新能源发展惠及世界》，《经济日报》2024年4月30日。

2. 苗中泉：《新能源产业发展空间广阔》，《中国电力报》2024年5月29日。

3. 丁焰章：《助力新能源高质量发展》，《人民日报》2024年4月24日。

思考题

1. 我国新能源高质量发展面临哪些挑战？

2. 以更大力度推动新能源高质量发展有什么重要意义？

3. 如何推动我国新能源高质量发展？

知行青春

随着全球经济的发展和人口的增长，传统能源资源面临日益严峻的挑战。环境问题、能源安全和可持续发展成为我们必须面对的重大挑战。在这个关键时刻，新能源的兴起为我们提供了一种解决方案，不仅对环境友好，而且能够满足未来能源需求。新能源是未来能源发展的重要方向，其发展现状和未来趋势需要引起我们的关注。

学生课后自行分组，选择与新能源相关的研究主题，以小组为单位分工合作，通过实地考察、问卷调查、网络搜集、阅读文献资料等方法，深刻认识新能源发展的现状和前景，探讨新能源在可持续发展中的重要作用，并思考如何提升自己的创新能力，结合专业知识为我国新能源产业发展贡献青春力量。小组成员进行讨论和交流后，汇总搜集到的资料与调查情况，并撰写一份不少于2000字的调查报告。

专题七

全面推进美丽中国建设，加快推进人与自然和谐共生的现代化

全面推进美丽中国建设，加快推进人与自然和谐共生的现代化，是以习近平同志为核心的党中央着眼全面建成社会主义现代化强国作出的重大战略部署。在全面建设社会主义现代化国家新征程上，要保持加强生态文明建设的战略定力，注重同步推进高质量发展和高水平保护，以"双碳"工作为引领，推动能耗双控逐步转向碳排放双控，持续推进生产方式和生活方式绿色低碳转型，加快推进人与自然和谐共生的现代化，全面推进美丽中国建设。

2023年7月17日至18日，在全国生态环境保护大会上，习近平总书记发表重要讲话，结合贯彻落实党的二十大精神，着眼全面建成社会主义现代化强国的全局和大局，系统阐释了全面推进美丽中国建设，加快推进人与自然和谐共生的现代化的一系列重大理论和实践问题，明确了今后一个时期美丽中国建设的目标任务、战略重点和主攻方向，为进一步加强生态环境保护、推进生态文明建设提供了方向指引和根本遵循。

一、美丽中国建设的总体要求和重大意义

全面推进美丽中国建设，必须全面学习贯彻习近平总书记一系列重要讲话精神，准确把握美丽中国建设总体要求，深刻认识面临的基本形势，全方位协同发力全面推进美丽中国建设。

（一）美丽中国建设的总体要求

建设美丽中国，是以习近平同志为核心的党中央深刻把握我国生态文明建设和生态环境保护形势，立足于社会主义现代化建设全局、不断满足人民日益增长的美好生活需要作出的重大战略安排，是对未来中长期推进生态文明建设和生态环境保护的统领性要求。在美丽中国建设过程中，需要首先回答什么是美丽中国、建设什么样的美丽中国、怎样建设美丽中国等重大理论和实践问题，明确美丽中国建设的内涵特征、目标要求和重点内容。

关于内涵特征。习近平总书记多次指出，"努力建设人与自然和谐共生的美丽中国""努力建设天蓝地绿水净的美丽中国""让天更蓝、山更绿、水更清、生态环境更美好"。美丽中国建设要把自然与文明结合起来，让人民在优美自然生态环境中享受极大丰富的物质文明和精神文明；也要让自然生态在现代化人类社会治理体系下，更加宁静、和谐、美丽。山清水秀但贫穷落后不是社会主义现代化，强大富裕而环境污染不是美丽中国。

关于目标要求。党的二十大提出到2035年广泛形成绿色生产生活方式、碳排放达峰后稳中有降、生态环境根本好转、美丽中国目标基本实现。这其中具有内在逻辑关系，推动经济社会绿色生产绿色生活是美丽中国建设重要途径，积极推进碳达峰碳中和是美丽中国建设重要牵引，生态环境根本好转是美丽中国建设重要标志，这些都是美丽中国

相关链接
坚持绿色发展
建设美丽中国

建设的关键目标领域。

关于建设路径。实施整体保护，按照生态系统的整体性、系统性及内在规律，推进山水林田湖草沙一体化保护和治理。推进四个方面统筹，统筹产业结构调整、污染治理、生态保护和应对气候变化，确保美丽中国建设有机协同、系统推动。实施四个方面协同，协同推进降碳、减污、扩绿、增长，实现美丽中国建设各方面各领域协同增效。坚持绿色发展，牢固树立和践行绿水青山就是金山银山的理念，推进生态优先、节约集约、绿色低碳发展。

（二）美丽中国建设的重大意义

党的十八大以来，以习近平同志为核心的党中央把生态文明建设作为统筹推进"五位一体"总体布局和协调推进"四个全面"战略布局的重要内容，把坚持人与自然和谐共生纳入新时代坚持和发展中国特色社会主义基本方略，把绿色发展作为新发展理念的重要组成部分。党的二十大擘画了全面建设社会主义现代化国家、以中国式现代化推进中华民族伟大复兴的宏伟蓝图，提出到2035年基本实现美丽中国目标。

美丽中国建设是实现中华民族永续发展的重要路径。习近平总书记强调，我国的现代化是人口规模巨大的现代化。我国14亿多人口整体迈入现代化，规模超过现有发达国家人口的总和，将极大地改变现代化的世界版图，在人类历史上是一件有深远影响的大事。促进人与自然和谐共生是中国式现代化的本质要求之一。必须站在中华民族永续发展的高度，尊重自然、顺应自然、保护自然，坚定不移走生产发展、生活富裕、生态良好的文明发展道路。

美丽中国建设是推动经济社会高质量发展的内在要求。习近平总书记强调，绿色循环低碳发展，是当今时代科技革命和产业变革的方向，是最有前途的发展领域，我国在这方面的潜力相当大，可以形成很多新的经济增长点。我国经济社会发展已进入加快绿色化、低碳化的高质量发展阶段，必须促进经济社会发展全面绿色转型，厚植高质量发展的绿色底色。

2023年10月12日，金沙江白鹤滩水电站累计发电量突破1000亿千瓦时，相当于节约标准煤约3007万吨，减排二氧化碳约8240万吨，源源不断的清洁电能输送至江苏、浙江等地，保障了长三角地区经济发展和民生用电需求。图为白鹤滩水电站

美丽中国建设是满足人民群众美好生活需要的重要举措。习近平总书记强

调，生态环境是关系党的使命宗旨的重大政治问题，也是关系民生的重大社会问题。随着社会发展，生态环境在群众生活幸福指数中的地位日益凸显。必须以更高站位、更宽视野、更大力度来谋划和推进新征程生态环境保护工作，让优美生态环境成为人民幸福生活的增长点。

美丽中国建设为构建人类命运共同体提供了中国方案。习近平总书记强调，可持续发展是社会生产力发展和科技进步的必然产物，契合世界上绝大多数国家的共同诉求。保护生态环境、应对气候变化需要世界各国同舟共济、共同努力，任何一国都无法置身事外、独善其身。美丽中国建设的实践探索，为构建人类命运共同体贡献了中国智慧和中国力量。

二、深刻理解人与自然和谐共生的现代化

习近平总书记强调要以高品质生态环境支撑高质量发展，加快推进人与自然和谐共生的现代化。深刻理解人与自然和谐共生的现代化，对于我们扎实推进美丽中国建设、全面建设社会主义现代化国家具有重要意义。

（一）人与自然和谐共生是中国式现代化的鲜明特色和本质要求

党的二十大报告提出了中国式现代化的五个中国特色，"人与自然和谐共生的现代化"就是其中之一。党的二十大报告还提出了中国式现代化的本质要求，其中也包括"促进人与自然和谐共生"。

相关链接
推动绿色发展 促进
人与自然和谐共生

人与自然和谐共生是人与自然关系这一命题中的必然要求。人与自然的关系是人类社会最基本的关系。人类在与自然的互动中生产、生活、发展。大自然是人类赖以生存和发展的基本条件，人类从自然中获取生存的基本资料。人类活动要限制在生态环境能够承受的限度内。过度攫取自然资源，就会破坏环境。不尊重环境，违背自然规律，最终也会危及人类自身。人与自然是生命共同体。所以，要尊重自然、顺应自然、保护自然，促进人与自然和谐共生。

人与自然和谐共生是中国式现代化道路的必然选择。中国式现代化是党领导人民在长期探索和实践的基础上找到的符合我国国情的现代化发展道路。基于我国面临资源环境约束更强、人口众多、资源相对不足、环境承载力较弱的基本国情，我们选择人与自然和谐共生的现代化。我们摒弃了西方国家大量消耗资源能源、肆意破坏生态环境、先污染后治理的现代化发展老路，打破了人与自然的对立关系。我们坚持创新、协调、绿色、开放、共享的新发展理念，

站在人与自然和谐共生的高度谋划发展，推进现代化国家的建设。这是对西方现代化理念与实践的突破，是适合我国的现代化发展道路，也拓展了世界各发展中国家实现现代化的现实选择。

人与自然和谐共生是中国式现代化的本质要求。中国式现代化是高质量发展的现代化，生态环境保护和经济发展是辩证统一的，二者并不是对立的关系，而是可以相辅相成的。促进人与自然和谐共生，是中国式现代化的本质要求和现实需求。要坚持人与自然和谐共生，建设美丽中国，进一步发展生态文明，走生产发展、生活富裕、生态良好的文明发展道路。

（二）人与自然和谐共生的理论基础和文化基因

人与自然和谐共生的理念继承了马克思主义生态思想，同时扎根于中华优秀传统文化，体现了中华传统文化中有关人与自然关系的哲学思想和生态智慧。

人与自然和谐共生的理念建立于马克思主义自然观、生态观的基础之上。人与自然关系的思想是马克思主义生态观的重要思想。马克思从人类社会及其历史发展的维度诠释人与自然的关系，并从实践出发去考察人与自然的关系；认为人靠自然界生活，自然物构成人类生存的自然条件。自然界对于人类而言具有客观实在性，与人类进行双向互动。人与自然和谐共生的理念，就是要立足人与自然关系和人与人关系的和谐发展，实现经济、社会、生态环境之间的协调发展，推进生态优先、节约集约、绿色低碳发展，实现了马克思主义关于人与自然关系的与时俱进。

人与自然和谐共生的理念根植于中华优秀传统生态文化。中国自古以来就形成了丰富的生态智慧和文化传统。对于人与自然的关系，中华文明历来崇尚天人合一、道法自然。"天地与我并生，而万物与我为一"的天人合一思想是中华文明的鲜明特色和独特标识。《老子》中说："人法地，地法天，天法道，道法自然。"又如孔子说："子钓而不纲，弋不射宿。"《吕氏春秋》中记："竭泽而渔，岂不获得？而明年无鱼；焚薮而田，岂不获得？而明年无兽。"这些都体现了对自然要取之以时、取之有度、用之有节，要给自然留有休养生息的空间。人与自然和谐共生烙印着中华传统生态文化的基因，体现着中华民族的生态智慧，也注定中国式现代化必然走人与自然和谐共生的道路。

（三）人与自然和谐共生的实践要求

建设人与自然和谐共生的现代化，要加强党对生态文明建设的全面领导，深入贯彻习近平生态文明思想，坚持以人民为中心，牢固树立和践行绿水青山就是金山银山的理念，推进美丽中国建设，健全美丽中国建设保障体系。

加强党的全面领导是根本保证。党的全面领导，是生态文明建设取得一系列成就的根本保证。推进人与自然和谐共生的现代化，是一项系统工程，必须加强党的全面领导，把方向、谋大局，凝聚各方力量，协调各方关系。整体谋划，推动实践，系统治理，保证美丽中国建设取得实效，建设人与自然和谐共生的现代化。

习近平生态文明思想是根本遵循。习近平生态文明思想坚持从中国生态文明建设的客观实际和丰富实践出发，既继承和创新了马克思主义自然观、生态观，又吸收和发展了中华优秀传统生态文化，是马克思主义基本原理同中国生态文明建设实践相结合、同中华优秀传统文化相结合的重大理论成果。理论是实践的指引，我们必须以习近平生态文明思想为根本遵循和行动指南，推进美丽中国建设，实现人与自然和谐共生的现代化。

牢固树立绿水青山就是金山银山的理念。坚持绿水青山就是金山银山是处理经济发展与环境保护关系的重要理念，是实现可持续发展的内在要求，也是我国生态文明建设的核心理念。实现人与自然和谐共生的现代化，就是要牢固树立绿水青山就是金山银山的理念，实现保护和发展协同共生，经济社会发展与人口、资源、环境相协调，推动绿色发展，高质量发展。

良好生态环境是最普惠的民生福祉。湖南省资兴市坚持走生态惠民绿色发展之路，狠抓生态环境保护工作，吸引全国各地游客纷至沓来。图为资兴市东江湖风景区，游客在观看渔夫撒网表演

坚持以人民为中心是根本价值取向。人民对美好生活的向往是我们的奋斗目标，增进民生福祉是我们立党为公、执政为民的本质要求。生态环境保护，与人民对美好生活的期待息息相关，这既是一个重大经济问题，也是重大社会和政治问题。良好生态环境对人民群众来讲，是最普惠的民生福祉。绿水青山，蓝天碧海，是人民幸福生活的绿色底色。人与自然和谐共生的现代化，就是要以民生为本，坚持以人民为中心的发展思想，坚持生态惠民、生态利民、生态为民，加快改善生态环境质量，为人民群众守护更健康的生存环境；提供更多优质生态产品，让人民群众享受大自然的馈赠。生活在宜居的环境中，享受良好的生态产品，是人与自然和谐共生的应有之义。

以美丽中国建设为抓手。党的十八大将生态文明建设纳入"五位一体"总体布局，并以美丽中国建设持续推动生态文明建设，取得重要成效，美丽中国

建设迈出重大步伐。建设美丽中国，是全面建设社会主义现代化国家的重要目标。当前，我国经济社会发展已进入加快绿色化、低碳化的高质量发展阶段，生态文明建设仍处于压力叠加、负重前行的关键期。面对这样的挑战，要更好推进美丽中国建设，把建设美丽中国摆在强国建设、民族复兴的突出位置。要打好"组合拳"，健全美丽中国建设保障体系。一是强化法治保障，推进法律制度修订，打牢制度基础；二是完善绿色低碳发展经济政策，强化财政、税收、金融、价格等政策的协同作用；三是处理好有效市场和有为政府的关系，让市场在环境资源配置中起决定性作用，政府做好服务和监管，规范市场管理；四是加强科技支撑，推进绿色低碳科技自立自强，建设绿色智慧的数字生态文明。以美丽中国建设助力人与自然和谐共生的现代化全面实现。

见"习"日记

我国生态环境保护结构性、根源性、趋势性压力尚未根本缓解。我国经济社会发展已进入加快绿色化、低碳化的高质量发展阶段，生态文明建设仍处于压力叠加、负重前行的关键期。必须以更高站位、更宽视野、更大力度来谋划和推进新征程生态环境保护工作，谱写新时代生态文明建设新篇章。

——2023 年 7 月 17 至 18 日，习近平总书记在全国生态环境保护大会上的重要讲话

三、以美丽中国建设全面推进人与自然和谐共生的现代化

习近平总书记在全国生态环境保护大会上发表重要讲话，从党和国家事业发展全局的高度，对以美丽中国建设全面推进人与自然和谐共生的现代化作出重大战略部署。我们要深入学习贯彻习近平总书记重要讲话精神，坚持以习近平生态文明思想为指引，踔厉奋发、勇毅前行，在强国建设、民族复兴的新征程上，努力绘就美丽中国的更新画卷。

（一）深刻把握习近平生态文明思想的创新发展，自觉用以武装头脑、指导实践、推动工作

习近平总书记在全国生态环境保护大会上的重要讲话，全面总结了生态文明建设取得的举世瞩目的巨大成就特别是历史性、转折性、全局性变化，深刻阐

述了新征程上推进生态文明建设需要处理好的重大关系，系统部署了全面推进美丽中国建设的战略任务和重大举措，明确提出了坚持和加强党对生态文明建设的全面领导的重大要求，概括起来就是"四个重大转变""五个重大关系""六项重大任务""一个重大要求"。习近平总书记的重要讲话高屋建瓴、视野宏阔、思想深邃、内涵丰富，是坚持"两个结合"，创新发展习近平生态文明思想的崭新篇章，是具有长远指导意义的马克思主义光辉文献。我们要深刻把握习近平生态文明思想的创新发展，不断从中汲取营养、深化认识，做到学思用贯通、知信行统一，做习近平生态文明思想的坚定信仰者、积极传播者、忠实实践者。

"四个重大转变"，既是对新时代生态文明建设巨大成就的系统总结，又是对新时代生态文明理论创新、制度创新、实践创新成果的高度凝练。习近平总书记强调："我们从解决突出生态环境问题入手，注重点面结合、标本兼治，实现由重点整治到系统治理的重大转变；坚持转变观念、压实责任，不断增强全党全国推进生态文明建设的自觉性主动性，实现由被动应对到主动作为的重大转变；紧跟时代、放眼世界，承担大国责任、展现大国担当，实现由全球环境治理参与者到引领者的重大转变；不断深化对生态文明建设规律的认识，形成新时代中国特色社会主义生态文明思想，实现由实践探索到科学理论指导的重大转变。""四个重大转变"全景展示了以习近平同志为核心的党中央推进生态文明建设的理念、成就和经验，采取的一系列战略性举措，推进的一系列变革性实践，实现的一系列突破性进展，取得的一系列标志性成果，既是习近平生态文明思想指导的结果，又以一系列重要原创性成果丰富发展了这一重要思想。

"五个重大关系"，充分体现了马克思主义唯物辩证的思想方法，是我们党对生态文明建设规律性认识的进一步深化。习近平总书记强调，"继续推进生态文明建设，必须以新时代中国特色社会主义生态文明思想为指导，正确处理几个重大关系"。其中，处理好高质量发展和高水平保护的关系，居于管总和引领地位，带有全局性、根本性，强调通过高水平环境保护，不断塑造发展的新动能、新优势，持续增强发展的潜力和后劲；处理好重点攻坚和协同治理的关系，是系统观念在生态文明建设具体实践中的深化运用，也是重点突破、全面推进工作思路的具体体现，既强调采取有力措施治理突出生态环境问题，又强调协同推进降碳、减污、扩绿、增长，全方位、全地域、全过程开展生态文明建设；处理好自然恢复和人工修复的关系，是遵循自然规律，积极有效开展生态保护修复的实践要求，强调综合运用自然恢复和人工修复两种手段，因地因时制宜、分区分类施策，努力找到生态保护修复的最佳解决方案；处理好外部约束和内生动力的关系，体现了外因与内因辩证统一、相互联系、互相转化的关系，强调用最严格制度最严密法治保护生态环境的同时，把建设美丽中国转化为全体人民自觉行动；处理好"双碳"承诺和自主行动的关系，体现了稳与进的统一，强调我们承诺的"双碳"目标是确定不移的，但达到这一目标的路径和方式、节奏和力度则应该而且必须由我们自己作主，决不受他人左右。"五个重大关系"蕴含着新时代新征程推进生态文明建设、美丽中国建设的深刻辩证法、战略方向、战略路径和科学思想方法，富有原创性学理哲理，是习近平生态文明思想新创造、新发展、新成果的集中体现。

"六项重大任务"，明确了当前和今后一个时期美丽中国建设的重点任务，是对党的二十大重大部署的深化和实化。党的二十大擘画了全面建设社会主义现代化国家、以中国式现代化全面推进中华民族伟大复兴的宏伟蓝图，提出到2035年"广泛形成绿色生产生活方式，碳排放达峰后稳中有降，生态环境根本好转，美丽中国目标基本实现"的目标任务，围绕"推动绿色发展，促进人与自然和谐共生"作出重大部署。习近平总书记的重要讲话，部署了持续深入打好污染防治攻坚战、加快推动发展方式绿色低碳转型、着力提升生态系统多样性稳定性持续性、积极稳妥推进碳达峰碳中和、守牢美丽中国建设安全底线、健全美丽中国建设保障体系六项重大任务。这"六项重大任务"是贯彻落实党的二十大决策部署，瞄准未来5年和到2035年美丽中国建设目标作出的重大战略安排，为美丽中国建设提供了行动纲领和科学指南。

"一个重大要求"，既是生态文明事业不断发展的"定海神针"，又是新征程实现美丽中国建设目标的根本保障。习近平总书记强调，建设美丽中国是全面建设社会主义现代化国家的重要目标，必须坚持和加强党的全面领导。各地区各部门要不断增强责任感、使命感，不折不扣贯彻落实党中央决策部署。生态环境是关系党的使命宗旨的重大政治问题。中国共产党带领人民建设我们的国家，创造更加幸福美好的生活，秉持的一个理念就是搞好生态文明。党的十八大以来，党中央以前所未有的力度抓生态文明建设，从思想、法律、体制、组织、作风上全面发力，开展一系列根本性、开创性、长远性工作，推动生态文明建设取得历史性成就、发生历史性变革。新时代的伟大实践证明，党的领导是生态文明建设不断成功的根本保障。美丽中国建设是一项长期而艰巨的重大战略任务，必须充分发挥党的领导的政治优势，不折不扣落实党中央决策部署，切实推动各项任务落地见效。

（二）深刻把握生态文明建设取得的举世瞩目的巨大成就，增强推进美丽中国建设的信心和决心

习近平总书记强调，党的十八大以来，我们把生态文明建设作为关系中华民族永续发展的根本大计，开展了一系列开创性工作，决心之大、力度之大、

成效之大前所未有，生态文明建设从理论到实践都发生了历史性、转折性、全局性变化，美丽中国建设迈出重大步伐。经过不懈努力，我国在环境质量、生态保护、绿色转型、制度体系、全球贡献等方面都取得重大成就、发生巨大变化，祖国天更蓝、地更绿、水更清，万里河山更加多姿多彩。新时代生态文明建设的成就举世瞩目，成为新时代党和国家事业取得历史性成就、发生历史性变革的显著标志。

环境质量方面。全国地级及以上城市细颗粒物（PM2.5）平均浓度历史性下降到29微克／立方米，重点城市平均浓度下降57%，重污染天数下降93%，成为全球空气质量改善最快的国家。全国地表水优良水体比例达到87.9%，接近发达国家水平，地级及以上城市黑臭水体基本消除。长江干流连续3年全线达到Ⅱ类水质，黄河干流首次全线达到Ⅱ类水质。全国近岸海域水质优良比例提高17.6个百分点。土壤环境风险得到有效管控，如期实现固体废物"零进口"目标，累计减少固体废物进口1亿吨。

新疆阿尔金山国家级自然保护区有国家一级保护动物17种，活跃着藏野驴、野牦牛、藏羚羊、藏原羚、鼠兔、黑颈鹤等珍稀动物，生物多样性日益丰富。图为在阿尔金山国家级自然保护区拍摄的藏野驴

生态保护方面。累计完成防沙治沙2.78亿亩、种草改良6亿亩，在世界上率先实现荒漠化土地和沙化土地面积"双减少"。自然保护地和陆域生态保护红线面积分别占全国陆域国土面积的18%和30%。累计完成造林10.2亿亩。森林覆盖率提高到24.02%，成为全球森林资源增长最多最快和人工造林面积最大的国家，人工林保存面积达到13.14亿亩，森林面积和森林蓄积连续30多年保持"双增长"。设立首批5个国家公园，建成首个国家植物园、种子库。300多种珍稀濒危野生动植物野外种群数量稳中有升。

绿色转型方面。我国以年均3%的能源消费增速支撑了年均超过6%的经济增长，能耗强度累计下降26.4%，是全球能耗强度降低最快的国家之一；碳排放强度累计下降超过35%，扭转了二氧化碳排放快速增长的态势。建成全球规模最大的碳市场和清洁发电体系。煤炭占能源消费比重下降至56.2%，清洁能源消费比重增长到25.9%，可再生能源装机占全国发电总装机的47.3%，超过全国煤电装机容量，水电、风电、太阳能发电、生物质发电装机都稳居世界第一。新能源汽车产销量连续8年稳居世界第一。

制度体系方面。制定几十项涉及生态文明建设的改革方案，生态文明"四梁八柱"性质的制度体系基本形成。建立健全生态文明建设目标评价考核制度、河湖长制、排污许可制度、生态保护红线制度、生态环境保护"党政同责""一岗双责"等制度。较真碰硬开展两轮中央生态环境保护督察，成为推动地方党委和政府及其相关部门落实生态环境保护责任的硬招实招。宪法修正案将生态文明写入宪法，民法典确立民事活动的"绿色原则"，刑法修正案完善"污染环境罪"等相关规定，形成"1+N+4"中国特色社会主义生态环境保护法律制度体系，相关法律达30余部。

全球贡献方面。站在对人类文明负责的高度，提出共建地球生命共同体，共建清洁美丽世界。推动《巴黎协定》达成生效实施，作出碳达峰碳中和的庄严承诺。作为主席国，成功举办《生物多样性公约》第十五次缔约方大会（COP15），达成兼具雄心又务实平衡的"昆明－蒙特利尔全球生物多样性框架"，得到国际社会广泛赞誉。建设"一带一路"绿色发展国际联盟，与31个共建国家共同发起"一带一路"绿色发展伙伴关系倡议。积极开展应对气候变化南南合作。

这些巨大成就的取得，最根本在于有习近平总书记领航掌舵，在于有习近平新时代中国特色社会主义思想特别是习近平生态文明思想

相关链接

《非凡新时代》——美丽中国

科学指引。我们要深刻领悟"两个确立"的决定性意义，增强"四个意识"、坚定"四个自信"、做到"两个维护"，继续沿着习近平总书记指引的方向奋勇前进，推动生态文明建设不断取得新的更大成就。

（三）深刻把握当前生态文明建设新形势，以更高站位、更宽视野、更大力度来谋划和推进新征程生态环境保护工作

习近平总书记强调，我国生态环境保护结构性、根源性、趋势性压力尚未根本缓解。我国经济社会发展已进入加快绿色化、低碳化的高质量发展阶段，生态文明建设仍处于压力叠加、负重前行的关键期。这是对当前生态文明建设形势的最新判断，要站在建设人与自然和谐共生现代化的高度来认识和把握。

我国是在人口规模巨大的情况下，建设人与自然和谐共生的现代化。我国人均资源占有量远低于世界平均水平，以占世界9%的耕地、6%的淡水资源，养育了世界近1/5的人口。我国14亿多人口要整体迈入现代化，实现全体人民共同富裕，破解资源环境约束面临巨大压力，如果走欧美老路，再有几个地球也不够消耗。无论是谋划经济社会发展，还是推动生态环保工作，都必须把人

口规模巨大作为立足点和出发点。

我国是在产业结构和能源结构转型任务依然很重的情况下，建设人与自然和谐共生的现代化。当前，我国绿色低碳发展水平整体还不高，结构性压力尚未根本缓解。传统产业所占比重依然较高，我国生产和消耗了世界上一半以上的钢铁、水泥、电解铝等原材料，资源能源利用效率偏低。能源需求仍将保持刚性增长，煤炭消费仍占能源消费总量的半数以上，产业结构偏重、能源结构偏煤的状况一时难以改变。公路货运量占比高达73%，污染排放大、道路扬尘重。中重型柴油货车保有量较大，是主要的移动污染源。同时，经济社会发展全面绿色转型内生动力不足、基础薄弱。

我国是在污染物和碳排放总量仍居高位的情况下，建设人与自然和谐共生的现代化。从总体上看，生态环境质量稳中向好的基础还不牢固，从量变到质变的拐点尚未到来。空气质量仍未摆脱"气象影响型"，目前全国还有超过1/3的城市空气质量不达标，PM2.5浓度是欧美平均水平的3倍左右。流域水生态问题比较突出，一些湖泊生态系统严重失衡。部分地区土壤污染持续累积。中度以上生态脆弱区域面积比例大，局部地区生态系统质量和功能问题突出，生物多样性丧失趋势尚未得到有效遏制。在较短时间内实现从碳达峰到碳中和面临巨大挑战。

知识链接

"气象影响型"，是指一个地区空气质量受气象条件的影响比较大，当气象条件有利于大气污染物扩散时，空气质量就相对好一些；当气象条件不利于污染物扩散时，空气质量就明显变差。气象条件既会产生短期的影响，如造成重污染天气等，也会对长期的空气质量产生影响，如有的年份降水偏少、风向不利等，造成空气质量反弹。

我国是在环保历史欠账尚未还清的情况下，建设人与自然和谐共生的现代化。我国长期积累的生态环境问题较多，解决起来难度大。生态环境基础设施建设仍是突出短板，新建设施维护不够，老旧设施亟待更新改造。老旧城区、城中村、城乡接合部污水管网建设还有很大差距，农村生活污水治理率有待提高。县级地区生活垃圾焚烧处理能力严重不足。全国尾矿库近万座，风险隐患比较突出。固体废物历史堆存总量高，危险废物、医疗废物应急处置能力不足。

我国是在全球环境治理形势更趋复杂化的情况下，建设人与自然和谐共生的现代化。当前世界处于新的动荡变革期，全球粮食、能源安全问题突出，产业链供应链遭遇严重冲击，逆全球化思潮泛滥。外部环境不稳定、不确定、难预料成为常态，全球环境治理挑战进一步加大，应对生态环境领域国际博弈任务艰巨。气候变化和生物多样性等公约谈判斗争激烈，有的国家要求我国承担超出发展阶段和能力的责任。部分西方国家打气候牌，出台碳关税等政策，妄图消解我国绿色低碳转型成果。全球生态环境问题政治化趋势增强。

总的来看，中国式现代化是一个"并联式"的过程，新型工业化、信息化、城镇化、农业现代化叠加发展，不同阶段、不同领域的各种问题相互交织、集中出现。建设人与自然和谐共生的现代化，呈现出时空压缩、任务复合、压力叠加的特征，既要深入推进环境污染防治，又要促进发展方式绿色低碳转型，还要加强生态系统保护修复。我们要保持清醒头脑，保持战略定力，攻坚克难、砥砺前行，推动美丽中国建设目标一步步变为美好现实。

（四）深刻把握全面推进美丽中国建设的战略任务和重大举措，谱写新时代生态文明建设新篇章

习近平总书记强调："今后 5 年是美丽中国建设的重要时期，要深入贯彻新时代中国特色社会主义生态文明思想，坚持以人民为中心，牢固树立和践行绿水青山就是金山银山的理念，把建设美丽中国摆在强国建设、民族复兴的突出位置，推动城乡人居环境明显改善、美丽中国建设取得显著成效，以高品质生态环境支撑高质量发展，加快推进人与自然和谐共生的现代化。"我们要以"时时放心不下"的责任感、积极担当作为的精气神，坚持不懈、奋发有为，全面推进青山常在、绿水长流、空气常新的美丽中国建设，为如期实现强国建设、民族复兴宏伟目标筑牢生态根基。

更加自觉落实生态文明建设政治责任。督促落实生态环境保护"党政同责"和"一岗双责"，认真落实生态文明建设部门责任清单。建立健全美丽中国建设的实施体系和推进落实机制，组织开展美丽中国建设成效考核。坚持严的基调和问题导向，继续发挥中央生态环境保护督察利剑作用，推动党中央重大决策部署落实落地。强化执法监管，依法查处环境污染和生态破坏问题，当好生态环境卫士。

党的十八大以来，经过不懈努力，我国天更蓝、地更绿、水更清，万里河山更加多姿多彩。图为甘肃省张掖市临泽县的红山湾水库，其与丹霞美景构成了一幅"戈壁水乡"生态和谐绚丽多彩的画卷

更加自觉推动生态环境质量持续改善。坚持精准治污、科学治污、依法治

污，保持力度、延伸深度、拓展广度，深入推进蓝天、碧水、净土三大保卫战。以细颗粒物控制为主攻方向，强化多污染物协同控制和区域污染协同治理，统筹推进水资源、水环境、水生态治理，强化土壤污染源头管控，加强固体废物综合治理和新污染治理，不断提高人民群众生态环境获得感、幸福感、安全感。

更加自觉推动发展方式绿色低碳转型。以减污降碳协同增效为总抓手，加快形成节约资源和保护环境的空间格局、产业结构、生产方式、生活方式。全面落实生态环境分区管控要求。完善绿色低碳发展经济政策，加快构建环保信用监管体系，规范环境治理市场，促进环保产业和环境服务业健康发展。加强应对气候变化相关工作，健全碳排放权市场交易制度。弘扬生态文明理念，激发起全社会共同呵护生态环境的内生动力。

更加自觉加大生态系统保护修复力度。统筹山水林田湖草沙一体化保护和系统治理，推进实施重要生态系统保护和修复重大工程，建立健全自然保护地体系。完善生态保护修复监管制度，开展生态保护修复成效评估。实施一批生物多样性保护重大工程，积极引领推动"昆明－蒙特利尔全球生物多样性框架"的实施，推动全球生物多样性保护。

更加自觉筑牢我国生态环境安全防线。贯彻总体国家安全观，常态化管控生态环境风险，提升国家生态安全风险研判评估、监测预警、应急应对和处置能力。持续推进"一废一库一品一重"等重点领域环境风险排查整治，指导地方妥善处置重大及敏感突发环境事件，持续推进环境应急能力建设。坚持理性、协调、并进的核安全观，严格核与辐射安全监管，提升监管能力，确保核与辐射安全万无一失。

更加自觉推进生态环境治理现代化。推动重点领域法律法规制修订。深化省以下生态环境机构监测监察执法垂直管理制度改革，提升基层生态环境部门履职能力。深化人工智能等数字技术应用，提高生态环境监管效能。实施生态环境科技创新重大行动。坚持党建与业务深度融合，努力建设一支政治强、本领高、作风硬、敢担当的生态环境保护队伍。

我国珍贵、濒危野生动物种群稳定增长

在东北虎豹国家公园，东北虎、东北豹野外种群数量从国家公园设立之初的 50 只、60 只分别增长到 70 只、80 只左右；2024 年我国 908 个水鸟集群越冬区同步监测共记录到越冬水鸟 172 种，总数量达 505 万只……

记者从国家林草局 2024 年 6 月召开的野生动物保护及国际合作成果新闻发

布会上获悉：我国珍贵、濒危野生动物呈现数量总体恢复增长和栖息环境不断优化的良好发展态势。大熊猫等 100 多种珍贵、濒危野生动物种群稳定增长。

国家林草局野生动植物保护司司长王维胜表示，我国着力推进以国家公园为主体的自然保护地体系建设，有效保护了 90% 的陆地生态系统类型和 74% 的重点野生动物种群，组织实施 48 种重点濒危野生动物拯救保护工程。

为调查掌握野生动物资源本底状况，我国在二十世纪五六十年代就全面开展科学考察，1995 年启动了首次陆生野生动物资源调查，于 2008 年发布了《中国重点陆生野生动物资源调查》报告。

党的十八大以来，我国启动实施了第二次陆生野生动物资源调查，同步开展了 289 个区域常规调查、鸟类同步调查、专项物种调查。

中国科学院院士魏辅文表示，依据上述调查成果，我国先后发布、修订了《国家重点保护野生动物名录》《有重要生态、科学、社会价值的陆生野生动物名录》，保护物种扩展到 2600 多种，保护决策依据也更加坚实充分。

"由于野生动物种类繁多、生物学特性各不相同，种群数量调查还面临技术上的困难。"魏辅文表示，针对这一问题，我国目前正在积极研发、推广资源卫星、无人机、分子生物学、人工智能等高新技术，统一规范监测技术标准，搭建陆生野生动物监测体系，争取早日实现对野生动物及其栖息地的全面监测。

大熊猫是我国特有物种，近年来，我国建立以大熊猫国家公园为主体的大熊猫自然保护地体系，大熊猫野外种群数量从二十世纪八十年代的 1100 余只增长到目前的约 1900 只。

"加强大熊猫等野生动物野外种群保护，关键在于维护其在生态系统中的作用，但也不能因此忽视其科研价值、社会价值。"北京师范大学生命科学学院教授刘定震表示，大熊猫等野生动物的人工繁育与野外种群保护是物种保护中相辅相成、相互补充的两个方面，都发挥着不可替代的作用。

"大熊猫人工繁育技术取得重大突破，建立科学优化配对繁殖、疫病防治等技术体系，大熊猫圈养种群的遗传多样性与野生大熊猫维持在同等水平，为国际合作、科普教育、放归自然等提供了有力保障。"魏辅文说。

麋鹿在历史上曾广泛分布于我国长江、黄河流域的平原、沼泽地区，但因气候变化等原因，在 20 世纪初灭绝。1985 年，我国与英国合作启动了麋鹿重引进项目，分批引进 77 只麋鹿，通过人工繁育、野化放归等措施，到目前已在历史分布区 6 个区域恢复重建野外种群，总数量达到 6000 余只。

"开展野生动物国际合作交流，对加强自然保护科普教育、科学研究和野外保护具有十分重要的意义。"王维胜表示。

（资料来源：《人民日报》2024 年 7 月 8 日，略改动）

1. 习近平：《以美丽中国建设全面推进人与自然和谐共生的现代化》，《求是》2024 年第 1 期。

2. 胡军：《强化美丽中国建设法治保障》，《民主与法制》2024 年第 21 期。

3. 曹海霞、赵秋运：《拓展生态产品价值实现路径　塑造高质量发展新优势》，《光明日报》2024 年 7 月 9 日。

思考题

1. 新征程上推进生态文明建设需要处理好哪些重大关系？

2. 人与自然和谐共生的实践要求有哪些？

3. 习近平生态文明思想的创新发展体现在哪些方面？

 知行青春

在全国生态环境保护大会上，习近平总书记站在中华民族永续发展的高度，对以美丽中国建设全面推进人与自然和谐共生的现代化作出重要部署，进一步丰富和发展了习近平生态文明思想，为包括广大青少年在内的全国各族人民吹响了美丽中国建设的奋进号角。作为新时代青年，要时刻强化"接力棒"意识，强化生态环境保护意识，树立生态环境保护观念，做好绿水青山的守护者，为生态文明建设贡献青春力量。

学生自行分组，通过问卷调查了解在校学生的绿色环保意识，收集意见和建议，并对所存在的问题有针对性地制作宣传册、海报、宣传片等，呼吁更多人投身到保护环境、保护自然的行动中来，为建设美丽中国奉献自己的力量。活动结束后，学生对活动进行总结，撰写心得体会。

坚定不移把党的伟大
自我革命进行到底

　　全面从严治党永远在路上，党的自我革命永远在路上。以中国式现代化全面推进强国建设、民族复兴伟业，是新时代最大的政治。深入学习贯彻习近平总书记关于党的自我革命的重要思想，时刻保持解决大党独有难题的清醒和坚定，以永远在路上的坚韧执着把党的自我革命进行到底，我们定能以伟大自我革命引领伟大社会革命，引领和保障中国现代化建设行稳致远。

勇于自我革命，一刻不停全面从严治党，这是着眼全党全国人民的中心任务的深刻考量。习近平总书记指出，要坚定不移反对腐败，始终保持党的团结统一，确保党永远不变质、不变色、不变味，为强国建设、民族复兴提供坚强保证。

一、准确把握党的自我革命的深刻内涵

习近平总书记关于党的自我革命战略思想，继承发展马克思主义建党学说，深刻总结党的历史经验特别是新时代治国理政实践经验，彰显了中国共产党人的初心使命、政治担当和历史自觉。党的自我革命来源于党的性质宗旨，熔铸于党的百年奋斗历程，拓展于新时代的伟大实践，具有宏阔而深刻的内涵。

（一）从本质属性看，自我革命是马克思主义政党的鲜明品格

习近平总书记在 2017 年 2 月省部级主要领导干部学习贯彻党的十八届六中全会精神专题研讨班上的重要讲话中指出，"我们党作为一个具有九十五年多历史、执政六十七年多的马克思主义政党，如何始终保持革命精神是一个十分重大而又必须解决好的课题"。这一重大论断深刻揭示了自我革命是马克思主义政党的本质属性，回答了党的自我革命的本源性问题。

从理论逻辑看，无产阶级政党是作为资产阶级政党的对立面登上历史舞台的，批判性和革命性是本质属性，这种批判性和革命性不仅仅是对着资产阶级政党而言的，从一开始就是对着无产阶级政党本身。正如马克思曾经指出的，"辩证法对每一种既成的形式都是从不断的运动中，因而也是从它的暂时性方面去理解；辩证法不崇拜任何东西，按其本质来说，它是批判的和革命的""无产阶级革命与其他革命不同之处就在于：它自己批评自己，并靠批评自己壮大起来"。列宁在评价马克思主义理论的时候也曾经讲道："这一理论对世界各国社会主义者所具有的不可遏止的吸引力，就在于它把严格的和高度的科学性同革命性结合起来，并且不仅仅是因为学说的创始人兼有学者和革命家的品质而偶然地结合起来，而是把二者内在地和不可分割地结合在这个理论本身中。"中国共产党是按照马克思主义建党学说建立起来的无产阶级政党，为了实现自己的崇高使命，能够做到"以补过为心，以求过为急，以能改其过为善，以得闻其过为明"，具有自我革命的深厚基因。

从历史逻辑看，中国共产党从成立之日起，就自觉肩负起两大历史任务：

推翻帝国主义和封建主义的统治，实现民族独立和人民解放；彻底改变国家贫困落后的面貌，实现国家富强和人民富裕。始终代表中国最广大人民的根本利益，没有任何自己特殊的利益，从来不代表任何利益集团、任何权势团体、任何特权阶层的利益，这是党敢于自我革命的勇气之源、底气所在。在实现中华民族伟大复兴的历史进程中，党之所以能够始终走在时代前列，成为中国人民和中华民族的主心骨，根本原因在于始终保持了自我革命精神，能够为了最广大人民的根本利益坚持对的、改正错的，一次次拿起手术刀革除自身的病症，一次次依靠自己努力解决自身的问题，这是我们党长盛不衰的重要原因。

从现实逻辑看，党的十八大后，中国特色社会主义进入新时代，党领导的社会革命和自我革命进入新的历史阶段。习近平总书记强调，"要把新时代坚持和发展中国特色社会主义这场伟大社会革命进行好，我们党必须勇于进行自我革命，把党建设得更加坚强有力"。面对世情国情党情的深刻变化，面对接踵而至的巨大风险挑战，我们党将自我革命同治国理政实践紧密结合，适应外部环境变化带来的风险挑战，应对国内改革发展稳定面临的深层次矛盾和问题，以敢于刀刃向内的勇气向党内顽瘴痼疾开刀，体现出一以贯之推进自我革命的坚强决心和意志。党和国家事业取得历史性成就、发生历史性变革，这些发展变化的背后，起决定性作用的是我们党自我净化的过硬特质，是永不自满、永不懈怠的精神品格，是坚持不懈同党自身存在的问题作坚决斗争的勇气和担当。

（二）从目的指向看，自我革命是保持党的先进性和纯洁性的重要保障

习近平总书记指出，"先进性和纯洁性是马克思主义政党的本质属性，我们加强党的建设，就是要同一切弱化先进性、损害纯洁性的问题作斗争，祛病疗伤，激浊扬清""四十年管党治党的经验深刻昭示我们：必须不断进行自我革命，同一切影响党的先进性、弱化党的纯洁性的问题作坚决斗争，实现自我净化、自我完善、自我革新、自我提高"。

保持先进性和纯洁性是党的自我革命的价值目标。党的先进性，是指党的理论和路线方针政策能够顺应时代发展潮流、反映人民群众愿望，使党与时俱进始终走在时代前列。党的纯洁性，是指党的组织

图为 2024 年 2 月，浙江省台州市天台县平桥镇的年轻党员围绕学习习近平总书记关于党的自我革命的重要思想，在"清廉书吧"开展"赤心谈"研讨活动，谈感悟、话体会

和党员在政治、思想、组织、作风、纪律等方面与党的性质和宗旨保持高度的一致性。党的自我革命，"革"的就是一切影响党的先进性、弱化党的纯洁性的问题，必须有正视问题的自觉和刀刃向内的勇气。当前党面临的长期执政考验、改革开放考验、市场经济考验、外部环境考验具有长期性和复杂性，精神懈怠危险、能力不足危险、脱离群众危险、消极腐败危险具有尖锐性和严峻性，党内存在的政治不纯、思想不纯、组织不纯、作风不纯等突出问题尚未得到根本解决。要勇于发扬自我革命精神，牢固树立问题导向，清醒认识各种可能动摇党的执政根基、影响党和人民事业发展的危险因素，以"君子检身，常若有过"的态度检视发现自身不足，全力解决党内存在的突出问题，确保党始终成为中国特色社会主义事业的坚强领导核心。

"四个自我"是推进党的自我革命的实践行为体系。习近平总书记指出："自我革命就是补钙壮骨、排毒杀菌、壮士断腕、去腐生肌，不断清除侵蚀党的健康肌体的病毒，不断提高自身免疫力，防止人亡政息。"我们党作为世界第一大党，没有什么外力能够打倒我们，能够打倒我们的只有我们自己。将自我革命进行到底，目的就是全面增强党自我净化、自我完善、自我革新、自我提高的能力，确保党不变质、不变色、不变味，不断巩固长期执政地位。自我净化，就是要过滤杂质、清除毒素、割除毒瘤，是我们党防止病变、强身健体的重要法宝。要教育引导全党坚定理想信念宗旨，自觉抵御各种消极腐朽思想侵蚀，提高政治免疫力，同时聚焦突出问题，自觉向体内病灶开刀，清除一切侵蚀党的健康肌体的病毒。自我完善，就是要修复肌体、健全机制、丰富功能，是我们党强基固魂、塑造自我的内在动力。要着眼于加强党的长期执政能力建设，着力补短板、强弱项，不断构建系统完备、科学规范、运行有效的制度体系，完善决策科学、执行坚决、监督有力的权力运行机制。自我革新，就是要与时俱进、自我超越，是我们党革除弊端、永葆生机的关键举措。要善于调动全党积极性、主动性、创造性，坚决破除一切不合时宜的思想观念和体制机制弊端，通过改革和制度创新压缩腐败现象生存空间和滋生土壤，营造风清气正的政治生态。自我提高，就是要有新本领、有新境界，永不僵化、永不停滞，是我们党增强本领、提升能力的有效途径。要在学习实践中砥砺品格、增长才干，全面增强执政本领，不断提升政治境界、思想境界、道德境界，永葆党的生机活力。"四个自我"既有破又有立，既有施药动刀的治病之法又有固本培元的强身之举，具有十分严密的内在逻辑关系，旨在形成依靠党自身力量发现问题、纠正偏差、推动创新、实现执政能力整体性提升的良性循环，是我们党推进自我革命的科学完备的实践行为体系。

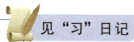
见"习"日记

　　深入推进党的自我革命，坚决打赢反腐败斗争攻坚战持久战。中国共产党是一个勇于自我革命并善于自我革命的马克思主义政党，中国共产党的百年历程，可以说是一部通过自我革命不断推进反腐败斗争的历史。新时代，如何把我国建设成为社会主义现代化强国，是党的自我革命亟需回答的时代问题。反腐败是最彻底的自我革命，我们要统筹推进全领域全覆盖全方位的反腐败斗争，使党跳出治乱兴衰的历史周期率。

　　　　　　　　　　——2024 年 1 月 8 日，习近平总书记在二十届中央
　　　　　　　　　　　　　　　　　　纪委三次全会上的重要讲话

（三）从历史脉络看，自我革命是跳出历史周期率的"第二个答案"

　　跳出历史周期率，是关系党千秋伟业的一个重大问题，关系党的生死存亡，关系我国社会主义制度的兴衰成败。如何跳出历史周期率？我们党始终在思索、一直在探索。习近平总书记指出，"我们党历史这么长、规模这么大、执政这么久，如何跳出治乱兴衰的历史周期率？毛泽东同志在延安的窑洞里给出了第一个答案，这就是'只有让人民来监督政府，政府才不敢松懈'。经过百年奋斗特别是党的十八大以来新的实践，我们党又给出了第二个答案，这就是自我革命"。习近平总书记深刻揭示了跳出历史周期率两个答案的辩证关系，强调"一百年来，党外靠发展人民民主、接受人民监督，内靠全面从严治党、推进自我革命，勇于坚持真理、修正错误，勇于刀刃向内、刮骨疗毒，保证了党长盛不衰、不断发展壮大"。要深刻认识"两个答案"一脉相承的历史逻辑，准确把握自我革命与人民监督的辩证统一关系，在两者相互促进、贯通融合中将党锻造得更加坚强有力。

知识链接

　　1945 年 7 月 4 日，民主人士黄炎培先生应邀走进延安毛泽东同志的窑洞，提出了著名的"窑洞之问"——如何跳出历史周期率？黄炎培先生说："我生六十多年，耳闻的不说，所亲眼看到的，真所谓'其兴也勃焉，其亡也忽焉'，一人，一家，一团体，一地方，乃至一国，不少单位都没有能跳出这周期率的支配力。大凡初时聚精会神，没有一事不用心，没有一人不卖力，也许那时艰难困苦，只有从万死中觅取一生。既而环境渐渐好转了，

精神也就渐渐放下了……一部历史，'政息宦成'的也有，'人亡政息'的也有，'求荣取辱'的也有。总之没有能跳出这周期率。中共诸君从过去到现在，我略略了解的了。就是希望找出一条新路，来跳出这周期率的支配。"听闻黄炎培先生肺腑之言，毛泽东同志作答："我们已经找到新路，我们能跳出这周期率。这条新路，就是民主。只有让人民来监督政府，政府才不敢松懈。只有人人起来负责，才不会人亡政息。"

自我革命和人民监督高度统一。中国共产党的崇高理想和奋斗目标，要求党必须坚守人民立场、勇于自我革命；党的本质属性和长期执政地位，要求党在接受人民监督的同时，依靠自身力量纠正失误偏差。自我革命和人民监督在党的性质宗旨是为人民服务上，实现高度统一。两者的根本目的是一致的，都是为中国人民谋幸福、为中华民族谋复兴；两者的切入点是一致的，都要聚焦人民群众反映强烈的党风政风、消极腐败等突出问题；两者的实施路径是一致的，即依据党章党规和宪法法律，通过党和国家监督制度强化对权力运行的制约和监督；两者的判断标准是一致的，即人民拥护不拥护、赞成不赞成、高兴不高兴、答应不答应。要把握好两者的内在一致性，整体谋划和推进，在生成路径、作用机制、效能发挥等方面有机融合，走好跳出历史周期率的时代新路。

自我革命和人民监督相互促进。外因是变化的条件，内因是变化的依据。人民监督是外在条件，要求党紧紧依靠人民，从最广大人民根本利益出发检视自我，纠偏补弊；自我革命是内在依据，要求党勇于刀刃向内、常思己过，不断适应人民需要。勇于自我革命才会真正欢迎人民监督，自觉接受人民监督；接受人民监督有助于推进党的自我革命，使党不断实现自我升华。要创新二者协同互促的有效载体和方法途径，将党的自我革命同发展全过程人民民主结合起来，健全人民当家作主制度体系，充分实现人民群众的知情权、表达权、监督权、参与权；同走好新时代党的群众路线结合起来，畅通人民群众建言献策和批评监督渠道，为有序政治参与创造条件；同完善党和国家监督体系结合起来，强化对权力运行的制约和监督，让人民监督权力，让权力在阳光下运行。

（四）从时代要求看，自我革命是解决大党独有难题的根本途径

解决大党独有难题这一重大命题的提出，蕴含着对我们党百余年奋斗历程的深沉思考，也是立足新时代新征程提出的新的时代课题。革命战争年代，毛泽东同志就曾经讲道："过去我们党的队伍小，只有很少的党员，现在党员的数目也并不多，但现在担负着打倒日本帝国主义、建立新中国的任务，需要我

们建设一个大党""我们要建设的一个大党，不是一个'乌合之众'的党，而是一个独立的、有战斗力的党，这样就要有大批的有学问的干部做骨干"。改革开放新时期，邓小平同志也讲过："我们是一个马克思主义的大党，我们自己不重视马克思主义的研究，不按照实践的发展来推动马克思主义的前进，我们的工作还能够做得好吗？我们讲高举马列主义、毛泽东思想的旗帜，不就成了说空话吗？"习近平总书记强调，解决好大党独有难题，"是实现新时代新征程党的使命任务必须迈过的一道坎，是全面从严治党适应新形势新要求必须啃下的硬骨头"。解决大党独有难题，从根本上讲必须发扬彻底的自我革命精神，把全面从严治党作为党的长期战略、永恒课题，把严的基调、严的措施、严的氛围长期坚持下去，把党的伟大自我革命进行到底。

新时代全面从严治党伟大实践开辟了百年大党自我革命新境界。党的十八大以来，以习近平同志为核心的党中央以"我将无我、不负人民"的高度使命感，打出一套自我革命"组合拳"，全面从严治党成为新时代党的自我革命的伟大实践。坚持以党的政治建设为统领，旗帜鲜明坚持和加强党的领导，推动全党增强"四个意识"、坚定"四个自信"、做到"两个维护"，坚守自我革命根本政治方向；坚持把思想建设作为党的基础性建设，用马克思主义中国化时代化最新成果武装全党、教育人民，淬炼自我革命锐利思想武器；坚持党性党风党纪一起抓，坚决落实中央八项规定精神，以钉钉子精神纠治"四风"，将纪律约束管在实处、深入人心，丰富自我革命有效途径；坚持以雷霆之势反腐惩恶，"打虎""拍蝇""猎狐"多管齐下，不敢腐、不能腐、不想腐一体推进，打好自我革命攻坚战、持久战；坚持增强党组织政治功能和组织力凝聚力，全面贯彻新时代党的组织路线和好干部标准，锻造忠诚干净担当的干部队伍，为推进自我革命筑牢组织基石；坚持构建自我净化、自我完善、自我革新、自我提高的制度规范体系，深化纪检监察体制改革，完善党和国家监督体系，加强法规制度建设，为推进自我革命提供制度保障；坚持以上率下、抓住"关键少数"，坚决落实管党治党主体责任和监督责任，加强对"一把手"和领导班子的监督，不断夯实自我革命的政治责任。

相关链接

坚持自我革命　纵深推进反腐败斗争

健全全面从严治党体系推动破解大党独有难题。健全全面从严治党体系，是加强新时代党的建设的重大举措，是系统观念在全面从严治党实践中的运用。要把握全面从严治党体系的统一性，坚持和加强党的全面领导，维护党中央权威和集中统一领导，完善党中央重大决策部署落实机制，严明党的政治纪律和政治规矩，推动全党坚定拥护"两个确立"、坚决做到"两个维护"。要把握全面从严治党体系的基础性，坚持制度治党、依规治党，完善以党章为根本、以民主集中制为核心的党内法规制度体系，始终在制度轨道上加强党的领导和党的建设，以刚性制度约束推动形成良好党内风气和政治生态。要把握全面从严治党体系的集成性，更加突出党的各方面建设有机衔接、联动集成、协同协调，更加突出体制机制的健全完善和法规制度的科学有效，更加突出运用治理的理念、系统的观念、辩证的思维管党治党建设党。要把握全面从严治党体系的全面性，坚持统筹谋划、系统施治，充分发挥党的政治优势、组织优势、制度优势，做到内容上全涵盖、对象上全覆盖、责任上全链条、制度上全贯通，切实发挥全面从严治党政治引领和政治保障作用，为破解大党独有难题提供具有鲜明时代特征的解决方案。

二、深入推进党的自我革命的根本遵循

2024 年 1 月 8 日，习近平总书记在二十届中央纪委三次全会上发表重要讲话，从统筹中华民族伟大复兴战略全局和世界百年未有之大变局的高度，总结新时代全面从严治党丰富实践经验和重要理论成果，深刻阐述党的自我革命的重要思想，科学回答我们党为什么要自我革命、为什么能自我革命、怎样推进自我革命等重大问题。习近平总书记关于党的自我革命的重要思想，是我们党坚持"两个结合"推进理论创新取得的新成果，是习近平新时代中国特色社会主义思想的新篇章，标志着我们党对马克思主义政党建设规律、共产党执政规律的认识达到新高度，为新时代新征程深入推进全面从严治党、党风廉政建设和反腐败斗争提供了根本遵循。

（一）关于我们党为什么要自我革命的科学回答

坚持自我革命，是对马克思主义建党学说的丰富和发展。马克思主义深刻揭示了人类社会发展的客观规律，揭示了资本主义必然灭亡和共产主义必然胜利的历史趋势，是指引人民认识世界、改造世界的强大思想武器，是指引马克思主义政党为人类求解放的社会革命理论，不仅深刻改变了世界，也深刻改变了中国。同时还深刻阐述了马克思主义政党的性质、特点、基本纲领、策略原则，强调无产阶级政党必须由最彻底最坚定的先进分子组成，"在无产阶级和资产阶级的斗争所经历的各个发展阶段上，共产党人始终代表整个运动的利益"，是指引马克思主义政党自我革命的科学理论，为马克思主义政党以党的自我革命引领社会革命提供了重要思想指导。

坚持自我革命，是应对复杂形势、完成艰巨使命任务的必然要求。党的

二十大擘画了以中国式现代化全面推进强国建设、民族复兴伟业的宏伟蓝图。党领导的社会革命迈上新征程，党的自我革命必须展现新气象，全面从严治党更要有新的认识、新的作为。从外部环境看，当今世界正经历百年未有之大变局，世界之变、时代之变、历史之变正以前所未有的方式展开，世界进入新的动荡变

相关链接
《非凡新时代》——自我革命

革期，我国发展必然会遇到各种可以预料和难以预料的风险挑战、艰难险阻甚至惊涛骇浪。从国内发展看，中华民族伟大复兴进入关键时期，我国改革发展稳定任务艰巨，发展不平衡不充分问题仍然突出，推进高质量发展还有许多卡点瓶颈，科技创新能力还不强，确保粮食、能源、产业链供应链可靠安全和防范金融风险还须解决许多重大问题，重点领域改革还有不少硬骨头要啃，等等。任务越繁重，风险考验越大，越要发扬彻底的自我革命精神，深入推进全面从严治党，为以中国式现代化全面推进强国建设、民族复兴伟业提供坚强保障。

坚持自我革命，是加强党的自身建设的迫切需要。马克思主义政党的先进性和纯洁性不是一成不变、一劳永逸的，而是在不断自我革命中淬炼而成的。马克思主义政党要保持先进性和纯洁性，实现崇高使命，必须一刻不放松地解决自身存在的问题，始终跟上时代、实践、人民的要求。习近平总书记指出，越是长期执政，越不能忘记党的初心使命，越不能丧失自我革命精神。回顾党的百余年奋斗历程可以清楚地看到，勇于自我革命是我们党最鲜明的品格，也是我们党最大的优势。中国共产党的伟大不在于不犯错误，而在于从不讳疾忌医，敢于直面问题，勇于自我革命，具有极强的自我修复能力。通过总结大革命失败教训，我们党开始认识到没有革命的武装就无法战胜武装的反革命，就无法夺取中国革命胜利。通过总结红军第五次反"围剿"失败和长征初期严重教训，我们党在遵义会议上实现了伟大历史转折。通过总结"文化大革命"惨痛教训，我们党成功开创一条中国特色社会主义道路，使中国大踏步赶上了时代。勇于自我革命，是我们党由小到大、从弱到强，在危难之际绝处逢生、失误之后拨乱反正，成为永远打不倒、压不垮的马克思主义政党的重要经验。

坚持自我革命，是对如何成功跳出治乱兴衰历史周期率、确保党永远不变质不变色不变味这个战略性问题长期思考的结果。习近平总书记指出，我们这么大一个党，有着光荣的历史、伟大的成就，一些人很容易在执政业绩光环的照耀下出现忽略自身不足、忽视自身问题的现象，陷入"革别人命容易、革自己命难"的境地。党的十八大以来，以习近平同志为核心的党中央把全面从严治党纳入"四个全面"战略布局，刀刃向内、刮骨疗毒、猛药去疴、重典治乱，使党在革命性锻造中变得更加坚强有力。新时代全面从严治党伟大实践探索出

依靠党的自我革命跳出历史周期率的成功路径，开辟了百年大党自我革命新境界，为党和国家事业取得历史性成就、发生历史性变革提供坚强保障。

（二）关于我们党为什么能自我革命的科学回答

习近平总书记深刻指出，我们党之所以有自我革命的勇气，是因为我们党除了国家、民族、人民的利益，没有任何自己的特殊利益。马克思、恩格斯在《共产党宣言》中庄严宣告："过去的一切运动都是少数人的，或者为少数人谋利益的运动。无产阶级的运动是绝大多数人的，为绝大多数人谋利益的独立的运动。"代表最广大人民的根本利益，没有自己特殊的利益，这是马克思主义政党同其他非马克思主义政党的分水岭，是马克思主义政党先进性之源，也是马克思主义政党能够进行自我革命，始终不变质不变色不变味的根本原因。

毛泽东把我们党的宗旨概括为"为人民服务"。在延安追悼张思德的会上，毛泽东深刻指出我们党和人民军队的性质宗旨，强调"我们这个队伍完全是为着解放人民的，是彻底地为人民的利益工作的"。并进一步揭示我们党能够勇于进行自我革命，是党的性质宗旨、初心使命决定的，强调"因为我们是为人民服务的，所以，我们如果有缺点，就不怕别人批评指出。不管是什么人，谁向我们指出都行。只要你说得对，我们就改正。你说的办法对人民有好处，我们就照你的办"。中国共产党人不仅是这样说的，更是这样做的。当时党外人士李鼎铭提出"精兵简政"提案后，尽管曾产生争议，有些人担心这会使边区在遭到敌军进攻时没有足够的力量来抵挡。但毛泽东看到后非常重视，把整个提案抄到自己的本子上，重要的地方用红笔圈起，认为"这个办法很好"，"他提得好，对人民有好处，我们就采用了"。很快，中共中央发出关于"精兵简政"的指示，要求切实整顿党、政、军各级组织机构，精简机关，充实连队，加强基层，提高效能，节约人力物力。陕甘宁边区先后进行三次精简，为克服边区财政经济严重困难、人民休养生息发挥了重要作用。始终坚持真理、修正错误，这是我

2024年2月，浙江迎来新一轮低温雨雪天气，位于绍兴山区的500千伏凤岩、凤苍等多条供电线路出现不同程度的覆冰情况。为保障当地供电线路的安全稳定运行，截至2月26日，国网绍兴供电公司共出动红船共产党员服务队18支，顺利完成了9条覆冰线路直流融冰工作和配电网抢修工作。图为2024年2月26日，红船共产党员服务队队员对500千伏凤岩5832线71号塔—72号塔覆冰严重区段开展特巡工作

们党历经百余年沧桑更加充满活力的成功奥秘。

习近平总书记进一步提出了中国共产党的初心和使命。强调党的初心和使命是党的性质宗旨、理想信念、奋斗目标的集中体现。习近平总书记列举了中国革命和建设中许多生动感人的例子，深刻诠释了什么是中国共产党人的初心使命。比如三个红军女战士半条被子的故事，房东徐解秀说，"什么是共产党？共产党就是自己有一条被子，也要剪下半条给老百姓的人"。再比如长征过雪山途中军需处长的故事，习近平总书记指出，管被装的宁可自己冻死也没有自己先穿暖和一点，这是多么崇高的思想境界！在党的百余年奋斗历程中，一代又一代共产党人为了追求民族独立和人民解放，不惜流血牺牲，靠的就是一种信仰，为的就是一个理想。为中国人民谋幸福、为中华民族谋复兴，是激励一代又一代中国共产党人前赴后继、英勇奋斗的根本动力。

（三）关于我们党怎样推进自我革命的科学回答

习近平总书记就新时代新征程如何深入推进党的自我革命提出"九个以"的实践要求。这些要求涵盖根本保证、根本目的、根本遵循、战略目标、主攻方向、有效途径、重要着力点、重要抓手、强大动力，既有战略安排又有工作部署，既有认识论又有方法论，构成一个系统完备、逻辑严密、内在统一的有机整体，是深入推进党的自我革命的重要顶层设计，具有很强的政治性、思想性、指导性、针对性，为新征程深入推进党的自我革命提供了强大思想武器、科学行动指南。

以坚持党中央集中统一领导为根本保证。中国特色社会主义最本质的特征就是坚持中国共产党的领导，中国的事情要办好首先中国共产党的事情要办好。深入推进党的自我革命，要坚持在党中央坚强领导下统一谋划、统一部署、统一推进，把坚持党的全面领导贯彻到管党治党全部工作之中，确保党牢牢把握全面从严治党的主动权，确保党的自我革命始终沿着正确方向进行。

以引领伟大社会革命为根本目的。党和人民事业发展到什么阶段，全面从严治党就要跟进到什么阶段。党的二十大发出为全面建设社会主义现代化国家、全面推进中华民族伟大复兴而团结奋斗的动员令，以中国式现代化全面推进强国建设、民族复兴伟业，是新时代新征程党和国家的中心任务，是新时代最大的政治。要紧紧围绕中国式现代化来谋划和推进党的自我革命，使党的自我革命更好服从服务于党的中心任务。

以习近平新时代中国特色社会主义思想为根本遵循。加强思想建党、理论强党，是我们党的优良传统和显著优势，是我们党坚定信仰信念、把握历史主动的根本所在。深入推进党的自我革命，要坚持以党的创新理论为指导，把握运用好习近平新时代中国特色社会主义思想的世界观、方法论和贯穿其中的立场观点方法，深入学习贯彻习近平总书记关于党的自我革命的重要思想，在深化、内化、转化上持续用力，自觉从党的创新理论中找理念、找思路、找方法、找举措，不断提高党的自我革命的坚定性、科学性、有效性。

以跳出历史周期率为战略目标。聚焦如何成功跳出治乱兴衰历史周期率、确保党永远不变质不变色不变味这个战略性问题，不断进行实践探索和理论创新，不断深化对党的自我革命的规律性认识，不断增强党自我净化、自我完善、自我革新、自我提高能力，及时清除一切影响党的先进性纯洁性的因素，清除侵蚀党的健康肌体的病毒，始终保持党同人民群众的血肉联系，不断巩固党的长期执政地位。

以解决大党独有难题为主攻方向。适应全面从严治党新形势新要求，聚焦大党独有难题的形成原因、主要表现和破解之道，紧紧围绕"六个如何始终"，坚持问题导向，保持战略定力，既常抓不懈，又集中发力，在不断解决大党独有难题中彰显大党优势，确保党始终总揽全局、协调各方，始终走在时代前列，始终成为中国特色社会主义事业的坚强领导核心。

以健全全面从严治党体系为有效途径。紧紧围绕党的二十大提出的健全全面从严治党体系的重大任务，坚持系统观念，坚持内容上全涵盖、对象上全覆盖、责任上全链条、制度上全贯通，把全的要求、严的基调、治的理念落实到全面从严治党体系的构建之中，不断提升制度化、规范化、科学化水平，进一步形成依靠党的自身力量发现问题、纠正偏差、推动创新、实现执政能力整体性提升的良性循环，使全面从严治党各项工作更好体现时代性、把握规律性、富于创造性。

以锻造坚强组织、建设过硬队伍为重要着力点。党的力量来自组织。党的全面领导、党的全部工作要靠党的坚强组织体系去实现。深入贯彻落实新时代党的建设总要求和新时代党的组织路线，要以提升组织力为重点、强化政治功能，完善上下贯通、执行有力的组织体系，推动各级党组织全面进步、全面过硬。坚持德才兼备、以德为先、任人唯贤，着力培养忠诚干净担当的高素质干部队伍，打造一支让党中央放心、让人民群众满意的纪检监察铁军，为更好推进强国建设、民族复兴伟业提供坚强组织保证。

以正风肃纪反腐为重要抓手。以全面从严治党永远在路上、党的自我革命永远在路上的坚定执着持之以恒正风肃纪反腐，始终坚持严的基调、严的措施、严的氛围，锲而不舍落实中央八项规定精神，严明政治纪律和政治规矩，一体推进不敢腐、不能腐、不想腐，以优良作风作引领、以严明纪律强保障、以反

相关链接
《持续发力 纵深推进》

腐惩恶清障碍，推动党的自我革命环环相扣、层层递进，在革故鼎新、守正创新中实现自我扬弃、自身跨越。

以自我监督和人民监督相结合为强大动力。依靠强化党的自我监督和人民监督推进党的自我革命，构建以党内监督为主导、各类监督贯通协调的机制，切实把党内监督同国家机关监督、民主监督、司法监督、群众监督、舆论监督贯通起来，形成全面覆盖、常态长效的监督合力，实现自律和他律良性互动、相得益彰，强化对权力运行的制约和监督，把监督制度优势更好转化为治理效能，推动党的自我革命开创新局面。

三、把党的自我革命推向深入、进行到底

习近平总书记指出，要进行好具有许多新的历史特点的伟大斗争、有效应对各种风险和挑战，实现"两个一百年"奋斗目标、实现中华民族伟大复兴的中国梦，必须把我们党建设好、建设强。党的十八大以来，我们党以前所未有的勇气和定力坚持全面从严治党，打出了一套自我革命的"组合拳"，取得了巨大成效。新征程上，要把党建设成为始终走在时代前列、人民衷心拥护、经得起各种风浪考验、适应长期执政要求、朝气蓬勃的马克思主义政党，就必须进一步把党的自我革命推向深入、进行到底。

坚定理想信念，守住共产党人的根和魂。建设坚强的马克思主义政党，首先要从理想信念做起。对马克思主义的信仰，对社会主义和共产主义的信念，是共产党人的政治灵魂，是共产党人安身立命的根本，是共产党人经受任何考验的精神支柱。我们必须补足精神之"钙"，炼就守护共产党人精神家园的"金刚不坏之身"。必须坚守奠基创业时的初心，坚守党的理想信念宗旨，始终担当起为中国人民谋幸福、为中华民族谋复兴的崇高使命，始终保持党同人民群众血肉联系，永葆党的先进性和纯洁性。

保证政治过硬，坚决做到"两个维护"。旗帜鲜明讲政治是我们党作为马克思主义政党的

近年来，由广西壮族自治区崇左市江州区驮卢镇的党员干部组成的"小电驴"先锋服务队穿街过巷，为出行不便的居民提供上门服务，为不会操作手机的居民代缴医疗保险，为发生矛盾的家庭提供调解，把最新政策法规、科技知识等送到群众手中。图为"小电驴"先锋服务队穿过街巷

根本要求。特别是党员领导干部，必须始终坚持从政治高度看问题，自觉讲政治，做到严守政治纪律和政治规矩，坚决维护党中央权威和集中统一领导、认真落实党中央决策部署。要对"国之大者"了然于胸，提高政治判断力、政治领悟力、政治执行力，切实把增强"四个意识"、坚定"四个自信"、做到"两个维护"落实到行动上。必须始终心往一处想、劲往一处使，做到凝心聚力、众志成城，始终紧密团结在党中央周围，步调一致向前进。

做到本领高强，提升执政能力。党员领导干部要不断加强学习、克服本领恐慌，从书本中学习新知、在实践中增长才干。要自觉运用马克思主义立场观点方法，培养战略思维、辩证思维、系统思维、创新思维、历史思维、法治思维、底线思维能力。勇于攻坚克难，以钉钉子精神做好做实做细各项工作，战胜前进道路上的各种艰难险阻。与时俱进提高科学执政、民主执政、依法执政水平，补足能力短板，增强党员干部适应新时代要求、领导现代化建设能力，堪当民族复兴重任。要全面增强执政本领，推进实现国家治理体系和治理能力现代化。

敢于担当作为，弘扬斗争精神。全面建设社会主义现代化国家、实现中华民族伟大复兴的宏伟目标，需要我们有更加强烈的担当精神。要发扬求真务实、真抓实干精神，树立正确政绩观，树立"功成不必在我，功成必定有我"的境界，一件事情接着一件事情办，一年接着一年干。要始终保持艰苦奋斗、奋发有为的精气神，敢于斗争、善于斗争，涉险滩、破坚冰、攻堡垒、拔城池，全力战胜前进道路上各种艰难险阻和风险挑战，依靠顽强斗争不断打开事业发展新天地。

勇于直面问题，依靠自己修正错误。我们党之所以伟大，从来不在于不犯错误，而在于从不讳疾忌医，敢于直面问题，依靠自身力量解决自身问题，依靠强大的自我纠错能力，解决自我监督难的"哥德巴赫猜想"。要持之以恒进行党风廉政建设和反腐败斗争。各级领导干部面对手中的权力，要心有所戒、行有所止。要不断汲取经验、吸取教训，坚持真理、修正错误，保证我们党在世界形势深刻变化的历史进程中始终走在时代前列，朝着正确方向前进。

加强党的作风建设，净化党内政治生态。党的十八大召开后不久，党中央以出台中央八项规定破题，有效整治不正之风，并长期坚持。要进一步以严明纪律整饬作风，大力弘扬党的光荣传统和优良作风，涵养求真务实、清正廉洁的新风正气，构建实现党的自我净化、自我完善、自我革新、自我提高的制度规范体系。要坚持固本培元、激浊扬清，持续净化党内政治生态，使党永远不变质、不变色、不变味。

保持赶考清醒，练就"绝世武功"。在延安的窑洞里，毛泽东同志给出了跳出历史周期率的第一个答案，即"只有让人民来监督政府，政府才不敢松懈"，才能避免人亡政息。经过百年奋斗特别是党的十八大以来新的伟大实践，我们党又给出了第二个答案，这就是自我革命。我们通过行动回答了"窑洞之问"，练就了中国共产党人自我净化的"绝世武功"。面对新征程新挑战新考验，我们必须居安思危、高度警省，永远保持赶考的清醒和谨慎，驰而不息推进全面从严治党，使百年大党在自我革命中不断焕发蓬勃生机。

 拓展阅读

坚持严的基调，推动反腐败斗争向纵深发展——坚定不移推进全面从严治党之"反腐篇"

"反腐败斗争形势依然严峻复杂，遏制增量、清除存量的任务依然艰巨。"

在2023年1月召开的二十届中央纪委二次全会上，习近平总书记对坚定不移深入推进全面从严治党作出战略部署，指出要把不敢腐、不能腐、不想腐有效贯通起来，三者同时发力、同向发力、综合发力，把不敢腐的震慑力、不能腐的约束力、不想腐的感召力结合起来。

一年来，在以习近平同志为核心的党中央坚强领导下，中央纪委国家监委和各级纪检监察机关有效整合反腐败工作全链条力量，坚持以零容忍态度反腐惩恶，完善动态清除、常态惩治、系统治理的机制和举措，更加有力遏制增量，更加有效清除存量，为全面建设社会主义现代化国家开好局起好步提供坚强保障。

把严的基调、严的措施、严的氛围长期坚持下去

"中国银行原党委书记、董事长刘连舸接受中央纪委国家监委纪律审查和监察调查""上海市人大常委会党组书记、主任董云虎接受中央纪委国家监委纪律审查和监察调查""贵州省委原书记孙志刚接受中央纪委国家监委纪律审查和监察调查"……

一年来，多名中管干部接受审查调查的消息，体现出我们党纵深推进反腐败斗争，把严的基调、严的措施、严的氛围长期坚持下去，把党的伟大自我革命进行到底的信心与决心。

记者发现，2023年中央纪委国家监委网站公开发布了45名中管干部接受审查调查的消息，其中不乏国企、金融等领域的领导干部。

一年来，中央纪委国家监委突出重点领域反腐败斗争，坚决清理风险隐患大的行业性、系统性、地域性腐败，聚焦国企、高校、体育、烟草等领域腐败问题加大惩治力度，深化粮食购销领域腐败问题专项整治，配合开展统计造假专项治理、全国医药领域腐败问题集中整治。

2023 年 7 月 22 日，中央纪委国家监委通报 2023 年上半年全国纪检监察机关监督检查、审查调查情况。一个变化引人注目——增加了立案行贿人员的相关数据。

数据显示，2023 年前三季度全国纪检监察机关立案行贿人员 1.2 万人，移送检察机关 2365 人，其中仅第三季度就向检察机关移送行贿人员 964 人，形成有力震慑。

坚持受贿行贿一起查。中央纪委国家监委严肃查处多次行贿、巨额行贿、向多人行贿、危害一方政治生态的行贿人，着力清除危害政治生态的重要"污染源"，构建亲清统一的新型政商关系，实现政治效果、纪法效果、社会效果有机统一。

2023 年 6 月 10 日，"百名红通人员"郭洁芳回国投案——这是党的二十大以来首名归案的"百名红通人员"，也是开展"天网行动"以来第 62 名归案的"百名红通人员"。

追逃追赃不止步。据统计，2023 年 1 月至 11 月，"天网 2023"行动共追回外逃人员 1278 人，其中党员和国家工作人员 140 人，"红通人员"48 人，追回赃款 29.12 亿元。集中力量查办跨境腐败重点案件，一查到底，向纵深推进，追赃挽损超过 102 亿元。

同时，我国深度参与反腐败全球治理，积极构建反腐败伙伴关系网络，参与反腐败国际治理体系建设，进一步强化了拒绝腐败避风港、共同打击跨境腐败的政治共识。

高质量推动完善党的自我革命制度规范体系

2023 年 12 月 27 日，新修订的《中国共产党纪律处分条例》向社会公开发布。

这是党的十八大以来，党中央对《条例》进行的第三次修订，修订后的《条例》共 3 编、158 条，为推动完善党的自我革命制度规范体系夯实基础，意义重大。

党的二十大报告首次提出"完善党的自我革命制度规范体系"并进行专门部署，进一步擘画出坚定不移全面从严治党、深入推进新时代党的建设新的伟大工程的宏伟蓝图。

一年多来，各级纪检监察机关坚持制度治党、依规治党，准确把握党的自我革命制度规范体系在全面从严治党体系中的定位，以制度建设为主线深化纪检监察体制改革，不断健全纪检监察法规制度体系，持续推动完善党的自我革命制度规范体系。

健全纪检监察法规制度体系——

出台纪检监察建议工作办法；开展第三次党内法规和规范性文件集中清理工作；加强制度阐释，发布执纪执法指导性案例……2023年，各级纪检监察机关坚持一体履行党内法规和监察法规制定职责，不断健全纪检监察法规制度体系，增强法规制度的精准性、实效性，为推动完善党的自我革命制度规范体系强化制度供给。

构建系统集成、协同高效的纪检监察工作机制——

一年来，各级纪检监察机关积极推进纪律监督、监察监督、派驻监督、巡视监督统筹衔接常态化制度化，健全"组组"协同监督、"室组"联动监督、"室组地"联合办案机制；深入推进派驻机构改革，完善派驻监督体制机制；健全以县级统筹为主的片区协作、提级监督、交叉检查工作机制，着力提升基层监督办案质效；深化监察官法实施，全面完成市县一级监察官等级首次确定工作。

推动完善党和国家监督体系——

从纪检监察专责监督体系到党内监督体系，从各类监督贯通协调机制到基层监督体系……各级纪检监察机关按照党统一领导、全面覆盖、权威高效的要求，着力推动增强监督严肃性、协同性、有效性，党和国家监督体系不断完善。

自我革命制度规范体系涵盖法规制度的制定修订、调查研究、备案审查、贯彻执行等各方面，离不开对法规制度的"瘦身""健身"，为完善党的自我革命制度规范体系做好"精装修"。

中央纪委国家监委法规室有关负责人介绍，2023年探索建立纪检监察法规工作联系点，确立了18个基层纪检监察机关作为第一批联系点，开展日常指导、经验交流、以干代训等工作，听取对法规制度建设的意见建议，加强对基层纪检监察机关学规用规的指导服务，以点带面推动法规制度建设上下一体高质量发展。

一体推进守住拒腐防变的精神堤坝

"今天的警示教育片和警示教育课让我很受震撼，有的涉案人员是我熟悉的人，他们一步一步走向深渊，教训深刻、发人深省。"2023年11月28日，参加浙江省丽水市"两片一课助青廉"警示教育活动的年轻干部感触颇深。

…………

深入骨髓的思想教育，刻骨铭心的精神洗礼，督促广大党员干部勤掸"思想尘"、多思"贪欲害"、常破"心中贼"，进一步提升拒腐防变的思想自觉和行动自觉。

各级纪检监察机关不断健全一体推进"三不腐"机制，在运用案例进行警示教育的同时，持续强化以案为鉴、以案促改、以案促治，做细做实"后半篇文章"，完善防治腐败滋生蔓延的体制机制，充分发挥思想教育"法宝"作用，将其贯穿日常监督和执纪执法全过程。

（资料来源：新华网，http://www.xinhuanet.com/politics/20240104/9645 5e6a219f46a5b4a6a477a776abda/c.html，略改动）

阅读推荐

1. 祝灵君：《学习领悟习近平总书记关于党的自我革命的重要思想》，《红旗文稿》2024年第3期。

2. 桑学成、成捷：《深入学习贯彻习近平总书记关于党的自我革命的重要思想》，《光明日报》2024年1月24日。

3. 曲青山：《党的自我革命：一个全新范畴和重大命题》，《中国纪检监察报》2023年9月21日。

思考题

1. 如何准确把握党的自我革命的深刻内涵？
2. 我们党为什么能自我革命？
3. 我们党应怎样推进自我革命？

知行青春

《论党的自我革命》一书收录、摘编了党的十八大以来习近平总书记有关报告、讲话、文章、指示、批示等重要文献，其中部分内容是第一次公开发表。本书深入阐述了中国共产党自我净化、自我完善、自我革新和自我提高的历史价值、现实意义和未来方向，是中国共产党自我革命的纲领性文献，也是中国特色社会主义事业发展的重要指南。理论上成熟是政治上成熟的基础，政治上的坚定源于理论上的清醒。广大青年应通过学习《论党的自我革命》，进一步经受思想淬炼、精神洗礼，坚定理想信念，不断提高思想觉悟，进而不断筑牢信仰之基、补足精神之钙、把稳思想之舵。

学生课后以小组为单位阅读《论党的自我革命》一书，撰写读后感并提交任课教师。同时，各组自行选择内容，以便之后在课堂上诵读，诵读过程要做到声音洪亮、感情真挚，诵读完成后自由交流分享感悟。

认识世界发展大势，维护世界和平稳定

　　当今世界正在经历百年未有之大变局，这种变化是前所未有的。未来十年，大国关系的竞争性会更强，国际秩序维护与重构的斗争也将更为激烈，世界面临的不确定性不稳定性还将持续存在较长时间。世界潮流，浩浩荡荡，是任何力量也无法阻挡的。但人类历史的发展又是曲折的，潮流向前时也会出现回头的旋涡，当今世界还存在许多与历史发展潮流相悖的思想、观念、做法，改变需要时间。为此，我们要努力推动构建人类命运共同体，维护世界和平稳定，促进人类发展进步。

当前，百年变局加速演进，世界之变、时代之变、历史之变正以前所未有的方式展开。党的二十大报告指出，"世界又一次站在历史的十字路口，何去何从取决于各国人民的抉择"。近些年来，地缘政治危机频现，气候变化等全球性挑战凸显，这让世界各国深刻认识到，命运与共、休戚相关是当今世界的最大现实，同舟共济、合作共赢是应对挑战的必由之路。越来越多的国家和人民意识到，人类的命运应该由各国共同掌握，世界的未来需要大家共同创造。只有各国行天下之大道，和睦相处、合作共赢，繁荣才能持久，安全才有保障。

我们所处的是一个充满挑战的时代，也是一个充满希望的时代。面对变乱交织的国际环境，中国将坚定做这个世界的和平力量、稳定力量、进步力量，坚定站在历史正确的一边，站在人类文明进步的一边。中国将更加坚定地推动构建人类命运共同体，倡导践行真正的多边主义，坚定维护国际公平正义，坚决反对霸权主义和强权政治，积极参与全球治理体系改革与建设，为促进世界和平发展、引领人类进步潮流作出更大贡献。

一、世界格局加速演变，安全和发展问题更加突出

回顾 2023 年，世界充满动荡不安，人类面临多重挑战。保护主义、泛安全化冲击世界经济，单边主义、集团政治重创国际体系。俄乌冲突延宕加剧，中东冲突硝烟再起。人工智能、气候变化、太空极地等新的挑战接踵而来。不论国际风云如何变幻，中国作为负责任大国，将始终保持大政方针的连续性和稳定性，坚定做动荡世界中的稳定力量。

（一）2024 年国际社会仍处于动荡变革期

2023 年国际力量对比深刻调整，大国博弈的广度和烈度上升，发达国家内部矛盾深重，世界经济增长放缓，人类面临的全球挑战前所未有。俄罗斯与美国及西方的地缘政治对抗的尖锐化和俄乌冲突的长期化对俄罗斯寻求稳定带来一系列新的考验，政权安全成为俄罗斯内外政策的重中之重，是俄罗斯一切工作的出发点和落脚点。中亚地区形势总体稳定，安全形势可控，对外关系呈现多元化势头。欧洲求变心切，艰难应对俄乌冲突引发的挑战，政治碎片化有增无减。欧盟扩大进程有所突破，但扩大与深化的内在矛盾难解。非洲政局在变乱交织中继

🔗 相关链接
持续拱火 北约加大
"援乌反俄"力度

续保持总体稳定，和平发展仍是主流，非洲大陆自贸区和一体化进程不断推进。非洲国家积极探索自主发展与国际协调并重的发展路径，在经济和外交领域的自主性明显提升。中东国家政治发展趋稳，经济缓慢恢复，但增速尚弱，地区安全呈现缓和与冲突交织的态势。拉美地区动荡与变革力量相互交织、加速演进，寻求经济发展的变革诉求上升。拉美新一轮左翼浪潮略显受阻，地区左翼力量仍占据优势，左右翼力量依旧呈现复杂博弈局面，但政治碎片化和极化现象导致可治理性降低。亚太地区面临双重安全挑战，凸显了安全与经济因素相互交织的特点。随着美国对华全面战略竞争影响加剧，主要经济体不断调整战略规划，但地区态势总体得到维持。

2024年在各种因素的相互作用下，全球原有趋势持续演化，国际动荡变革期的特点凸显。俄罗斯难以摆脱在国际上的孤立状态，对外政策面临的形势更加严峻。中亚和高加索地区将继续保持外交多元的态势。欧洲将采取"双管齐下"的策略，一方面持续致力于构建与美国的建设性关系，另一方面将加强自身实力发展，以减轻美国大选可能对欧洲的影响。欧美关系能否适应新的环境，以及如何保持双边关系的韧性，将取决于2024年美国大选的结果。非洲形势将呈现稳中有乱、乱中有韧、变乱交织、复苏发展的特征。大国博弈仍是非洲国际关系的底色。墨西哥、委内瑞拉、乌拉圭等拉美七国将举行大选，地区政治力量格局将面临新的调整，拉美经济延续低迷增长态势，中短期内整体上仍有抗风险能力。亚太地区经济发展机遇与挑战并存，地区安全局势不确定性进一步上升，地区内多场重要政治选举接踵而至，地区合作双向态势仍将延续。

1.全球形势分析与展望

2023年，大国间地缘政治与意识形态竞争的烈度依然居高不下，继续推动整个国际体系加速分化重组，风高浪急的百年变局之中仍在累积涌起惊涛骇浪的动能。2024年，在动荡变革的全球大趋势下，世界面临新的不稳定、不确定和难预料因素。在各种因素的相互作用下，全球原有趋势持续演化并呈现一些新的特征：全球治理体系离散化，美西方国内政治极端化，世界经济"再全球化"，产业政策主流化，美国对华战略明朗化，全球经济发展低碳化，国际货币体系多元化，人工智能武器化，全球生产与交换数字化及核与太空威胁现实化。2024年全球可能遭遇的重大风险主要包括：美国大选产生负面溢出效应，全球经济出现大幅下滑，极端天气与自然灾害冲击粮食安全与供应链稳定，全球债务重回加杠杆轨道，巴以冲突扩大化，俄乌冲突延宕升级，全球暴恐袭击回潮，网络安全形势日趋复杂，中国周边出现地缘政治冲突及全球重大传染病再次暴发。

2. 俄罗斯及欧亚地区形势分析与展望

2023年俄乌冲突延宕升级，地区局势紧张加剧，全球陷入动荡不安之中，俄罗斯及欧亚地区各国的经济发展和社会稳定都面临着前所未有的挑战。对于俄罗斯来说，俄乌冲突是安全与发展的最大外部环境。俄罗斯国际影响力遭到削弱，受到西方的空前孤立和打压，但经济表现出了足够的韧性，经受住了制裁的考验。政权安全问题成为俄罗斯内政的中心工作，是俄罗斯一切工作的出发点和落脚点。2023年俄罗斯新的对外政策构想反映了俄罗斯对外部世界的重新认知，体现出应对外部危机的对外战略思考。2023年俄罗斯在全球外交实践中阵营化态势明显，对抗西方，倚重东方。2023年中亚地区形势总体稳定，各国未有动荡和骚乱事件，经济持续增长，安全形势可控，边界关系稳定，对外关系保持多元化势头，但同样面临各种挑战。

3. 欧洲形势分析与展望

2023年，欧洲求变心切，艰难应对俄乌冲突引发的挑战。欧洲经济持续低迷，尽管通胀压力逐渐缓解，但上行风险未解除，高利率抑制经济活力，贸易拉动作用有所减弱，复苏动力不足。欧洲政治稳中有变，政治碎片化有增无减，欧盟扩大进程有所突破，但扩大与深化的内在矛盾难解。在对外关系上，欧盟以"峰会外交"为抓手，同美国、乌克兰、日本等国强化纽带关系，对中国采取"再接触"与"去风险"并举的政策。展望2024年，欧洲经济复苏之路，英国大选，欧洲议会选举及欧盟机构领导人换届，欧洲坚持"战略自主"的努力值得认真关注。面对欧洲内外变局，中欧关系的不确定性和复杂性仍存，但在双方的共同努力下，中欧关系呈现全面复苏和稳中向上的良好态势。

4. 非洲形势分析与展望

2023年，非洲政局在变乱交织中继续保持总体稳定，和平发展仍是主流，非洲大陆自贸区和一体化进程不断推进。在域外力量不断加大对非投入的同时，非洲国家积极探索自主发展与国际协调并重的发展路径，在经济和外交领域的自主性明显提升。与此同时，受国际大环境百年变局和非洲内部小气候的影响，威胁非洲发展的各类挑战不断积聚。非洲之角和萨赫勒地区国家在气候变化的冲击下，国家治理短板和发展赤字凸显，传统安全挑战和非传统安全挑战加速合流，引发部分地区国家政局动荡、恐怖主义泛滥。非洲经济复苏遭遇逆风，宏观经济严重失衡，经济增长的脆弱性与发展的多样化和韧性交相发力，导致非洲经济继续保持不平衡增长特征。大国对非合作竞争激烈，在美西方的围堵下，金砖国家领导人第十五次会晤的成功举办以及第二届俄非峰会的如期召开引人关注。展望 2024 年，非洲政治安全形势将呈现稳中有乱、乱中有韧、变乱交织、复苏发展的特征。非洲经济将温和复苏，预计增长 3.2%，遏制高通胀、纾解汇率压力、平衡债务与发展支出将是各国面临的主要任务。大国博弈仍是非洲国际关系的底色，中非关系将因新一届中非合作论坛的召开而展现蓬勃生机。

5. 中东地区形势分析与展望

在逐渐摆脱新冠疫情困扰之后，中东国家政治形势整体趋稳，经济缓慢恢复且增速尚弱，地区安全呈现缓和与冲突交织的态势。一方面，沙特与伊朗实现历史性和解，推动地区国家间关系缓和，中东迎来了"和解潮"；另一方面，新一轮巴以冲突引发地区局势紧张且外溢风险增大，大国与中东关系加速调整，美国的中东战略受挫，中国促成沙伊复交，有力助推中东地区稳定和发展，展现大国担当。与此同时，战略自

图为 2024 年 5 月 27 日，人们在加沙地带南部城市拉法查看以军轰炸后的难民营废墟

主成为许多中东国家对外关系的显著特征。中东国家持续关注气候议题、积极参与气候变化行动，纷纷加入金砖国家合作机制，致力于构建公正合理的全球治理秩序。展望未来，中东地区发展仍处于漫长的转型期，中东地区局势变化具有不确定性，巴以冲突走向存在悬念，但巴以问题作为"世纪难题"的解决更为紧迫，在国际社会的共同努力下，有可能启动新的和平进程。

6. 拉美地区形势分析与展望

现阶段拉美地区是世界之变、时代之变及历史之变的重要组成部分，全球新一轮地缘政治博弈加速向拉美深度延伸，不断抬升其在全球变革中的战略地位和价值。2023 年，拉美地区动荡与变革力量相互交织、加速演进，主要是寻求经济发展的变革诉求上升。拉美经济增长趋于放缓，目前尚处于触底复苏的阶段。受全球大国战略竞争影响，拉美的地缘政治价值进一步凸显，美欧均加速实施新一轮对拉政策倡议，关键能矿资源成为大国竞相争夺的焦点。拉美主要国家延续外交多元化政策，为区域一体化酝酿新活力，更加倾向看重全球南方的集体身份，积极参与全球气候变化、粮食安全等治理议题。拉美国家普遍看重对华关系，积极参与"一带一路"合作，看重中拉经贸合作实际利益。展望 2024 年，墨西哥、委内瑞拉、乌拉圭等拉美七国将举行大选，地区政治力

量格局将面临新的调整，拉美经济延续低迷增长态势，中短期内整体上仍有抗风险能力。巴西、秘鲁将举办重要的国际会议，中拉论坛也将迎来成立十周年，拉美将成为全球关注的热点地区之一。

7. 亚太地区形势分析与展望

2023 年，亚太经济发展势头向好，地区数字经济和贸易蓬勃兴起。因大国博弈、科技革命与产业变革对地区秩序重组构成复杂影响，亚太地区面临双重安全挑战，安全因素与经济因素相互交织的特点凸显。随着美国对华全面战略竞争影响加剧，主要经济体不断调整战略规划，但地区态势总体保持稳定。在热点方面，地区供应链的韧性和排他性同步强化，美国主导的盟伴体系持续威胁亚太安全，亚太各国政局的总体稳定与个别动荡并存，区域合作呈现出经济与安全双向发展态势。展望 2024 年，地区经济发展机遇与挑战并存，地区安全局势不确定性进一步上升，地区内多场重要政治选举接踵而至，地区合作双向发展态势仍将延续。

8. 美国形势分析与展望

2023 年美国经济增长超出预期，美联储货币政策持续收紧给经济带来的负面冲击低于预期。消费是美国经济的"稳定器"，投资成为意外的"加分项"。"拜登经济学"正式粉墨登场，但难获认同，拜登执政困难重重。共和党内斗激烈，众议院深陷混乱失能状态，而民主党展现团结。美国社会面临国际局势重大转型期、国内改革阵痛期及人口代际转换期三重考验。美国社会在高度政治极化的持续牵引下从部落主义向政治宗派主义迈进，而代际转换引发的"青年震荡"或将彻底改写美国的社会底色、关注焦点及发展方向。美国对外战略重心不变，在继续援助乌克兰削弱俄罗斯的同时，依旧聚焦亚太地区，加紧构筑遏华联盟。即便是巴以冲突的爆发，也没有改变美国聚焦亚太、紧盯中国的战略布局。2024 年大选是美国政治走向的风向标，重要社会议题将引领选举政治。美国经济有望软着陆，但通胀下行趋势受阻。拜登政府寻求对华接触与对话，难改对华竞争路线，中美继续探寻和平相处之道。

9. 日本形势分析与展望

2023 年，日本在后疫情时代和国际政治经济不确定性造成的错综复杂环境中，持续面对内外双重挑战，迫使其在政治、经济和外交安全领域不断进行深刻变革。尽管首相岸田文雄在政治层面仍能在一定程度上掌控局势，但随着对其领导能力的质疑与执政党丑闻频出，其支持率已经降至最低点。在经济方面，日本虽然出现了一些复苏迹象，但私人消费和投资仍然低迷，通胀势头难以遏制，导致 GDP 进一步萎缩。在外交和安全方面，日本持续积极追随美西方对华的遏制政策，旨在构建面向中俄的"围堵阵线"；同时，日本也在不断加强自身军事力量建设，加速推进"国家正常化"进程。展望 2024 年，由于日本难以摆脱经济低迷，岸田文雄政府为了保住自身执政地位，或将进一步与国内保守右翼势力合作，以俄乌冲突和中国崛起对东亚安全构成威胁为借口，采取强化军备、修改宪法、拉拢区域外国家搅局等手段，持续推进日本"国家正常化"和"军事大国化"进程。

（二）用科学理论把握时代大势

用马克思主义科学理论孕育催生、武装锤炼起来的中国共产党，是具有巨大理论创造勇气和创新活力的马克思主义政党。这一创造勇气和创新活力的重要表现就是始终把"老祖宗不能丢"和"要创造新的理论"结合起来，不断丰富和发展马克思主义科学真理，在准确把握时代大势基础上制定正确的内外政策。马克思、恩格斯科学揭示了人类社会发展不可逆转的总趋势，习近平总书记指出："在这个过程中，我们要立足现实，把握好每个阶段的历史大势，做好当下的事情。"习近平总书记的重要论述为我们更好用党的创新理论认识形势、把握时代、谋划工作提供了根本遵循。

1. 把握时代大势始终是极为重要的课题

拥有马克思主义科学理论指导，是我们党坚定信仰信念、把握历史主动的根本所在。马克思主义科学理论为中国共产党人科学洞察和准确把握时代大势提供了正确思想方法。在 100 多年的伟大奋斗中，我们党坚持以马克思主义为指导，不断推进马克思主义中国化时代化，用党的创新理论分析把握历史大势、时代大势，正确处理中国和世界的关系，善于抓住和用好各种历史机遇。

察势者明，趋势者智。在新民主主义革命时期、社会主义革命和建设时期，毛泽东同志将马克思主义世界观和方法论作为科学洞察和准确把握时代大势的强大思想武器，指导中国共产党人认识把握规律、研究破解难题、推动事业发展。比如，在抗日战争时期，我们党从世界反法西斯战争和中国人民抗日救亡强烈愿望的大势出发，促成了抗日民族统一战线，并最终团结带领人民赢得了抗日战争伟大胜利。再如，中华人民共和国的成立和巩固，是我们党在毛泽东思想指导下准确判断时代大势的结果。改革开放后，邓小平同志明确提出和平与发展是当代世界的两大问题，领导我们党及时调整各方面政策，为改革开放和社会主义现代化建设创造了难得历史机遇和良好外部环境。在改革开放和社会主义现代化建设新时期，面对世界经济科技快速发展，"我们要赶上时代，这是改革要达到的目的"成为全党的共识。正是因为对世界大势作出了科学判断，才能下决心实现党和国家工作中心的转移，一往无前拉开了改革开放的历史大幕。

新时代以来，习近平总书记深刻认识世界之变、时代之变、历史之变正以前所未有的方式展开，强调："认识世界发展大势，跟上时代潮流，是一个极为重要并且常做常新的课题。"中国共产党人科学研判当今世界大势，科学判断我国发展面临的形势，集中精力做好自己的事，在历史前进的逻辑中前进，在时代发展的潮流中发展。

2. 用新时代党的创新理论观察时代、把握时代、引领时代

习近平总书记指出："要善于运用新时代中国特色社会主义思想观察时代、把握时代、引领时代，更好统筹中华民族伟大复兴战略全局和世界百年未有之大变局，深刻洞察时与势、危与机，积极识变应变求变。"新征程上，我们要坚持用习近平新时代中国特色社会主义思想观察时代、把握时代、引领时代，准确认识世界发展大势，科学把握中国发展新的历史方位。

正确认识世界大势。习近平总书记指出："面对风云变幻的国际和地区形势，我们要把握世界大势，跟上时代潮流。"当前，和平、发展、合作、共赢的历史潮流不可阻挡，人心所向、大势所趋决定了人类前途终归光明。同时也要看到，恃强凌弱、巧取豪夺、零和博弈等霸权霸道霸凌行径危害深重，和平赤字、发展赤字、安全赤字、治理赤字加重，人类社会面临前所未有的挑战。我们要高举和平、发展、合作、共赢旗帜，在坚定维护世界和平与发展中谋求自身发展，又以自身发展更好维护世界和平与发展。

始终保持战略定力。习近平总书记指出："战略问题是一个政党、一个国家的根本性问题。"未来一个时期，我们面临的风险挑战只会越来越多、越来越严峻。新征程上，我们要坚持以习近平新时代中国特色社会主义思想为指导，从战略上认识、分析、判断面临的重大历史课题，制定正确的政治战略策略。在世界百年未有之大变局加速演进、中华民族伟大复兴进入关键时期的当下，更要冷静观察国际局势的深刻变动，沉着应对各种风险挑战，既准确识变、科学应变、主动求变，及时优化调整战略策略，又保持战略定力，咬定青山不放松，不为各种风险所惧，朝着既定的战略目标坚定不移向前进。

勇于站在人类发展前沿。习近平总书记指出："我们要准确把握时代大势，勇于站在人类发展前沿。"当前，世界又一次站在历史的十字路口。我们要坚定站在历史正确的一边、站在人类文明进步的一边，弘扬全人类共同价值，推动落实全球发展倡议、全球安全倡议、全球文明倡议，推动构建持久和平、普遍

安全、共同繁荣、开放包容、清洁美丽的世界，通过推动构建人类命运共同体来应对人类共同面临的风险与挑战。

知识链接

2021年9月21日，习近平主席在第七十六届联合国大会一般性辩论上的讲话中提出了全球发展倡议，倡导共同推动全球发展迈向平衡协调包容新阶段。

2022年4月21日，习近平主席在博鳌亚洲论坛2022年年会开幕式上的主旨演讲中提出了全球安全倡议，深刻阐释了新时代中国的全球治理安全观。

2023年3月15日，习近平总书记在中国共产党与世界政党高层对话会上的主旨讲话中提出了全球文明倡议。

二、中国主动应对全球变局，担当大国责任

大道之行，天下为公。中国共产党始终以世界眼光关注人类前途命运，从人类发展大潮流、世界变化大格局、中国发展大历史中正确认识和处理同外部世界的关系，承担大国责任，始终站在历史正确的一边，站在人类进步的一边，通过维护世界和平发展自己，又通过自身发展维护世界和平，同世界上一切进步力量携手前进，不断为人类文明进步贡献智慧和力量。

（一）中国的发展始终是世界和平力量的增长，是各国共同发展的机遇

新时代新征程，我国同国际社会的互联互动空前紧密，我国对世界的依靠、对国际事务的参与在不断加深，世界对我国的依靠、对我国的影响也在不断加深。中国的发展始终是世界和平力量的增长，是各国共同发展的机遇。

中国高质量发展不断迈出新步伐，经济发展韧性不断增强。党的十八大以来，我们党提出新发展理念，着力推动高质量发展，构建新发展格局，我国经济实力实现历史性跃升，我国发展站在了更高历史起点上，也给世界带来更多机遇。过去10多年，中国对世界经济增长的年平均贡献率超过30%。目前，我国国内大循环内生动力和可靠性显著增强，国际

🔗 **相关链接**

中国发展高层论坛2024年年会
中国为世界经济发展注入新动能

循环质量和水平不断提升，现代化经济体系建设持续推进，全要素生产率得到有效提高，产业链供应链韧性和安全水平明显提高。长期来看，中国经济韧性强、潜力足、回旋余地广、长期向好的基本面不会改变。作为一个超大规模经济体，中国坚定推动高质量发展，推进高水平对外开放，将不断为世界经济发展提供强大动能。

中华民族现代文明建设扎实推进，精神力量不断增强。中华文明是世界上唯一绵延不断且以国家形态发展至今的伟大文明。中华优秀传统文化蕴含的思想观念、人文精神、道德规范，不仅是中国人思想和精神的内核，对解决人类问题也有重要价值。党的十八大以来，我们党把坚持马克思主义同弘扬中华优秀传统文化有机结合起来，推动中华优秀传统文化创造性转化、创新性发展，有效推进中国特色社会主义文化建设，着力建设中华民族现代文明，全党全国各族人民的历史自信、文化自信达到了新高度。中国在国际上推动构建人类命运共同体，倡导和平、发展、公平、正义、民主、自由的全人类共同价值，倡导平等、互鉴、对话、包容的文明观，提出并推动落实全球文明倡议，为解决人类共同问题提供了思想智慧、精神动力。

中国式现代化产生重要示范效应，凝聚和平与发展共识的能力不断增强。中国式现代化蕴含着独特世界观、价值观、历史观、文明观、民主观、生态观等，取得举世瞩目的成就，展现出不同于西方现代化的新图景，开辟了后发国家走向现代化的崭新道路，是对世界现代化理论和实践的重大创新。世界现代化应该是和平发展的现代化、互利合作的现代化、共同繁荣的现代化。中国追求的不是独善其身的现代化，而是真诚分享现代化经验和发展机遇，同广大发展中国家在内的世界各国一道，共同实现现代化。中国式现代化鼓舞了广大发展中国家自主探索现代化道路的信心，将凝聚更多致力于和平与发展的共识和力量。

萨尔特公路是连接约旦河谷和萨尔特市最近的一条路，之前的道路因狭窄、年久失修，经常发生事故。在中方企业的援建下，公路得以成功升级改造。中方企业的专业和敬业精神得到约方赞赏。项目约方施工单位负责人贾拉勒·库德西说，与中方企业的合作非常成功，"中方企业的专业知识让我们受益匪浅"。图为车辆驶过萨尔特公路旁设立的中国援约旦萨尔特公路升级改造项目纪念碑

中国外交理论与实践日益成熟，引领大变局的能力不断增强。习近平外交思想精辟回答了中国应推动建设什么样的世界、构建什么样的国际关系，新形势下中国需要什么样的外交、怎样办外交等一系列重大理论和

实践问题，为新时代我国对外工作指明了前进方向，也为世界和平与发展提供了中国智慧和中国方案。在习近平外交思想科学指引下，中国特色大国外交全面推进。无论是维护国际公平正义还是完善全球治理，无论是推动共同发展还是解决热点问题，新时代中国在世界舞台上的建设性作用无可替代，国际影响力、感召力、塑造力显著提升，引领世界大变局向推动构建人类命运共同体的方向发展。

面对复杂严峻的外部环境，我们要坚持以习近平新时代中国特色社会主义思想为指导，全面贯彻习近平外交思想，辩证看待国际形势的变与不变，既保持战略定力、坚定战略自信，又坚持底线思维、增强忧患意识，继续高举构建人类命运共同体旗帜，为破解和平赤字、发展赤字、安全赤字、治理赤字提供中国方案、贡献中国力量，不断推进人类和平与发展的崇高事业。

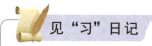

见"习"日记

我们要共同倡导弘扬全人类共同价值，和平、发展、公平、正义、民主、自由是各国人民的共同追求，要以宽广胸怀理解不同文明对价值内涵的认识，不将自己的价值观和模式强加于人，不搞意识形态对抗。

——2023 年 3 月 15 日，习近平总书记在中国共产党与世界政党高层对话会上的主旨讲话

（二）关于全球治理变革和建设的中国方案

当前，世界之变、时代之变、历史之变正以前所未有的方式展开，和平赤字、发展赤字、安全赤字、治理赤字不断加重，人类前途命运再次来到何去何从的十字路口。同时，世界多极化、经济全球化持续演进，和平、发展、合作、共赢的时代潮流不可阻挡，讲团结、促合作、求进步仍然是人心所向。

面对世界百年未有之大变局，习近平主席立足中国，胸怀世界，创造性提出构建人类命运共同体理念，为世界未来发展指明方向，为应对共同挑战提供方案。10 多年来，构建人类命运共同体从理念转化为行动，从愿景转变为现实。中国呼吁国际社会践行真正的多边主义，维护以联合国为核心的国际体系，支持联合国在国际事务中发挥核心作用，推动全球治理体系发展完善，共同构建人类命运共同体。

1. 加强全球安全治理，维护世界和平稳定

安全是人类最基本需求，也是最重要的国际公共产品。当前，热点问题频

发，地缘冲突加剧，单边霸凌肆虐，国际社会需要和平而非战争、信任而非猜疑、团结而非分裂、合作而非对抗。中国欢迎联合国秘书长古特雷斯提出"新和平纲领"，愿同各方就此深入沟通，凝聚共识。

习近平主席提出全球安全倡议，倡导坚持共同、综合、合作、可持续的安全观，坚持尊重各国主权、领土完整，坚持遵守联合国宪章宗旨和原则，坚持重视各国合理安全关切，坚持通过对话协商以和平方式解决国家间的分歧与争端，坚持统筹维护传统领域和非传统领域

相关链接
全球安全倡议提出两周年　为解决全球安全难题提供中国方案

安全，共同构建人类安全共同体。

中国坚定支持政治解决乌克兰危机。各国主权、领土完整都应得到维护，联合国宪章宗旨和原则都应得到遵守，各方合理安全关切都应得到重视，一切有利于和平解决危机的努力都应得到支持。危机根源在于欧洲安全治理出了问题，只有当事方正视问题症结，停止转移矛盾，通过积累互信、兼顾彼此合理安全关切，才能逐步为止战和谈创造条件。冲突战争没有赢家，制裁打压、火上浇油只会激化局势。必须坚持相互尊重，摒弃冷战思维，不搞团团伙伙，放弃阵营对抗，推动构建均衡、有效、可持续的欧洲安全架构。

中国主张维护朝鲜半岛和平稳定，实现半岛无核化、建立半岛和平机制，通过对话协商解决问题，均衡解决各方合理关切。当前形势下，有关方应保持冷静克制，努力推动局势缓和，为重启对话付出努力和创造条件，而不是执迷于制裁施压，激化矛盾，加剧紧张。中国一直积极劝和促谈，愿同国际社会一道，按照"双轨并进"思路和分阶段、同步走原则，为推动半岛问题政治解决进程发挥建设性作用。

中国呼吁国际社会尊重阿富汗独立、主权、领土完整，坚持"阿人主导、阿人所有"原则，并在此基础上同阿保持接触对话，持续向阿提供人道和发展援助，支持阿融入地区互联互通和经济一体化进程，增强自主和可持续发展能力，正面引导和推动阿富汗包容建政、稳健施政、坚决反恐、对外友好。有关国家应切实从阿富汗变局中汲取教训，放弃在反恐问题上搞"双重标准"，无条件归还阿海外资产，解除对阿单边制裁，以实际行动履行对阿重建发展的责任。

中国坚定支持巴勒斯坦人民恢复民族合法权利的正义事业。解决巴勒斯坦问题的根本出路在于建立以1967年边界为基础、以东耶路撒冷为首都、享有完全主权的独立的巴勒斯坦国。国际社会应该加大对巴勒斯坦发展援助和人道主义帮扶，保障巴勒斯坦经济民生需求。要坚持和谈正确方向，尊重耶路撒冷宗教圣地历史上形成的现状，摒弃过激和挑衅言行，推动召开更大规模、更具权

威、更有影响的国际和平会议，为重启和谈创造条件，为帮助巴勒斯坦和以色列两国和平共处作出切实努力。中方愿为巴方实现内部和解、推动和谈发挥积极作用。

中国主张政治解决伊朗核、叙利亚、苏丹、利比亚、也门等地区热点问题，支持中东地区国家独立自主探索发展道路，团结协作解决地区安全问题，维护地区长治久安。中国支持非洲国家以非洲方式解决非洲问题，推动非洲大陆恢复和平稳定，支持非洲国家和人民自主选择的现代化道路。支持非洲在国际事务中以一个声音说话，不断提升国际地位。中国将同非方深化团结协作，共同落实"支持非洲工业化倡议""中国助力非洲农业现代化计划""中非人才培养合作计划"，助力非洲一体化和现代化事业步入快车道。中国坚决反对个别国家对他国滥用单边制裁和"长臂管辖"，应为发展中国家发展经济和改善民生创造条件。

中国强烈谴责一切形式的恐怖主义和极端主义，反对将恐怖主义、极端主义与特定国家、民族、宗教挂钩，反对在反恐问题上采取"双重标准"，反对将反恐问题政治化、工具化。反恐应坚持综合施策、标本兼治，从源头消除恐怖主义滋生土壤。中国支持联合国发挥中心协调作用，帮助发展中国家提升反恐能力建设，推动国际反恐形成更大合力，并着力应对新兴技术带来的挑战。

核武器用不得、核战争打不得，国际社会应共同反对使用或威胁使用核武器。中国支持在五核国领导人关于防止核战争的联合声明基础上，为减少战略风险进一步作出努力。应遵循"维护全球战略稳定"和"各国安全不受减损"原则循序渐进推进核裁军，拥有最大核武库的国家应切实履行核裁军特殊、优先责任，继续有效执行《新削减战略武器条约》，以可核查、不可逆和有法律约束力的方式进一步大幅、实质削减核武库，为最终实现全面、彻底核裁军创造条件。《不扩散核武器条约》是国际核裁军与核不扩散体系的基石，是战后国际安全体系的重要组成部分，对促进世界和平与发展的作用不可替代。国际社会应平衡推进条约三大支柱，共同维护条约权威性、有效性和普遍性。

中国高度重视核安全，提出"理性、协调、并进"的核安全观，努力打造全球核安全命运共同体。核安全是核能发展和核技术应用的生命线，核能和平利用不能以牺牲自然环境和人类健康为代价。日本政府应全面回应国际社会对福岛核污染水排海问题的重大关切，履行应尽的道义责任和国际法义务，停止核污染水排海行动，以真诚态度同周边邻国充分沟通，接受严格国际监督，确保核污染水以科学、安全、透明的方式得到处置。

中国致力于维护《禁止化学武器公约》权威性和有效性，实现无化武世界的目标，敦促日本加快日遗化武销毁进程，坚持以《禁止化学武器公约》为准绳妥善处理化武热点问题，反对政治化，积极推动化学领域和平利用国际合作。

2. 完善全球发展治理，共谋全球可持续发展

发展是人类社会的永恒追求，也是世界各国的共同责任。习近平主席提出全球发展倡议，呼吁国际社会增进团结互信，坚持发展优先，携手应对挑战，为推动联合国 2030 年可持续发展议程重回正轨注入动力。

中国将以落实全球发展倡议为引领，推动国际社会巩固扩大发展共识，将发展始终置于国际议程中心位置。加强全球、区域、次区域、国别层面发展战略对接，包括积极推动倡议同联合国发展领域进程形成合力，实现优势互补、联动发展。进一步调动各国政府、工商界、学术界、民间社会的发展资源，促进全球发展资源合理配置，深化倡议重点领域务实合作，同各方一道充实倡议开放式项目库。中国呼吁发达国家兑现在官方发展援助、气候融资等方面承诺，改进全球发展资源不平衡的局面，注重发展知识分享，为广大发展中国家提供能力建设支持。

2023 年是习近平主席提出"一带一路"倡议 10 周年。10 年来，中国大力弘扬以和平合作、开放包容、互学互鉴、互利共赢为核心的丝路精神，以互联互通为主线，促进政策沟通、设施联通、贸易畅通、资金融通、民心相通，实现各国共同发展繁荣。2023 年 10 月，中国举办第三届"一带一路"国际合作高峰论坛，并以此为契机，推动共建"一带一路"实现更高合作水平、更高投入效益、更高供给质量、更高发展韧性，同各方深化各领域交流合作，推进共建"一带一路"同联合国 2030 年可持续发展议程有效对接、协同增效，为推动全球发展事业作出更大贡献。

中国支持推动经济全球化朝着更加开放、包容、普惠、平衡、共赢的方向发展。国际社会要坚持以开放为导向，坚持多边主义，坚定维护自由贸易和多边贸易体制，反对单边主义和保护主义，促进互联互通，鼓励融合发展；坚持以平等为基础，尊重各国的社会制度和发展道路，推动全球经济治理体系更加公正合理；坚持以合作为动力，坚持共商共建共享，促进合作共赢。

粮食安全事关人类生存之本，是落实联合国 2030 年可持续发展议程的重要内容。中国支持联合国机构发挥专业优势和协调作用，动员国际社会特别是发达国家加大援助力度，缓解有关国家人民的燃眉之急。国际社会要加强合作，共同建立公平合理、持续稳定的农业贸易秩序，避免将粮食安全问题政治化、武器化。要加强对发展中国家特别是最脆弱国家的支持，帮助他们切实提升粮食安全保障水平。

中国支持走绿色低碳发展之路。推进能源公正转型，应充分尊重各国不同

国情和能力，传统能源的逐步退出应建立在新能源安全可靠的替代基础上。当前全球能源安全面临严峻挑战，根源不是生产和需求问题，而是供应链出了问题，国际合作受到干扰。中国坚决反对将能源问题政治化、工具化、武器化，各国应共同努力畅通供应链，维护能源市场和价格稳定，实现人人获得可负担得起、可靠和可持续现代能源目标。

中国高度重视应对气候变化，主张各国应在多边框架下合力应对这一迫在眉睫的全球性挑战。应坚持《联合国气候变化框架公约》及其《巴黎协定》的目标、原则及制度安排，特别是共同但有区别的责任原则。发达国家应正视其历史责任，率先行动大幅减排，并切实兑现对发展中国家的资金、技术和能力建设支持。中国愿同国际社会一道，推动《巴黎协定》全面有效实施，携手共建公平合理、合作共赢的全球气候治理体系。

3. 推进全球人权和社会治理，共促文明交流进步

不同文明之间平等交流、互学互鉴，将为人类破解时代难题、实现共同发展提供强大精神指引。习近平主席提出全球文明倡议，着眼推动不同文明交流互鉴、增进各国人民相知相亲、凝聚国际社会合作共识、促进人类文明发展进步，为推动人类社会现代化进程、推动构建人类命运共同体注入强大动力。

要尊重世界文明多样性，坚持文明平等、互鉴、对话、包容，以文明交流超越文明隔阂、文明互鉴超越文明冲突、文明包容超越文明优越。要共同弘扬和平、发展、公平、正义、民主、自由的全人类共同价值，反对将价值观和模式强加于人，反对搞意识形态对抗。要重视文明传承和创新，充分挖掘各国历史文化的时代价值，推动各国优秀传统文化在现代化进程中实现创造性转化、创新性发展。

"神话国度 璀璨爱琴海——古希腊文明史诗"展在湖南博物院展出，展览持续至2024年5月18日。本次展览的展品来自希腊的14家文博机构，总计270件（套），有金器、青铜器、陶器、雕塑等多品类，展现古希腊文明自史前到"希腊化"时代开启的政治、经济与文化风貌。图为2024年1月3日，观众在湖南博物院参观展览

实现人人享有人权，是人类社会的共同追求。人民幸福生活是最大的人权。各国发展人权事业应坚持以人民为中心，将实现人民对美好生活的向往作为出发点和落脚点，不断解决好人民最关心最直接最现实的利益问题，让人民过上幸福生活。要保障人民民主权利，充分发挥人民的积极性、主动性、创造

性，让人民真正当家作主，平等共享人权，成为人权事业发展的主要参与者、促进者、受益者。

促进和保护人权没有放之四海而皆准的模式，各国自主选择的人权发展道路必须得到尊重。人权是历史的、具体的、现实的。各国历史文化传统、社会制度、经济社会发展水平存在差异，选择的人权发展道路必然不同。各国应将人权普遍性原则同本国实际结合起来，从本国国情和人民要求出发推动人权事业发展。不能把人权问题政治化、工具化，搞双重标准，更不能以人权为借口干涉别国内政、围堵遏制别国发展。

人权的内涵是全面的、丰富的，各类人权同等重要，应统筹兼顾、系统推进。生存权、发展权是首要的基本人权，经济、社会、文化权利必须得到足够重视。种族歧视、宗教仇恨、单边强制措施对人权影响等长期存在的问题应尽快得到切实解决，数字科技、人工智能与人权等新问题应得到关注和妥善应对。

促进和保护人权需要国际社会共同努力。应以安全守护人权，尊重各国主权和领土完整，同走和平发展道路，践行全球安全倡议，为实现人权创造安宁的环境。应以发展促进人权，践行全球发展倡议，提高发展的包容性、普惠性和可持续性，做到发展为了人民，发展依靠人民，发展成果由人民共享。应以合作推进人权，践行全球文明倡议，在相互尊重、相互包容、平等相待基础上开展人权交流合作，相互借鉴，凝聚共识，共同推动人权文明发展进步。

人权理事会等联合国人权机构应成为对话合作的平台，不是对抗施压的场所。联合国人权机构应恪守联合国宪章宗旨和原则，秉持公正、客观、非选择性、非政治化原则，同会员国开展建设性对话与合作，尊重各国主权，在授权范围内客观公正履职。发展中国家在联合国人权机构人员代表性不足的状况应尽快得到改变。应通过纪念《世界人权宣言》75周年进一步推动国际人权对话与合作，促进国际人权事业健康发展。

推动妇女和儿童事业发展是社会治理的重要方面。国际社会要继续大力推进落实1995年第四次世界妇女大会通过的《北京宣言》和《行动纲领》，把保障妇女、儿童权益置于重要位置。要制定完善国家妇女儿童发展战略，采取综合措施确保妇女、儿童享有各项发展成果，实现妇女儿童事业和经济社会同步发展。要支持联合国发挥领导协调作用，加强全球妇女儿童事业国际合作。

教育是推动人类文明进步的重要力量。中国愿同世界各国加强教育交流，扩大教育对外开放，积极支持发展中国家教育事业发展。呼吁世界各国加大教育投入，推动教育更加公平、包容、安全。支持联合国在实现教育可持续发展目标方面发挥重要作用，以教育改革发展促进全球和平与可持续发展，助力实现教育机会均等、教育成果普惠，努力实现联合国2030年可持续发展教育目标。

4. 开拓全球新疆域治理，完善未来治理格局

科技进步和发展丰富了国际和平与安全的内涵和外延，深海、极地、外空、网络和数字、人工智能等成为全球治理新疆域。面对新形势新领域新挑战，要秉持和平、发展、普惠、共治原则，积极推动新疆域治理规则与时俱进，充分反映发展中国家意见、利益和诉求。充分保障发展中国家的参与权、话语权和决策权。

科技成果应该造福全人类，而不应该成为限制、遏制其他国家发展的手段。少数国家不得将霸权思维渗透到新疆域治理中，泛化国家安全概念，以科技优势构筑"小院高墙"。各国应抓住新一轮科技革命和产业革命的历史性机遇，加速科技成果向现实生产力转化，挖掘疫后经济增长新动能，携手实现跨越式发展。联合国应发挥核心作用，落实"在国际安全领域促进和平利用国际合作"联大决议，确保发展中国家充分享受和平利用科技的权利，促进实现可持续发展目标，同时有效应对科技发展带来的安全风险。中国将以更加开放的思维和举措推进国际科技交流合作，同各国携手打造开放、公平、公正、非歧视的科技发展环境，促进互惠共享，为人类发展进步贡献中国科技力量。

人工智能的发展惠及各国，其全球治理也应由各国广泛参与。各方应秉持共商共建共享原则，发挥联合国主渠道作用，坚持以人为本、智能向善、注重发展、伦理先行等理念，增加发展中国家代表性和发言权，推动形成具有广泛共识的治理框架和标准规范，确保人工智能安全、可靠、可控，确保各国共享人工智能技术红利。

2024年4月25日，2024中关村论坛年会开幕式在位于北京市海淀区的中关村国际创新中心举行。本届论坛围绕人工智能、空间科学、生命健康、碳达峰碳中和、未来产业等科技前沿和热点议题，邀请全球知名专家学者、企业家、学术组织代表线上线下相聚，交流思想观点，共商创新大计。图为与会嘉宾出席2024中关村论坛年会开幕式

国际社会应致力于维护一个和平、安全、开放、合作的网络空间，反对网络空间阵营化、军事化、碎片化，不得泛化国家安全概念，无理剥夺他国正当发展权利，不得利用网络技术优势，扩散进攻性网络技术，将网络空间变为地缘竞争的新战场。要摒弃单边保护主义，坚持开放、公平、非歧视原则，为国际海缆等重要国际基础设施建设营造开放、包容的良好环境。中方支持联合国在全球数字治理和规则制定方面发挥主导作用，愿与

各方一道就数字发展及全球数字治理的突出问题寻求解决思路，凝聚国际共识，以《全球数据安全倡议》为基础，制定数字治理国际规则。各方应坚持多边主义，坚守公平正义，统筹发展和安全，深化对话合作，完善全球数字治理体系，构建网络空间命运共同体。网络犯罪是各国面临的共同威胁，中国支持在联合国主持下，谈判制定一项具有普遍性、权威性的全球公约，为各国强化打击网络犯罪国际合作构建法律框架。

中国高度重视生物安全，致力于完善全球生物安全治理。中国支持缔约国共同落实《禁止生物武器公约》第九次审议大会成果，推动加强《禁止生物武器公约》工作组取得实质成果，不断强化公约机制，重启公约核查议定书多边谈判。同时，国际社会应共同倡导负责任的生物科研，鼓励所有利益攸关方自愿采纳《科学家生物安全行为准则天津指南》，以降低生物安全风险、促进生物科技健康发展。

海洋对于人类社会生存和发展具有重要意义。中国愿同各国携手维护以国际法为基础的海洋秩序，在全球安全倡议框架下妥善应对各类海上共同威胁和挑战，在全球发展倡议框架下科学有序开发利用海洋资源，在平等互利、相互尊重基础上推进海洋治理合作，维护海洋和平安宁和航道安全，构建海洋命运共同体，推动全球海洋事业不断向前发展。

和平探索利用外层空间是世界各国都享有的平等权利，外空的持久和平与安全关乎各国安全、发展和繁荣。中国始终坚持探索和利用外空为全人类谋福利的原则，维护以1967年《关于各国探索和利用包括月球和其他天体在内外层空间活动的原则条约》为基石的外空国际秩序，在平等互利、和平利用、包容发展的基础上，开展外空国际合作，反对外空武器化和军备竞赛，倡导在外空领域构建人类命运共同体。主要航天大国应承担起维护外空和平与安全的主要责任。中国支持联合国充分发挥外空全球治理和国际合作主平台作用，支持裁谈会尽快谈判达成外空军控法律文书。

5. 加强联合国核心作用，推进全球治理体系改革

各国在联合国成立75周年政治宣言中承诺，加强全球治理，构建今世后代的共同未来。我们要以2024年未来峰会为契机，本着对子孙后代负责态度，加强团结合作，推进全球治理体系变革，支持联合国更好发挥作用。

中国积极参与全球治理体系改革和建设，践行共商共建共享的全球治理观，坚持真正的多边主义，推进国际关系民主化，推动全球治理朝着更加公正合理的方向发展。全球治理体系变革的关键是兼顾公平和效率，符合变化了的世界政治经济形势，满足应对全球性挑战的现实需要，顺应和平发展合作共赢的历

史趋势。

中国坚定支持联合国在国际事务中的核心地位，联合国改革应有利于维护多边主义和联合国作用，有利于扩大发展中国家在国际事务中的发言权，有利于提高联合国机构的执行能力和管理效率。应坚持联合国平等协商的基本原则，推动联合国更好主持公道、厉行法治、促进合作、聚焦行动。

中国支持对安理会进行必要、合理改革，以提高安理会的权威和效率，增强其应对全球性威胁和挑战的能力，更好地履行《联合国宪章》赋予的职责。安理会不应成为大国、富国俱乐部。改革必须切实增加发展中国家的代表性和发言权，纠正非洲历史不公，让更多外交政策独立、秉持公正立场的发展中国家有机会进入安理会，并参与其决策。中方支持就优先解决非洲诉求作出特殊安排。安理会改革涉及联合国未来和全体会员国根本利益。各方应维护联大安理会改革政府间谈判主渠道地位，坚持会员国主导原则，通过充分民主协商，达成最广泛的政治共识，就改革涉及的五大类问题，寻求兼顾各方利益和关切的"一揽子"解决方案。

中国主张加强联合国、二十国集团、国际货币基金组织、世界银行等机制沟通合作，强化宏观经济政策协调，完善全球经济治理。要提高国际金融机构运营和筹资的能力和效率，提高发展中国家在国际金融机构中的代表性和发言权，提高特别提款权等储备资产使用效率，加大向发展中国家急需的国际公共产品投资，多边债权人应共同参与债务处理。

中国支持对全球卫生治理体系进行必要合理改革，提升全球卫生治理体系效率，更好应对全球公共卫生危机，推动构建人类卫生健康共同体。中国支持世界卫生组织在全球卫生治理中发挥中心协调作用，支持其在客观、公正、科学基础上，加强同各方在全球卫生领域的合作。中国将继续支持和参与全球科学溯源，坚决反对任何形式的政治操弄。

人类处于一个充满挑战的时代，也是一个充满希望的时代。面对日益严峻复杂的全球性挑战，推动加强和完善全球治理体系是世界各国必须承担的共同任务。中国将同国际社会携手前行，坚持真正的多边主义，推动落实全球发展倡议、全球安全倡议、全球文明倡议，共同开创人类更加美好的未来！

拓展阅读

携手共进，走在推动构建人类命运共同体的前列

"站在新的历史起点上，'全球南方'应当以更加开放包容的姿态携手共进，走在推动构建人类命运共同体的前列。"习近平主席在和平共处五项原则发表

70周年纪念大会上发表重要讲话，从世界整体发展的高度，倡导"全球南方"以更加开放包容的姿态携手共进，共同做维护和平的稳定力量、开放发展的中坚力量、全球治理的建设力量、文明互鉴的促进力量，走在推动构建人类命运共同体的前列。中方宣布支持"全球南方"合作的八项举措，为"全球南方"的共同发展和团结合作注入强劲动力。

"全球南方"要共同做维护和平的稳定力量，推动以和平方式解决国家间分歧和争端，建设性参与国际地区热点问题的政治解决。当前，世界百年未有之大变局加速演进，国际局势动荡不安。"全球南方"应以共建共享打造普遍安全的格局，坚持以对话解争端，以协商化分歧，以合作促安全，推动政治解决国际和地区热点问题，在维护世界和平稳定中贡献智慧和力量。中国将继续积极践行中国特色的热点问题解决之道，为维护和平安全注入正能量。

"全球南方"要共同做开放发展的中坚力量，推动发展重回国际议程中心位置，重振全球发展伙伴关系，深化南南合作和南北对话。近年来，全球发展进程遭受严重冲击，国际发展合作动能减弱。拓展发展空间、创造发展机遇、做大全球经济蛋糕，是"全球南方"面临的紧迫任务，也是世界经济面临的重要课题。"全球南方"应牢牢把握发展这个核心议题，以开放合作推动发展繁荣，倡导并推进普惠包容的经济全球化，让各国人民共享发展成果。中国将坚持扩大高水平对外开放，不断以中国新发展为世界提供新机遇。

"全球南方"要共同做全球治理的建设力量，积极参与全球治理体系改革和建设，努力扩大各方共同利益，推动全球治理架构更为均衡有效。"全球南方"应以相互尊重夯实友好合作的根基，以公道正义引领全球治理的未来。各国都应在多极体系中找到自己的位置、发挥应有的作用，坚持真正的多边主义，维护联合国权威和作用，秉持共商共建共享的全球治理观，持续提升发展中国家代表性和发言权。中国始终关注全球南方国家共同需求，努力推进全球治理体系变革，坚决维护全球南方国家共同利益。

"全球南方"要共同做文明互鉴的促进力量，增进世界各国不同文明沟通对话，加强治国理政交流，深化教育、科技、文化、地方、民间、青年等领域交往。文明多样性是人类社会的基本特征，不同文明都是值得人类保护的精神瑰宝。"全球南方"应以包容互鉴拓展人类文明的画卷，推动不同文明平等对话、交流互鉴，促进各国人民相知相亲，让全人类共同价值真正成为各国人民共同接受并普遍践行的国际共识。中国将继续为推动人类文明进步、应对全球性挑战贡献中国智慧、中国力量。

中国与"全球南方"血脉相连、同声相应。作为发展中国家、"全球南方"的一员，中国始终重视加强同全球南方国家团结合作，同全球南方国家共享发展机遇和成果，支持全球南方国家提升能力建设、在国际事务中发挥更大作用。习近平主席宣布支持"全球南方"合作的八项举措，涉及人才培训、青年交流、经济发展、自由贸易、农业合作、数字经济、绿色生态等多个领域，展现了中方始终与所有全球南方国家同呼吸、共命运，推动"全球南方"发展振兴的坚定决心。第七十六届联合国大会主席、马尔代夫前外长阿卜杜拉·沙希德表示，习近平主席宣布支持"全球南方"合作的八项举措，对于解决全球挑战具有切实可行的意义。

中国走和平发展道路的决心不会改变，同各国友好合作的决心不会改变，促进世界共同发展的决心不会改变。展望未来，中国将继续弘扬和平共处五项原则，同各国一道推动构建人类命运共同体，携手"全球南方"为世界和平担当、为共同发展尽责，共同开创人类社会更加美好的未来。

（资料来源：《人民日报》2024 年 7 月 2 日）

阅读推荐

1. 吴凡：《为全球安全治理贡献中国力量》，《解放军报》2024 年 6 月 6 日。

2. 郑必坚：《世界大变局下的中国新作为》，《人民日报》2023 年 12 月 18 日。

3. 谢春涛：《为共创美好世界贡献中国方案》，《学习时报》2023 年 12 月 13 日。

思考题

1. 如何用科学理论把握时代大势？

2. 为什么说中国的发展是各国共同发展的机遇？

3. 中国在全球治理变革和建设中贡献了哪些中国方案？

知行青春

当前，世界之变、时代之变、历史之变正以前所未有的方式展开。在全球战争局势动荡的当下，和平成为世界人民共同的期盼。作为新时代的年轻人，我们肩负着祖国和世界的未来，如何为世界和平贡献自己的力量是我们日常思索的问题。面对国际局势，或许我们不能在一线作出直接的贡献，但是作为地球村的一分子，我们应当从多维度思考和行动，并为世界和平尽绵薄之力。

以"为推动世界和平，青年能做些什么"为主题，学生课后自行搜索资料，准备演讲内容，撰写演讲稿。任课教师组织学生在班级内开展演讲比赛，学生轮流上台演讲，任课教师对其进行评分和点评。

国内、国际时事热点汇总

2024 年上半年国内时事热点汇总

1 月国内时事热点

1. 中共中央政治局常务委员会 1 月 4 日全天召开会议，会议强调，今年是新中国成立 75 周年，是实现"十四五"规划目标任务的关键一年，全国人大常委会、国务院、全国政协、最高人民法院、最高人民检察院党组要以习近平新时代中国特色社会主义思想为指导，深刻领悟"两个确立"的决定性意义，增强"四个意识"、坚定"四个自信"、做到"两个维护"，全面贯彻党的二十大和二十届二中全会精神，坚持党中央集中统一领导这个最高政治原则，紧紧围绕推进中国式现代化这个最大的政治，不忘初心、牢记使命，锐意进取、敢作善为，在党中央统一指挥下形成合奏，紧扣一个"实"字抓好党的二十大战略部署的贯彻落实，为推进强国建设、民族复兴伟业作出更大贡献。

2. 1 月 7 日，中央宣传部向全社会宣传发布海军南昌舰党委先进事迹，授予他们"时代楷模"称号。海军南昌舰 2020 年 1 月入列服役，舷号 101，是我国自主研制的 055 型导弹驱逐舰首舰，是海军新质作战力量的典型代表。

3. 1 月 15 日，工业和信息化部发布了我国造船业最新数据，中国造船业三大指标连续 14 年位居世界第一，中国成为全球唯一一个三大指标实现全面增长的国家。

4. 1 月 25 日，中法建交 60 周年招待会在国家大剧院举行，国家主席习近平发表视频致辞。习近平强调，中法关系的独特历史塑造了独立自主、相互理解、高瞻远瞩、互利共赢的"中法精神"。面对新时代的风云际会，中法应当秉持建交初心、积极面向未来、敢于有所作为。双方要坚定不移地发展双边关系，以中法关系的稳定性应对世界的不确定性；要以中法文化旅游年、巴黎奥运会为契机，扩大人文交流、促进民心相通；要共同倡导平等有序的世界多极化、普惠包容的经济全球化，为维护世界和平稳定、应对全球性挑战继续作出中法贡献；要坚持互利共赢，在深化传统合作的同时，积极挖掘绿色产业、清洁能源等新兴领域合作潜力，坚持把蛋糕做大，以开放汇聚合作力量、共享发展机遇。

5. 1 月 30 日下午，国家主席习近平在人民大会堂接受 42 位驻华大使递交国书。习近平强调，今年是中华人民共和国成立 75 周年，中国正以中国式现代化全面推进强国建设、民族复兴伟业。中国式现代化的出发点和落脚点是让 14

亿多中国人民过上更加美好的生活。

2月国内时事热点

1. 2月3日7时37分,我国在西昌卫星发射中心使用长征二号丙运载火箭,成功将吉利星座02组卫星发射升空,11颗卫星顺利进入预定轨道,发射任务获得圆满成功。自1984年执行首次发射以来,西昌发射场仅用40年就完成了从0到200的突破,成为我国用时最短实现200次发射的发射场。

2. 2月6日,海南昌江核电厂多用途模块式小型堆科技示范工程"玲龙一号"外穹顶吊装完成。"玲龙一号"是全球首个开工建造的陆上商用多用途模块式小型压水堆,是中核集团继"华龙一号"后我国核电自主创新的又一重大成果。

3. 2月9日,在新疆塔克拉玛干沙漠腹地,我国首口万米科探井——中国石油深地塔科1井钻至地下9850米,创造了亚洲最深井纪录。

4. 2月11日,在卡塔尔多哈进行的2024年世界游泳锦标赛游泳项目男子4×100米自由泳接力决赛中,中国队以3分11秒08的成绩夺冠。中国队第一棒潘展乐游出46秒80的成绩,打破了由罗马尼亚名将波波维奇保持的男子100米自由泳世界纪录,同时也刷新了游泳世锦赛赛会纪录和亚洲纪录。

5. 2月16日出版的第4期《求是》杂志发表中共中央总书记、国家主席、中央军委主席习近平的重要文章《坚持和完善人民代表大会制度 保障人民当家作主》。文章强调,在中国实行人民代表大会制度,是深刻总结近代以后中国政治生活惨痛教训得出的基本结论,是中国社会100多年激越变革、激荡发展的历史结果,是中国人民翻身作主、掌握自己命运的必然选择。

6. 2月26日上午,位于河南安阳的殷墟博物馆新馆正式对公众开放。殷墟博物馆新馆坐落于洹水之滨,与殷墟宗庙宫殿区隔河相望,是首个全景式展现商文明的国家重大考古专题博物馆。

7. 世界田联2月28日宣布,2027年世界田径锦标赛将在北京举行。这将是北京时隔12年再度承办这一田径盛宴。

8. 2月29日,国家自然科学基金委员会发布了2023年度"中国科学十大进展":人工智能大模型为精准天气预报带来新突破、揭示人类基因组暗物质驱动衰老的机制、发现大脑"有形"生物钟的存在及其节律调控机制、农作物耐盐碱机制解析及应用、新方法实现单碱基到超大片段DNA精准操纵、揭示人类细胞DNA复制起始新机制、"拉索"发现史上最亮伽马暴的极窄喷流和十万亿电子伏特光子、玻色编码纠错延长量子比特寿命、揭示光感受调节血糖代谢机制、发现锂硫电池界面电荷存储聚集反应新机制。

3月国内时事热点

1. 3月11日下午3时，十四届全国人大二次会议在北京人民大会堂举行闭幕会。会议表决通过了关于政府工作报告的决议；新修订的国务院组织法；关于2023年国民经济和社会发展计划执行情况与2024年国民经济和社会发展计划的决议；批准2024年国民经济和社会发展计划；关于2023年中央和地方预算执行情况与2024年中央和地方预算的决议，批准2024年中央预算；关于全国人大常委会工作报告的决议；关于最高人民法院工作报告的决议；关于最高人民检察院工作报告的决议。

2. 中共中央总书记、国家主席、中央军委主席习近平3月20日下午在湖南省长沙市主持召开新时代推动中部地区崛起座谈会并发表重要讲话。他强调，中部地区是我国重要粮食生产基地、能源原材料基地、现代装备制造及高技术产业基地和综合交通运输枢纽，在全国具有举足轻重的地位。要一以贯之抓好党中央推动中部地区崛起一系列政策举措的贯彻落实，形成推动高质量发展的合力，在中国式现代化建设中奋力谱写中部地区崛起新篇章。

3. 2023年度全国十大考古新发现3月22日在京公布，分别为：山东沂水跋山遗址群，福建平潭壳丘头遗址群，安徽郎溪磨盘山遗址，湖北荆门屈家岭遗址，河南永城王庄遗址，河南郑州商都书院街墓地，陕西清涧寨沟遗址，甘肃礼县四角坪遗址，山西霍州陈村瓷窑址，南海西北陆坡一号、二号沉船遗址。

4. 联合国教科文组织执行局3月27日批准18处地质公园列入世界地质公园网络名录，其中包括中国的6个地质公园，分别是长白山世界地质公园、恩施大峡谷—腾龙洞世界地质公园、临夏世界地质公园、龙岩世界地质公园、武功山世界地质公园、兴义世界地质公园。

4月国内时事热点

1. 4月2日，2024海峡两岸孔子文化春会启动仪式在位于山东曲阜的孔子博物馆举行。启动仪式上，台湾首批三家"孔子学堂"揭牌成立，还进行了佾舞展演、崇圣成人礼、两岸《论语》读写大会等活动。

2. 中共中央总书记习近平4月10日下午在京会见马英九一行。习近平表示，两岸同胞同属中华民族。青年是国家的希望、民族的未来。两岸青年好，两岸未来才会好。两岸青年要增强做中国人的志气、骨气、底气，共创中华民族绵长福祉，续写中华民族历史新辉煌。习近平强调，两岸同胞有共同的血脉、共同的文化、共同的历史，更重要的是我们对民族有共同的责任、对未来有共同的期盼。我们要从中华民族整体利益和长远发展来把握两岸关系大局。

3. 4月11日，国家超算互联网正式上线，将有助于缓解目前算力供需矛盾，加快形成新质生产力，为数字中国建设、数字经济发展等提供坚实支撑。首届超算互联网峰会暨国家超算互联网平台上线仪式当日在天津举行。

4. 国家航天局4月12日发布消息，鹊桥二号中继星已完成在轨对通测试。经评估，中继星平台和载荷工作正常，功能和性能满足任务要求，可为探月工程四期及后续国内外月球探测任务提供中继通信服务，鹊桥二号中继星任务取得圆满成功。

5. 4月13日，距离第九届亚洲冬季运动会开幕倒计时300天之际，赛事色彩系统、核心图形及体育图标在哈尔滨发布。2025年第九届亚冬会的"翠影紫梦"色彩系统包含"冰晶蓝""丁香紫""兴安绿""丰登黄"四大主题色系。"冰晶蓝"色系灵感来自独具哈尔滨冰雪特色的松花江冰层。"丁香紫"色系源自哈尔滨市花丁香花。"兴安绿"色系以东北大小兴安岭广袤林地葱郁的绿色。"丰登黄"色系取五谷丰登之意。

6. 中国人民解放军信息支援部队成立大会4月19日在北京八一大楼隆重举行。中共中央总书记、国家主席、中央军委主席习近平向信息支援部队授予军旗并致训词，代表党中央和中央军委向信息支援部队全体官兵致以热烈祝贺。他强调，要贯彻新时代强军思想，贯彻新时代军事战略方针，坚持政治建军、改革强军、科技强军、人才强军、依法治军，聚焦备战打仗，按照体系融合、全域支撑的战略要求，锐意进取，扎实工作，努力建设一支强大的现代化信息支援部队。

5月国内时事热点

1. 5月4日，国家主席习近平致电祝贺第15届伊斯兰合作组织首脑会议在班珠尔召开。习近平指出，伊斯兰合作组织是伊斯兰国家团结自主的象征，为加强伊斯兰国家合作、维护国际公平正义作出了重要贡献。中国同伊斯兰国家是好朋友、好伙伴，友谊源远流长。

2. 5月7日11时21分，我国在太原卫星发射中心成功发射长征六号丙运载火箭，搭载发射的海王星01星、智星一号C星、宽幅光学卫星和高分视频卫星顺利进入预定轨道，飞行试验任务获得圆满成功。这次任务是长征六号丙运载火箭的成功首飞，是长征系列运载火箭的第520次飞行。

3. 5月12日7时43分，我国在酒泉卫星发射中心使用长征四号丙运载火箭，成功将试验二十三号卫星发射升空，卫星顺利进入预定轨道，发射任务获得圆满成功。试验二十三号卫星主要用于空间环境探测。这次任务是长征系列运载火箭的第522次飞行。

4. 5 月 16 日上午，国家主席习近平在北京人民大会堂同来华进行国事访问的俄罗斯总统普京举行会谈。习近平对普京开启新一届总统任期表示衷心祝贺，对他再次来华进行国事访问表示热烈欢迎。习近平指出，今年是中俄建交 75 周年。75 年来，中俄关系历经风雨，历久弥坚，经受住了国际风云变幻的考验，树立了大国、邻国相互尊重、坦诚相待、和睦相处、互利共赢的典范。

6 月国内时事热点

1. 6 月 4 日，国家航天局公布了嫦娥六号在月球表面的国旗展示影像，鲜艳的五星红旗再次闪耀月球。这是中国首次在月球背面独立动态展示国旗。

2. 6 月 5 日，生态环境部在六五环境日国家主场活动上，正式发布《2023 中国生态环境状况公报》，用全面翔实准确的监测数据客观反映了 2023 年全国生态环境状况及变化情况，全方位展示了 2023 年全国生态环境保护进展和成效。《2023 中国生态环境状况公报》显示，全国环境空气质量保持长期向好态势。全国地表水环境质量持续向好。全国管辖海域海水水质总体稳中趋好。全国土壤环境风险得到基本管控，土壤污染加重趋势得到初步遏制。全国自然生态状况总体稳定。全国城市声环境质量总体向好。全国核与辐射安全态势总体平稳。

3. 公安部 6 月 13 日举行新闻发布会通报，为更加便利群众办事出行，公安部制定出台 8 项公安交管便民利企改革新措施，2024 年 7 月 1 日起实施。试点机动车行驶证电子化。实行摩托车登记"一证通办"。便利群众网上办理汽车注销手续。推行快递上门服务便利群众办事。优化驾驶证重新申领考试科目。优化城市路口非机动车交通组织。推行交管业务网上精准导办服务。推出"交管 12123"APP 单位用户版。

4. 6 月 14 日，第 16 届海峡论坛拉开帷幕，台湾各界嘉宾 7000 余人来到厦门，为情而聚。本届论坛继续以"扩大民间交流、深化融合发展"为主题，举办主论坛活动以及基层交流、青年交流、文化交流、经济交流四大板块 50 项活动。作为海峡论坛的重要活动之一，以"公益助推两岸融合发展"为主题的第十二届两岸公益论坛在福建厦门开幕。

5. 第 30 届北京国际图书博览会 6 月 19 日在北京国家会议中心开幕，以"深化文明互鉴，合作共赢未来"为主题，22 万种中外图书亮相，71 个国家和地区的 1600 家展商现场参展。

6. 6 月 23 日在泰国佛统举行的 U18 女排亚锦赛决赛中，中国队以 3:0 击败日本队，时隔 19 年再次夺得本项赛事冠军。

7. 6 月 28 日，国家航天局在北京举行探月工程嫦娥六号任务月球样品交接仪式。经测算，嫦娥六号任务采集月球背面样品 1935.3 克。

2024年上半年国际时事热点汇总

1 月国际时事热点

1. 2024 年 1 月 1 日起，沙特、埃及、阿联酋、伊朗、埃塞俄比亚成为金砖国家正式成员，金砖成员国数量从 5 个增加到 10 个。

2. 科威特埃米尔任命新首相。科威特埃米尔米沙勒 1 月 4 日颁布埃米尔令，任命穆罕默德·萨巴赫为新首相，并组建内阁。

3. 世界气象组织 1 月 4 日发布公报说，来自阿根廷的塞莱丝特·绍洛从 2024 年 1 月 1 日起担任世界气象组织秘书长，成为该组织首位女性秘书长和首位来自南美国家的秘书长。

4. 世界经济论坛 2024 年年会于 1 月 15 日至 19 日在瑞士达沃斯举行。本届年会以"重建信任"为主题。

5. 江原道冬青奥会于 1 月 19 日正式拉开帷幕。这是首次在亚洲举办的冬青奥会。

6. 应国家主席习近平邀请，乌兹别克斯坦总统米尔济约耶夫于 2024 年 1 月 23 日至 25 日对中国进行国事访问。

2 月国际时事热点

1. 欧盟 27 国代表 2 月 2 日投票一致支持《人工智能法案》文本，标志欧盟向立法监管人工智能迈出重要一步。

2. 非洲联盟（非盟）第 37 届首脑会议 2 月 17 日在位于埃塞俄比亚首都亚的斯亚贝巴的非盟总部开幕。本届峰会持续两天，主题是"培养适应 21 世纪的非洲人：在非洲建立富有韧性的教育体系，让更多人获得包容、长期、优质且符合实际的学习机会"。

3. 2 月 19 日，中国国家国际发展合作署同联合国工业发展组织、埃塞俄比亚工业部"云签署"三方合作联合声明。据悉，这是国合署首次与联合国组织及一个非洲国家共同签署三方合作文件，聚焦推进"小而美"，携手推动落实全球发展倡议。

4. 世界贸易组织第十二届"中国项目"圆桌会高层论坛 2 月 25 日在阿联酋阿布扎比举行。圆桌会围绕"从阿拉伯视角看加入世贸组织和多边贸易体制"，通过分享阿拉伯国家加入世贸组织事例，探讨优化技术援助和能力建设，帮助更多地区国家尽快加入世贸组织并从中受益。

5. 为期 4 天的 2024 年世界移动通信大会 2 月 26 日在西班牙巴塞罗那会展

中心拉开帷幕。2024年大会主题是"未来先行"，重点关注超越5G、智联万物、AI人性化、数智制造、颠覆规则、数字基因6大领域。

6. 俄罗斯国家航天集团2月29日成功发射一颗编号为"2-4号"的"流星-M"系列水文气象卫星和18颗分属俄及其他国家的小卫星。

3月国际时事热点

1. 拉美和加勒比国家共同体（拉共体）第八届峰会3月1日在圣文森特和格林纳丁斯首都金斯敦举行。峰会通过《金斯敦宣言》，内容涉及粮食安全、地区安全局势、气候变化、加强一体化等议题。

2. 匈牙利总统府网站3月5日发布消息说，匈牙利总统舒尤克当天签署批准瑞典加入北约议定书的议案，正式批准瑞典"入约"。

3. 俄罗斯中央选举委员会主席帕姆菲洛娃3月21日宣布俄总统选举结果，现任总统普京以87.28%的得票率连任俄联邦总统。

4. 联合国大会3月21日通过决议，宣布2025年为国际和平与信任年。联大21日还通过一份决议，宣布每年的11月15日为预防和打击一切形式跨国有组织犯罪国际日，以提高对一切形式跨国有组织犯罪所构成威胁的认识，并加强相关方面的国际合作。

5. 3月30日是"国际零废物日"。联合国秘书长古特雷斯发表视频致辞，呼吁国际社会采取行动，共同应对废弃物危机。

4月国际时事热点

1. 朝鲜4月2日首次成功试射"火星炮-16B"新型中远程固体燃料弹道导弹，该导弹搭载新研发的高超音速滑翔飞行战斗部。

2. 中国第27批赴刚果（金）维和部队全体官兵4月9日被授予联合国"和平勋章"。

3. 俄罗斯国防部4月12日说，俄军当天成功试射一枚机动陆基洲际弹道导弹，结果证实了俄罗斯导弹在保障国家战略安全方面的高度可靠性。

4. 国际奥委会4月19日在伦敦发布《奥林匹克AI议程》，在展望人工智能可能对体育带来哪些影响的同时，提出了国际奥委会引领全球体育领域开展人工智能计划的框架。

5月国际时事热点

1. 联合国大会5月2日通过决议，宣布2026年为国际女农民年。联大当天还通过决议，宣布每年的5月24日为国际捻角山羊日。

2. 在法国总统马克龙以及现场超过 10 万名观众的见证下，巴黎奥运会火种 5 月 8 日抵达法国南部港口城市马赛。5 月 9 日起，巴黎奥运会火种将开启在法国本土的传递。

3. 联合国教科文组织 5 月 14 日公布 2024 年"欧莱雅—联合国教科文组织世界杰出女科学家奖"（"世界杰出女科学家奖"）获奖者名单，表彰她们在生命和环境科学领域的开创性研究。中国科学家颜宁是 5 名获奖者之一。

4. "2024 塞尔维亚中国电影周"5 月 18 日在塞尔维亚首都贝尔格莱德开幕。

5. 第 77 届世界卫生大会 5 月 27 日在瑞士日内瓦开幕，本届大会主题是"一切为了健康，人人享有健康"。

6 月国际时事热点

1. 具有全球影响力的波塞冬国际海事展览会 6 月 3 日在希腊首都雅典开幕，本届展会为其创办 60 年以来最大规模，吸引来自 82 个国家和地区的 2030 家参展商。约 180 家中国企业参展，比上届展会增加近 50%。

2. 联合国大会 6 月 6 日选举丹麦、希腊、巴基斯坦、巴拿马、索马里五国为联合国安理会非常任理事国。

3. 第 78 届联合国大会 6 月 7 日协商一致通过中国提出的设立文明对话国际日决议。决议明确所有文明成就都是人类社会的共同财富，倡导尊重文明多样性，突出强调文明对话对于维护世界和平、促进共同发展、增进人类福祉、实现共同进步的重要作用，倡导不同文明间的平等对话和相互尊重，充分体现习近平主席提出的全球文明倡议的核心要义，并决定将 6 月 10 日设立为文明对话国际日。

4. 联合国《消除对妇女一切形式歧视公约》第 23 届缔约国大会 6 月 7 日在纽约联合国总部举行，选举 2025—2028 年度消除对妇女歧视委员会委员。中国候选人、原中华全国妇女联合会联络部部长牟虹成功当选。

5. 国际能源署 6 月 12 日发布的 2024 年中期石油市场报告说，随着需求增长放缓和供应激增，预计到 2030 年全球石油市场将面临严重的供应过剩。

6. 当地时间 6 月 28 日，巨型残奥会标志亮相于法国标志性建筑凯旋门上。这是举办城市历史上首次在奥运会开幕前展示巨型残奥会标志。

参考文献

1. 习近平：《习近平著作选读》第二卷，人民出版社 2023 年版。

2. 曲青山：《开辟马克思主义中国化时代化新境界》，人民出版社 2023 年版。

3. 习近平：《习近平谈治国理政》第四卷，外文出版社 2022 年版。

4. 穆虹：《深入学习领会习近平总书记关于全面深化改革的重要论述》，《求是》2024 年第 10 期。

5. 杨宜勇：《全面深化改革的突破性进展》，人民论坛网，http://www.rmlt.com.cn/2024/0117/693255.shtml。

6. 张来明：《坚定不移以全面深化改革推进中国式现代化》，《人民政协报》2024 年 3 月 5 日。

7. 王廷惠：《把握发展新质生产力的主攻方向》，《经济日报》2024 年 5 月 15 日。

8. 贾若祥：《夯实发展新质生产力的坚强保障》，《经济日报》2024 年 1 月 31 日。

9. 张来明：《聚焦推动高质量发展　加快发展新质生产力》，《求是》2024 年第 9 期。

10. 《党建》杂志社：《习近平文化思想的丰富内涵和原创性贡献》，《党建》2023 年第 11 期。

11. 中央社会主义学院党组理论学习中心组：《更好担负起新时代新的文化使命》，《人民日报》2023 年 9 月 21 日。

12. 史守林：《科技自立自强是国家强盛之基、安全之要》，《红旗文稿》2023 年第 12 期。

13. 中共中国科学院党组：《筑牢高水平科技自立自强的根基》，《求是》2023 年第 15 期。

14. 闻言：《加快实现高水平科技自立自强，胜利推进强国建设、民族复兴历史伟业》，《人民日报》2023 年 9 月 8 日。

15. 董洁：《以青春磅礴之力助推科技自立自强》，光明网，https://reader.gmw.cn/2023-12/06/content_37011597.htm。

16. 何德旭：《不断深化对金融本质和规律的认识》，《经济日报》2023 年 11 月 1 日。

17. 郭威、孙雪芬：《奋力开拓中国特色金融发展之路》，《光明日报》2023 年 11 月 20 日。

18. 高惺惟：《建设金融强国是全面建成社会主义现代化强国的必然要求》，《光明日报》2023 年 11 月 10 日。

19. 生态环境部：《以美丽中国建设全面推进人与自然和谐共生的现代化》，《求是》2023 年第 15 期。

20. 宋祥秀：《深刻理解人与自然和谐共生的现代化》，光明网，https://www.gmw.cn/xueshu/2023-10/24/content_36914873.htm。

21. 王金南：《全面推进美丽中国建设》，《红旗文稿》2023 年第 16 期。

22. 习近平：《习近平著作选读》第一卷，人民出版社 2023 年版。

23. 章建华：《深入学习贯彻习近平总书记重要讲话精神　以更大力度推动我国新能源高质量发展》，《时事报告》2024 年第 5 期。

24. 蔡之兵：《大力推动新能源高质量发展》，《光明日报》2024 年 3 月 28 日。

25. 程志强：《加快建设新型能源体系》，《人民日报》2024 年 1 月 2 日。

26. 习近平：《高举中国特色社会主义伟大旗帜　为全面建设社会主义现代化国家而团结奋斗——在中国共产党第二十次全国代表大会上的报告》，人民出版社 2022 年版。

27. 习近平：《习近平谈治国理政》第二卷，外文出版社 2017 年版。

28. 习近平：《习近平外交演讲集》第一卷、第二卷，中央文献出版社 2022 年版。